北京大学刑事法治研究中心

北京大学犯罪问题研究中心

北京市盈科律师事务所

共同出品

刑法之声

全国青年刑法学者在线讲座（二）

车　浩　主　编
赵春雨　副主编

刑法新青年

NEW YOUTH IN CRIMINAL LAW

北京大学出版社
PEKING UNIVERSITY PRESS

图书在版编目(CIP)数据

刑法之声：全国青年刑法学者在线讲座. 一 / 车浩主编. — 北京：北京大学出版社，2021. 11

ISBN 978-7-301-32571-1

Ⅰ. ①刑… Ⅱ. ①车… Ⅲ. ①刑法—中国—文集 Ⅳ. ①D924. 04-53

中国版本图书馆 CIP 数据核字(2021)第 200470 号

书　　名	刑法之声：全国青年刑法学者在线讲座（一） XINGFA ZHI SHENG: QUANGUO QINGNIAN XINGFA XUEZHE ZAIXIAN JIANGZUO(YI)
著作责任者	车　浩　主编
责任编辑	杨玉洁　靳振国
标准书号	ISBN 978-7-301-32571-1
出版发行	北京大学出版社
地　　址	北京市海淀区成府路 205 号　100871
网　　址	http://www.pup.cn　http://www.yandayuanzhao.com
电子信箱	yandayuanzhao@ 163. com
新浪微博	@ 北京大学出版社　@ 北大出版社燕大元照法律图书
电　　话	邮购部 010-62752015　发行部 010-62750672 编辑部 010-62117788
印 刷 者	三河市北燕印装有限公司
经 销 者	新华书店
	650 毫米×980 毫米　16 开本　19 印张　262 千字
	2021 年 11 月第 1 版　2022 年 3 月第 2 次印刷
定　　价	69. 00 元

“刑法新青年”总序

让青年学者的光芒被看见

1949年中华人民共和国成立以来,历经几代学者的艰辛探索,累积几代学者的卓越贡献,刑法学在构建理论和指导实践两个维度,均取得了长足进步,但近年来也都开始面临瓶颈。一方面,一些源于实践但未能提升的经验性知识难脱碎片化和常识性,不能满足理论体系化和纵深发展的内在需求。另一方面,中国社会每年有数百万起刑事案件,疑难复杂问题层出不穷,司法前线亟须理论驰援。然失之于粗疏的传统学说无力应战,解释力捉襟见肘,说服力常显不足。当代中国刑法学在前进中,逐渐抵达旧有研究范式的边界。

突破边界的希望在青年刑法学者身上。青年代表着活力和创新。青年时期的作品未必成熟,却是一个学者最有锐气和激情的探索,预示着一个学科临界知识的裂变,遥见个人未来学术巅峰的气象。立足于前辈学者积累的传统,受益于学术开放的新风,当代青年刑法学者起点更高,比较法的视野更加开阔,学术训练更加规范,是深耕概念体系和探索前沿法理、促进刑法理论纵深发展的先锋。

不仅在理论发展上,青年学者还被寄托了沟通实践的希望。刑法理论面对的,固然有所有时代共同面临的深刻的哲学和伦理问题,但与时俱变的实定法底色,决定了它更需要面对当下时代最紧迫的社会问题。在这个意义上,部门法理论有着独特的任务,它不能“躲进小楼成一统”,成为仅供同道中人哲思之乐的逻辑游戏,更不是移植国外理论亦步亦趋的“留声机”,它必须为本国的司法实践提供解决具体问题的理论方案。有更多机会接触到各国先进刑法理论与判例经验的青年学者,也有更大的责任推动理论的本土化与实务化。这不仅是中国刑法学实现学术自主的必由之路，也是青年刑法学者不能回避的学术使命和社会责任。

尽管青年学者有诸多重要角色和使命，当下学界的生态，却往往是青年学者处在“出头不易”“不被看见”的窘境。大多数时候，他们的光芒都被遮蔽了。一方面，学者的研究成果多以论文形式面世，各种职称评定、学术评奖也常与论文挂钩，因此，论文发表对青年学者至关重要。但是，法学期刊版面有限、僧多粥少，发表殊为不易。对于要处理海量来稿的编辑而言，以声誉背书的名家稿件，确实会占据一些降低选检成本的优势。与之相比，尚未成名的青年学者的稿件，只能纯粹依靠论文水准比其他人明显高出一筹，才可能得到编辑的青睐，其难度可想而知，也常导致一些优秀的论文成为遗珠。

另一方面，各种会议、论坛、沙龙，是学者之间交流思想、切磋经验甚至华山论剑的重要机会，但是绝大部分青年学者在这些场合很难出头露面，而只能充当听众和分母。在学界与实务界的沟通上也是如此。无论是立法、司法活动还是律师、法务实务，往往将橄榄枝递向了名家大咖。青年学者很少有了解实践中的真问题和经验智慧的渠道。很多青年学者的文章被批评“翻译腔”“不接地气”“只会谈外国问题”，其中也有接触实践的机会太少的原因。即使一些研究成果确实为实践中的难点提出了较之一些名家观点更有解释力的方案，但同样是因为知名度的原因而人微言轻，不被实务工作者得知或重视。在一定程度上，这又反过来进一步驱使青年学者远离本土实践，因为只有在那个更加趋向纯粹思辨的封闭的概念世界中，青年学者才能为自身及其研究找到存在的意义。

这种论资排辈的沉闷风气应该破除了。打造一个真正以青年刑法学者为主角的学术舞台，让学界和实务界更多地看见青年之光，这就是“刑法新青年”系列学术活动的追求。按照目前的想法，它包括“全国青年刑法学者实务论坛”与“全国青年刑法学者在线讲座”两个系列。线下的“实务论坛”定位在理论与实务的贯通，围绕实务争点，鼓励青年学者运用理论滋养实践需求，也用实践智慧反哺自身的学术研究。线上的“在线讲座”旨在展现青年学者最新的理论探索，鼓励青年学者把个人独思所得的成果，通过在线方式更广泛地传播,使得同道之间有更多相互砥砺的机会,腹心相照,声气相求。"刑法新青年"的这两个系列活动,虽然在理论和实务方面各有侧重,但是共同点在于,它们没有地域之别,也没有门户之见,是专门为全国青年刑法学者量身打造,为全国青年刑法学者一身专属的。

既然是青年学者的活动,就要有青年活动的样子。我寄希望于通过"刑法新青年"的系列活动,开辟"宽严相济"的会议新风。一方面,充分体现对青年学者的礼遇,让青年学者参加学术活动时感受到被尊重。论坛和讲座均采取邀请制,所有受邀者参加活动的费用,包括参加现场会议的交通和食宿费用,以及参加线上讲座的主讲和评论费用,都由邀请方负责解决。另一方面,从一开始就约定现场办会的规则:(1)所有参会者自行到会和离会,除年长的前辈或者特殊情形外,承办单位一律不安排接送事宜。(2)会场没有事先摆放座位顺序,而是由参会者入场前领取自己的座签,入场后随意就座。所有办过会的人都深知,这些细节实是令办会者头疼和费心的事务,有时看似安排得周到妥帖,实际上办会师生的精力都投入其中,很难再有时间坐下来听会学习。长此以往,办会负担令人生畏,学术会议也减弱了其中的学术性。因此,革新会风,不妨就从青年学者的会议开始。

帮助比自己更年轻的青年学者,让他们的光芒被看见,有此想法时,我刚过四十。虽然我也明白,在这个年龄未必适合做这种事情,因为把时间和精力投入自己的研究著述中,对一个学者来说才是最符合学术规划也收益最大的选择;况且办活动总是要协调各种关系,这对于不善社交的我来说也是个负担。不过,世事无常,回头去看,很多事情都难讲是理性构建、循序渐进的产物,而是自生自发、随缘流转的因果。尽管"青年"的年龄边界在当代观念中一再扩大,但我个人心态上早有浮生苦短之感。人生无根蒂,飘如陌上尘。及时当勉励,岁月不待人。立言杀敌,行乐积善,都当及时。我体会过青年学者刚出道时的不易,也曾受惠于前辈学者的厚爱提携,当因缘到来时,就不再犹豫。"天下事,在局外呐喊议论,总是无益,必须躬身入局,挺膺负责,乃有成事之可冀。"(曾国藩:《挺经》)

北京市盈科律师事务所襄助学术的热情,特别是对青年主题的高度认同,就是我决意起身立行的因缘。赵春雨律师是一位杰出的职业女性，正是在与她的交流中，实务论坛和在线讲座雏形初现。她的爽朗、细腻和大气，让双方的合作愉快顺畅。梅向荣主任的鼎力支持，也让我感受到盈科所的格局和诚意。盈科所青年律师人数众多，朝气蓬勃，恰好能够与“青年与实务”的主题呼应。我关于实务论坛和在线讲座的具体设计方案，以及全方位资助青年学者参加活动的希冀，得到了盈科所积极热情的回应和支持。没有盈科所的参与，在我脑海中的那些想法，至少还要继续徘徊更长的时间才能落地。这是值得感念的因缘际会。

感谢刑法学界的前辈老师。没有前人开风气和指引方向，再有活力的青年，也可能是在走回头路甚至南辕北辙。特别是陈兴良老师宽以待人、乐于奖掖的风范对我影响很大，创办青年主题的学术活动，也得到了他的鼓励和支持。感谢应邀与会的诸多学界同道，作为已经成长起来的学界中坚，愿意来为更加年轻的学者站台鼓掌，甘当绿叶陪衬红花，这是行胜于言的友爱传递。感谢应邀与会的诸多期刊编辑老师，他们的主持和点评，使得这些青年论坛和讲座，在某种意义上成为一场针对青年刑法学者及其最新研究成果的“选秀大会”。感谢来自司法机关和律师事务所的实务界的朋友，没有他们的积极参与，“实务论坛”就会名实不符，落入那种由理论空唱独角戏的传统会议的窠臼中。感谢北京大学出版社特别是编辑杨玉洁女士的友情支持，“刑法新青年”的文字成果，包括实务论坛与在线讲座两个系列，都将以精美的装帧陆续出版面世。

“刑法新青年”是一座由学界、实务界、期刊和图书出版界齐心协力共同打造的学术舞台。台下的观众，有资深的前辈和中坚，有各大期刊和出版社的编辑，有公检法律的实务专家，而舞台上的主角，一直都是青年刑法学者。谁都年轻过，谁也不会永远年轻。时光流转，代际更迭，我希望这个舞台能够在接力中持续下去，它将永远属于青年一代。

车　浩

2021 年 4 月 4 日

于京西见山居

目　录

第一讲
结果避免可能性的案例与规则

主讲人:徐　然(中国政法大学法律硕士学院副教授)

与谈人:蔡　仙(苏州大学王健法学院讲师)

主持人:韩正武(北京市盈科律师事务所福州分所刑事部主任)

主持人·韩正武

各位朋友晚上好!欢迎大家来到全国青年刑法学者在线系列讲座的课堂。我是本次讲座的主持人,北京市盈科律师事务所福州分所刑事部主任韩正武。今天是第一期,主题是“结果避免可能性的案例与规则”。

我先简要介绍一下今天的主讲人徐然老师。徐然老师是中国政法大学法律硕士学院副教授、硕士生导师,北京大学法学博士,中国犯罪学学会常务理事、副秘书长,中国法学会研究会青年人才。徐然教授的研究方向为刑法基础理论、网络犯罪和被害人学,先后在北京大学出版社、中国检察出版社出版《社会救助视野下的犯罪被害人救助实证研究》《网络犯罪刑事政策的取舍与重构》等多部理论专著,并在《北大法律评论》《政法论丛》《法制日报》《检察日报》等国家核心期刊、报纸发表多篇重要学术著作。

与谈人蔡仙老师系苏州大学王健法学院讲师,北京大学刑法学博士,德国波恩大学访问学者,在《清华法学》《政治与法律》等期刊发表多篇学术论文,主持有教育部人文社科青年基金项目、中国法学会一般项目等课题,参与课题数项。博士学位论文《论过失犯中的结果回避可能性》获得 2016 年—2018 年第四届全国刑法学优秀博士学位论文一等奖,研究方向为西方刑法史、刑法教义学。

主讲人·徐　然

今天的主题通过朋友圈和各种微信群的方式宣传之后,有很多人问我这个主题是什么意思,这是否仅仅是一个理论上的问题。对此我要作一个背景性的说明。

从2005年周光权老师在《法学研究》第2期发表的《结果假定发生与过失犯——履行注意义务损害仍可能发生时的归责》这篇文章开始,到现在为止,围绕结果避免可能性这个议题发表的论文大体上是10余篇,具有代表性的包括车浩老师在2009年的《法学研究》上发表的《假定因果关系、结果避免可能性与客观归责》、陈璇老师在2012年《中外法学》上发表的《论过失犯的注意义务违反与结果之间的规范关联》、孙运梁老师2017年在《比较法研究》上发表的《过失犯的客观归责:以结果避免可能性为中心》,以及周光权老师在《法学》2018年第8期发表的《风险升高理论与存疑有利于被告原则——兼论"赵达文交通肇事案"的定性》等。这些代表性论文主要围绕着结果避免可能性的内容、归责的标准、体系的定位、与相关的规范保护目的和假定因果关系的区别这些领域展开。

这个理论对实务的照应如何?我们从问题的引入开始,可以看到实务界在讨论这个问题的时候,大量的概念之间出现混杂,对运用何种方法进行结果避免可能性的判断也存有争论。对于实务来说,这个理论过于规范化。长期以来,我们在过失犯领域中的规范性的思考是非常缺乏的。从某种意义上来说,过失犯的规则更多地还停留在结果的预见义务和心理罪责层面。我们对回避结果行为的基准化,以及这一基准化行为与规范之间的关联在个案中的检验是很少的。

但比较幸运的是,这样的情况正在逐渐变化,下面引用的案例也会显示,部分法院在审理此类案件的时候,不再仅仅作形式化的判断,即把交通肇事的行政责任认定直接作为刑法的交通肇事罪认定的依据。另外,2018年北京市海淀区人民法院的一个判决首次在主文里正式运用了客观归责理论,突出强调了创设法所不容许的风险,以及这一风险与规范之间的常态关联的问题。可以想见,随着客观归责理论的铺开,结果避免可能性不再只是理论上的屠龙刀,它会更多地在实务之中得到适用;而事实上这一理论一旦向实务推广,更大的受益者恐怕来自辩护方,作为辩护方的律师,可能在这一方面会有更大的发言权。

为了避免陷入理论的丛林中无法走出,我们首先将从真实的案例出发,来看我们的控、辩、审三方对于这一问题的理解,以及德国、日本和我国台湾地区刑事实务中对这一理论的见解。这是第一部分,我们要从问题中来,然后回到理论中去。接下来我们关心这个问题是怎么成为一个问题的;结果避免可能性为什么要在个案中检验、以什么方式来检验;检验之后,如何来归责、归责的标准又是什么。这是后面三个部分。最后我会就结果避免可能性在未来适用之中可能存在的问题提出我个人的一些思考。这是今天课程的一个框架。

一、问题的引入

首先看一个北京市海淀区的案例。

【案例 1:赵达文交通肇事案】被告人驾驶小客车,在圆明园西路主路路口南 20 米处(根据控方对犯罪事实的指控是因超速行驶),其所驾驶车辆压在散放于路面的一个雨水井盖上,后失控冲入隔离带与正常行驶的富康车和自行车相撞,造成了人员三死两伤的结果。

根据北京市公安局交通管理局海淀交通支队的认定,被告人对此次事故负有全部责任。那么根据 2000 年交通肇事罪的司法解释,致死三人又负全部责任,属于其他特别严重情节,刑期应该是在三年以上七年以下进行考虑。

我们来看这个案件中辩、审的立场和见解。

首先来看被告人和辩护人在一审和二审所坚持的辩护事由和立场。在被告方看来,引起这场事故的责任应该归咎于雨水井盖,也就是散落在路面上的这样一个雨水井盖是本次事故的原因。第二，辩护人提出在被告人行驶的路线上不可能看到交通限速标志。如果圆明园西路主路没有限速标志，把它理解为城市的主干道的话，按照主干道的行驶的限速，本案的被告人显然没有超速。这是被告方的两个见解：一是事故的原因本身不在于被告人，而在于井盖；二是行驶的路线上，他没有办法看到交通限速标志。

一审法院对检察机关指控的事实作了进一步的规范性的延伸，它没有停留在对超速行驶这一对事件的描述上，而是进一步表述为因超速而来不及采取措施，导致车辆压在散放于路面的一个井盖后失控。这里增加了未能及时采取措施的表述，我们待会再说这一点意味着什么。因被告人多次在上述路段驾驶，一审法院认为被告人有多次驾驶的经历，推定他知道这条路限速。在这一基础上，一审法院认定被告人知道这条路限速的要求，同时他又没有遵守这一要求，进而导致压到井盖之后来不及采取措施，车辆失控，冲入了辅路，与行人和自行车相撞，导致三人死亡的结果。法院最后的意见倾向于判三缓三，在三年以上七年以下有期徒刑里选择了一个最轻微的刑罚适用。

二审法院进一步弥补了一审法院在某些方面的不足。比如二审法院没有简单地停留在"被告人多次在这条路段上行驶"，而是补充了两个事实：第一，被告人自己供述对于该路段熟悉；第二，对该路段的现场查勘发现，这里的限速标识牌十分明显，没有被遮挡，也不存在被移除的问题。这是第一点，解决了行驶路线上不可能看到交通标志的问题。另外，二审法院提到了轧上井盖是否必然导致结果发生，缺乏证据证明。这一点实际上是要回应辩护方提出的事故的缘由是井盖所致。法院显然将轧上井盖是否导致车辆失控的问题作为辩护方的一个需要举证的事项来看待了，认为缺乏证据证明，应由辩护方来承担不利益。

我们来看一下这个案件中涉及与今天讨论的规范关联以及结果避免可能性的点：第一点就是一审法院补全了检察机关指控的事实，它强调行为结果的发生不仅仅是超过了规定的限速，而是由于超过了限速，导致采取措施不及,没有办法规避失控的风险。这里实际上是说限速本身作为一个注意义务,它的目的正是在于确保驾驶者能够及时地采取必要措施,回避路面的障碍物,或者避免高速情况下车辆失控。将注意义务的内涵与未采取结果回避行为相结合,这是一审法院对检察机关指控的一个补足,它突出了违反注意义务的行为和注意义务之间的关联性。我们可以看到,这一点是在用规范性的思考去理解事实问题。

接着我们可以看到辩护方提出行为人在行驶路线上没有办法看到限速的标志,这涉及我们要说的事实性的结果避免可能性问题,这个问题指向的是行为人在特定的场合下能不能采取回避结果的行为,这是行为人的行为能力的前提。也就是说,如果事发的路段没有限速牌,或者限速牌被明显遮挡,又或者行为人日常出行不用导航,导航也没有提示这个路段有限速的规定,那么,我们可以认为在城市的主干道上按一般对主干道速度的规定行驶即可。如果事实上证明限速牌被明显遮挡,那么行为人就没有能力实行注意义务所要求的限速行为。事实性的结果避免可能性更多的是在行为当时去判断他的行为能力,看他能不能在客观上实行法律要求的行为。

我们来看今天要重点讨论的规范性的结果避免可能性。二审法院的裁判文书里提到,轧上井盖是否必然导致失控是辩护事由,举证不利的责任归于辩护方。对于今天要讨论的结果避免可能性,实际上是要去追问,如果按照60公里每小时的速度压上井盖,是否会导致车辆失控?换句话说,注意义务所要求的规避结果的行为能不能真正地回避这个结果的发生?如果不能怎么办?这是第一个案子。

第二个案例是上海静安大火案中的一个案例。

【案例2:吴国略等重大责任事故罪案】直接作业的电焊组,组员吴国略和王永亮在没有配备灭火设备、没有使用电焊接火盘的情况下,在外部脚手架上实施电焊工作。电焊所带来的金属熔融物引发下方9层脚手架上的保温层(聚氨酯材料)燃爆,导致火灾,并最终导致了严重的后果。

在这个案件中，律师提出了三点值得考虑的辩护事由，这里面或夹杂着结果避免可能性的问题，或夹杂着与这个理论相关的其他概念，我们一一来看一下：

第一，辩护方提出事故原因的事实不明，指出每层堆放的保温材料如果合格，如果具有阻燃性，或者在每层之间设立了隔火带，大火也就不会发生。他要求查明保温材料是否合格，以及各层之间的隔火带有没有设立。这是第一层，从因果关系角度来看，事实上致害的原因还不清楚。

第二，辩护方提出，根据监理日记，堆满了聚氨酯保温材料碎片和碎屑的这些场地内有大量的烟头。从辩护方提出来的角度来看，在多重违规的情况下，比如说现场安全保障措施不足、安全防护措施跟不上等，没有吴国略的电焊，迟早也会有其他的火花带来这场大火。换句话说，没有吴国略的行为，这场大火也在所难免。

第三，这个辩护意见很有意思，但是没有被法院采纳。辩护方雇佣了一个有证的电焊工，在同样的高度下，铺了市场买来的保温材料。他想通过点火作业的方式，证明一个有证的电焊工在不用接火盘、没有防火措施的情况下，也不会点燃底下的聚氨酯材料，进而证明是否使用接火盆、是否采取了防火措施，并不是这个案件的关键。

现在来看法院对辩护意见的态度。第一个是对于在各层之间搭建隔火架以及保温材料是否合法，法院认为这是一个多重过失的问题。也就是说每个过失应该单独去判断，而不能依赖于对另一个过失的判断。换言之，法院认为本案要细斟的过失行为，就是被告人在没有持证、没有采取防火措施的情况下强行违规进行电焊，导致了火灾的发生。对于其他竞合过失，包括现场的聚氨酯材料是否合格、有没有搭建脚手架，则作了另案处理，也就是对这两个事件的追究并行不悖。这是法院的基本立场。

第二个是法院针对没有行为人的电焊作业，也可能因为现场不规范的抽烟的行为引发火灾，并且最后导致结果的意见是没有回应的。事实上，法院不回应的做法，本身和理论上对于辩护事由背后的假定因果关系的态度是一样的，认为假定性的因果关系是不能够阻却因果关系、进而也不可能阻却责任的情形。我们可以看到今天要讨论的结果回避可能性是说,如果履行了合法行为结果依然还会发生,这里可能也存在一个没有前行为后结果也会发生的问题。接下来我们会进一步去辨析假定因果关系和结果避免可能性到底是怎样的关系,怎么去辨别它以及怎么运用结果避免可能性的理论。

第三个值得关注的是辩护人的模拟实验,他提到一个有证的电焊工在同样不采取防火措施的情况下,并没有点燃下方脚手架上的聚氨酯材料,这一点能不能用来否定本案既成的因果关系以及否定本案的归责呢?我们带着这个问题进入理论的丛林中。结果避免可能性是怎么出现的?为什么成为了理论上一定要去关注、一定要去检验的问题,进而如何带动实务去理解这个问题?

在进入之前我们简要地看一下在这个问题上德国和日本的立场。首先根据目前国内的案例来看,对此存在两种可能性,一种是完全没有考虑结果避免可能性的问题,而另一种可能采取了风险升高理论,这在最后一部分风险归责当中,我们会进一步阐述。就德国和日本的态度来看,他们的判例的立场是一致的,只有在合法行为完全能够避免结果的场合下,才可以认定过失犯成立。换句话说,只有当你按照注意规范采取适当的结果回避行为,损害结果百分之百能够避免的时候,才可以认定成立过失犯的不法,这是德国、日本关于结果避免可能性的判例立场。

德国的案件是一个超速肇事的案件。行为人在限速 60 公里的路上以时速 90 公里行驶,有行人闯入了行车道,因为刹车制动距离太短,导致闯入的行人死亡。事后查验,即使按照 60 公里每小时行驶,对于突然闯入行车道的行人来说,死亡结果也是注定的。换句话说,按照规范要求行为,也还是会面临同样的结果。德国认为这里的过失不法就不能够确证,只能否定过失犯的成立。

日本也有相似的案件——黄色信号灯的案件。行为人在绿灯转黄灯之际,按照行车的注意规范需要减速通过,但他没有减速通过,而是采取 40 公里每小时的速度通过,遇到左侧由西向东方向的车辆并撞在了这个车辆上。事后证明，被撞车辆驾驶人有酗酒情形，在通过路口的时候又是闯红灯通过。因为闯红灯通过的被害人已经死亡，刑法责任的视角就放在了没有按照黄色信号灯缓行通过的驾驶员身上。从事后的侦查实验判断，即便他按照不是40公里每小时，而是15公里每小时行驶，在那样一个场合下也会不可避免地出现闯红灯的驾驶员死亡的结果。

二、问题的由来

为什么理论上如此关注结果避免可能性？德国、日本的判例已经接受了结果避免可能性的缘由，它是从哪里来的？

（一）从结果预见到结果回避

早期判断过失犯的不法和责任时更多强调过失的责任主要来源于对法益侵害有没有预见的可能性。这在德国叫纯粹罪责要素理论，在日本理论里叫旧过失理论，强调的是对危险的预见，责难的依据是“应预见、能预见而不预见”。它是由心理上没有预见的状态以及规范上对预见义务的违反共同组成的，是责任层面的要素。在这种理论看来，故意犯与过失犯在不法层面是一致的。

这样的观点会带来一个很大的问题。伴随着工业革命所带来的科技进步，我们会在行动自由和社会、工作风险中划定一个相对合理的范围。从事后有被允许的法律风险来看，事实上有的风险是法律应当允许、并且基于此能够推动技术和科技发展的。换句话说，这个时代其实风险无处不在，你在任何一个场合下出门可能都能够预见到一系列的风险。比如驾驶车辆，你可能能预见到有肇事、擦碰的风险。如果把这些风险的预见都作为过失的责任基础的话，就会出现阻碍、迟滞社会活力的现象。也就是说，我一旦预见到风险，就不采取任何行动了吗？极端的情况可能就会出现杞人忧天的问题，由于担心天塌下来，就连家门都不出了。

进一步的理论会认为，重要的不在于有没有预见到风险，而是有没有按照社会一般性的要求、社会交往中的规范去采取一定的基准化的行为去规避风险。一旦你采取了社会交往中的这种常态性的要求，那么即使你预见到这样的行为可能会有风险，但你依然不可归责，原因就在于过失的评价从责任转向了不法、转向了行为，你采取了基准化的行为，就出罪了。

在这种情况下，在过失犯的评价里，结果的预见就让位于结果回避行为。而这样一个回避行为通常是一定行业的一定操作性规范所体现、所代表的，它要求你按照一定的规章来行事。最常见的是交通领域的驾驶规定，驾驶员要按照一系列驾驶规定来操作，从而使得即便预见到风险，但采取了合适的结果回避的行为，就可以阻却过失犯的归责，评价的核心就从罪责要素变成了不法要素，变成了行为。

（二）从因果关系到客观归责

评价核心变为行为之后，对行为的不法的判断意味着，在传统的因果关系的认定之后，会进一步讨论导致结果发生的行为是不是属于构成要件所要实质处罚的对象。从客观归责的角度来看，实际上是要挑选那些值得被评价为行为人的"作品"的那些行为来处罚。通过这样的方式，能够在不法层面上实现一般预防。

从客观归责的角度来看，它的下位规则包括风险创设、风险实现。与我们今天要讨论的结果避免可能性直接相关的是风险实现这个环节，也就是说，当你没有采取法律规范所要求的回避结果行为的时候，你就已经在创设不法的风险了。在结果已经出现的情况下，还要进一步来看规范本身和这个风险有没有关联性。一旦确认规范和风险之间存在某种程度关联性，就可以认为客观归责已经完成，行为的不法已经成立。违规的行为更像是一个射出的箭，而风险实现的规范的关联性问题更像是靶子，我们要去验证箭有没有射到靶子的范围内来。一旦确认射在靶子中心，我们可以认为不法成立了，这正是规范所要规避，而行为人恰恰实施的行为。

经过从结果预见到结果回避、从因果关系到客观归责的变化，我们可以发现对过失的评价逐步转向对不法行为的评价，而对不法行为的评价又逐渐依赖于规范的目的和规范的效力，也就是说，规范在个案的场合下能不能发挥回避结果的作用，成为义务和行为违反之间的规范的关联性问题。

三、理论的内涵

（一）归责依据：风险与损害间的规范关联性

我们接着看结果避免可能性的内涵。从归责的依据来看，当一个人没有遵守注意义务的要求和没有按照限速的规定而是超速行驶时，这样的行为就已经射出了一支箭。但是这支箭有没有射到构成要件的靶子上，还要经过义务违反关联性的判断。首先，我们要看未采取结果回避措施的行为是否创设风险；然后，在确认风险已经被创设后，我们还要看创设的风险是不是规范所意图规避的一种常态路径，这个路径是不是规范所排斥的——接下来会讲规范目的排斥的问题；最后，在判断关联性时，关联性不仅仅表现在是不是以一种规范所预见的常态性的风险实现的路径展开的，还要去考虑规范在个案中有没有真正发挥实效，也就是遵循规范本身能不能避免结果发生。一旦完成这三个环节的判断，即行为人没有采取妥当的结果回避行为，而这个行为和结果又是规范目的所排斥的，并且规范本身在这个案件中是管用的，那过失犯的不法就被确认了，它的义务违反的关联性也就被确证了。我们所要讨论的结果避免可能性就属于第三个环节：依循规范所要求的行为，能否避免结果的发生。

（二）检验的方式：合义务行为的替代

我们来看看它的基本检验方式。首先看第一环节的规范保护目的。规范保护目的主要考虑的是风险和规范所要保护的法益之间的常态关联。我们经常举的例子就是在高速公路上有人超速行驶，使得被超车的人心脏病突发而亡。在这个环节中我们可以发现：第一，超速是没有采取注意义务要求行为的过失行为。他有一个超速的行为，结果是有人因此心脏病突发，存在一个若无前者即无后者的因果关系，显然在形式意义上，已经有了行为、结果和因果关系。

还要进一步讨论的是超速的注意义务背后的规范保护目的是什么含

义。也就是说,为什么要禁止超速,禁止超速的目的是否包括避免他人因超速所带来的惊吓而病发的风险,是不是能涵盖这种风险？这里的风险是一种常态性的判断,也就是说,规范在被制定的时候,制定者就已经考虑到、预设到规范所要规避的常态性风险了,而超速的这样一个注意义务,显然不包括避免他人心脏病发的风险。这种风险不是超速的注意义务的常态性的风险,因此在规范保护目的环节就可以把它给剔除。

而在常态性风险之后,我们会发现每个过失的案件中,特别是对象过失、多重过失的场合,有时候即便你按照规范的要求,也没有办法避免结果的出现。这就会引入进一步的、区别于常态性关联的个案性检验,这是一个反面检验,检验的是在这个案件中,当环境不变时,用合法的行为去替代个案中违反义务的行为,最后的结果是否会出现。

我们可以看到,一旦引入了合义务的替代行为,就会进一步讨论拿什么替代,这个合义务的行为到底是什么行为。在我们刚刚举的赵达文案里,合义务的行为包括很多种,他可以当天不开车出去,它可以在很远的地方选择另一条更熟悉的道路,也可以选择在同样的道路上采取 60 公里每小时的行进速度。它有很多种合义务的行为作为选择,我们就要进一步来看结果避免可能性中作为替代检验的合义务的行为应该如何挑选。

第一,合义务的行为应当和违法行为属于同一行为类型。比如在赵达文案中,虽然他有很多备选的合义务行为,但是作为替代的合义务行为是他在限速范围内行驶,也就是说不能选择备选的其他行为。他的行为同样应当和违法行为一样,都是属于驾驶行为,只不过一个是超速行驶,一个是在限速范围内行驶。

第二,如果都在限速范围内行驶,60 公里每小时以下有很多可选的范围,那么选哪个？在合义务替代行为的情况下,是检验规范的极端的效力。也就是要去看它最低程度要求的合义务行为。时速 60 公里每小时以下有很多选择,但是合义务的替代行为只能选 60 公里每小时,就是说要以遵守注意义务要求的最下限标准来选取合义务的替代行为。

第三,什么时候用合义务行为替代？我们可以发现有的案件,比如说小孩突然出现，导致你在5米内无法作出及时反应，最后撞死小孩的案件。如果替代的对象是半个小时前的行为，如果你没有超速行驶，那么你根本不会在案件发生的当时出现在小孩出现的地点。如果是作这样的替代的话，大量的行为都没有办法再继续进行检验了。为了限定这样一种替代，我们就会说要在接近结果发生的场合作合义务的替代，也就是快要撞击到小孩的时候，要假定这个时候替代他的行为是没有超速的最上限的行为。这是整个的结果避免可能性的检验方式，它是通过拿合法行为来替代不法行为，判断结果的走向，来确定规范在个案中真正的作用。一旦我们发现规范没有作用的时候，就会涉及后面说的归责问题。

（三）概念辨析：假定因果关系

假定因果关系是什么？这里举一个集中营案：战后，德意志第三帝国的警察局局长，因曾经将三名犹太人送往集中营，被控以严重剥夺自由罪。被告人辩称他的行为并非结果的原因，因为即使没有他的申请，被害人也会因为其他人的申请而被送进集中营。他这个抗辩在理论上就叫作假定的因果关系。

假定的因果关系在因果关系的判断里，是作为条件说的反对观点出现。因为我们条件说说的是“若无前者，即无后者”，而警察局局长的辩护是在否定这样一个条件关系，就是没有我的行为，依然有三个人会被送往集中营的结果。对于假定的因果关系，理论上的共识是：真实的存在不会因为可能的替代而无效，因此假定的因果关系不阻却因果关系。耶赛克有一个经典的表述：对于行为的条件质量而言，根据我们的经验，根据自然的法则，确定发生的是实存的因果关系，不能够考虑没有发生的或者其他人的行为。

假定的因果关系不阻却因果关系的实质性理由大体上有两点：第一点建立在规范的意向或者规范的规制目标上。因为规范评价的是合法与否的问题，也就是行为人在那一时刻是否做了合法行为的问题，它并不关注被害人的命运。第二点建立在归责和因果关系评价的基础之上，由于所有的法益都不是在完全无损的状态下的，法益通常处于一种消耗的过程之中，比如每个人都会生老病死，每个物品都会逐渐变旧损坏。一旦承认假定因果关系，那么所有的人终将死亡，所有的物终将毁灭，所有的利益终将消失，以这样的理由来否定一切归责，刑法的归责就不存在了。这是否定假定因果关系的一个实质性的根基。

这里可能产生的问题是，既然都是假定，同样用了假定性思维，为什么假定的因果关系就直接在因果关系里被否定，而结果避免可能性却能在归责层面上发挥可能阻却归责的作用？多数说认为，这二者存在重大区别，大体上有四点。

第一点是形式意义上的，两个概念所发挥的功能作用是不同的。假定因果关系发生在条件说的因果归因这个层面，它更多涉及事实的判断；而结果避免可能性更多停留在风险实现的规范关联性问题上。在形式意义上，它们各自的功能不同。

第二点是对比参照的对象不同。假定因果关系期望的是第三人的行为，即没有我的行为，还有第三人、还有其他警察会把这三个犹太人送进集中营；而结果避免可能性所对比参照的是，没有我的违法行为，换成我的合法行为会不会出现结果，这是在对规范的效力进行检验，它不再涉及对因果关系的判断。

第三点，法益侵害的含义和指向是不同的。在集中营案里，这三个人最终被抓捕的法益侵害是一个抽象的损害，也就是在我这个行为的当时他们未必被抓，但是在之后的某一个时刻他们终会被抓，只是在被抓捕入狱这个层面上是相同的。而在结果避免可能性的场合下，法益就是我在实施违法行为，当时如果采取了合法行为，损害结果会不会发生。它指向的是同一个具体的损害。

第四点是原因力的不同。集中营案里即使没有警察局局长的行为，在未来某个时刻也会有其他人的介入，这是有真实的第三人的行为介入的。换一个场景，比如某人要上马航 370 的飞机，在上飞机之前被人枪杀，那么杀手能不能以我不杀他、他也会因为空难而死为理由来阻却自己的归责？我们可以看到马航飞机失事本身也是一个实实在在、真真切切存在的原因力，这样一个原因力本身是存在的；但是在结果避免可能性的场合，我们在检验规范效力的时候，会发现拿合法行为替代自己的不法行为的场景，是彻彻底底的假定，它并不存在现实原因力。

与多数说相对应的是限定说。这种观点认为，结果避免可能性只是假定因果关系在归责层面上的一个例外，它根据规范的目的进行了限缩，这是第一点。第二点，限定说认为两种理论检验的方式都以假定行为人合法来替代现实中的违法，它认为这两个概念本身都认为当时是合法的，把非法的行为加以抹除，然后再看法益侵害的情形。第三点，在合义务的替代行为替代了实际的不法行为之后，也要看具体的原因发生的状况，也就是说除了对一个条件进行假定之外，其他的判断依然是具有现实的原因力的。

如何来评述这两个观点？对此，可以引入假定性思维的视角考察。从多数说的角度来看，它更多考虑的是假定因果关系和结果避免可能性都采取了一个假定性思维，这是一种反事实的思维。在事实已经发生的情况下，采取替换某个行为或减少某个行为的方式来看结果是不是发生，来评估结果的走向，这是一种假定性思维。从限定说的角度来看，它觉得拥有假定性思维的都是同一类概念，这一类概念无非是作了一个规范目的的限定，那么是否如此？

图1　假定性思维的类型

我们可以看到，在假定性的思维中有三种类型：第一种类型是减法式，把因果关系链条的事实进程中的一个因素直接抽离，看整个因果进程；第二种是加法式，在这个过程中抽取了一个行为之后还要添加一个行为,再看这个结果的变化;第三种是替代式,把这个事实进程中的某一个要素替换下来,换成另一种要素。

在刑法的不法的层面上,对应这三种假定性思维分别有三个理论:第一个是事实归因层面的条件说,也就是没有前者 A 即无后者 B,在整个事实进程中把前者拿掉,看会不会出现后者的结果;第二个是假定因果关系,说的是没有行为人的行为 A 也会有其他的因素 C 导致结果 B 的出现,它在减少要素的同时增加了本来不在这个事实进程中的要素;第三个采取了假定性思维,以 a 替换 A 的方式,看是不是还有结果 B 的出现,这是一个替代式的逻辑。

由此可见,使用假定性的思维不代表有一种亲缘性,它更多的只是说明它们在思维的构造上相似。即便如此我们也可以看到,条件说、假定因果关系说和结果避免可能性说尽管都运用了假定性的思维,但在具体的思维构造上却存在差别。另外,我们可以看到,如果认为结果避免可能性是假定因果关系在归责层面上的一个例外的话,就会出现假定因果关系在归因中已经死去,又在归责中活过来的一个荒谬的景象。这就特别让我想起于谦在相声《英国王子》中扮演的英国王子,每天早晨的第一束阳光能同时照射在他的脸上和他的屁股上。因为两组概念本身的定位和功能不一样,即便存在运用假定性思维的相似性,即使整合成同一概念,也会产生很拧巴的感觉。这个是假定性的因果关系和结果避免可能性的讨论,我们通过一个实际的案例来看一下两组概念的运用。

在阿里山火车车祸案中,森林小火车因刹车失灵导致火车出轨翻覆,造成 17 人死亡、173 人受伤,事后查明肇事原因是四个车厢的角旋塞没有打开。这种气刹式的火车,需要以打开角旋塞的方式,从火车头把气压传导到各节车厢,然后使得每一节车厢都通过角旋塞的方式来实现自主刹车,实现多节列车同时刹车。但是在阿里山火车车祸案中,四个车厢的角旋塞都没有打开,导致刹车失灵,最后出轨翻覆,造成了严重的伤亡。事后查明,对于角旋塞的核检,检车员,正、副驾驶员和列车长都负有职责。

此时,这四人彼此都可以主张没有自己的行为也会发生悲惨结果,也就是说自己尽管没有按要求去打开角旋塞，但即便在因果链条上摘掉自己的行为，结果依然会发生，因为其他三个人都没有去检查。因此，这四个人都不能以假定的因果关系来否定自己因未妥当检修车辆而导致的现实的因果关系。

与之相对应的是结果避免可能性的问题。如果四个人分别负责其中一个车厢的角旋塞核查检验的话，其中一个人就可以主张，即使我按照要求打开了角旋塞，但因为其他三个角旋塞都没有打开，在只有一节车厢刹住的情况下，也依然会随着惯性出现火车越轨翻覆的问题。这时就可以以结果不可避免为由来否定过失的不法。

四、归责标准

我们最后看一下归责的标准。德日的判例和理论的通说认为，必须通过侦查实验的方式来确证，注意规范在个案中要完全有效，如果采取了合法行为，会百分之百或者排除合理怀疑地排除结果的发生。这种观点采取的是结果完全可避免的立场。如果按照侦查实验的方式，在相同的条件、人员、器材的场合下，测 10 次并且 10 次都要出现同样的结果，这显然加大了控方指证的难度；对于另一种极端情况，即结果完全不可避免，无论何种学说都认为这里缺乏必要的规范关联性，因为结果跟规范所要规避的目的本身在个案中达不成关联，按照合法行为行事也无法避免结果。

就实体法中的结果避免的多种可能性而言，在结果完全可避免和结果完全不可避免之间，还有结果的小概率可避免、结果的大概率可避免以及结果是否可以避免无法测验的情形。在出现不同的概率和不同类型的可能性的时候应该怎么办？对于结果是否大概率或小概率能避免这个问题，属于事实问题，并不是归责的标准问题。对于能够查清不同概率的场合，有一种观点认为只要证明采取合法行为风险就能够被降低，那么逾越合法行为的违规行为就创设了法所不容许的风险，而这样一个风险本身就实现了和规范目的之间的关联，这就是风险升高理论。换句话说，风险升高理论实际上把多种可能性的归责的标准变成了结果小概率可避免就行。如果要求结果完全可避免的话,10 次侦查实验中都要有相同结果出现才能成立过失犯;而在风险升高理论中,处罚的是升格的小概率的危险,而不是过失的实害,只要存在 1 次避免结果的情形即可。

对风险升高理论,有两点反对理由:第一点,危险升高指向的法益侵害可能性程度的提升,由于并非是确定的百分之百,故有违“罪疑惟轻”原则;第二点,哪怕在合义务替代行为的检验中,存在回避结果的一线可能时,依然要肯定注意规范的效力,存在将过失犯变为过失危险犯的可能。

对于反对的理由,大体上存在三个方面的回应:首先,在结果回避可能性不确定是大概率能避免还是小概率能避免,不确定有无结果避免可能性的场合,属于事实不清,在这种情况下,当然存疑有利于被告,疑点利益就归于被告了。

其次,我们刚才说的结果确定可避免、结果大概率可避免、结果小概率可避免、结果确定不可避免这四点都是建立在事实已经相对查清,有侦查实验基础上的规范性标准,这个规范性标准更多涉及的只是解释学上的方案和选择而已。这就如同盗窃罪中,盗窃既遂的标准到底是接触、失控、转移还是控制,到底采取哪种学说决定了既遂会在不同的时间段成立。其实结果避免可能性的归责标准实际上也只是解释学上的不同方案,不涉及事实不清的问题。

最后,与危险犯不同的是,过失归责之中已经完成了对实害的判断,这时因果关系已经充足了,结果已经发生了,这里检验的只是合规范的情况下结果会不会发生,它已经无关由危险转为实害的判断。另外,过失中的结果回避行为从来都不是百分之百保护法益出现的,会有大量允许的风险,这说明结果回避行为的设定本身就是在行为自由和防范结果之间寻找最优化的平衡。一旦防范结果达到了优势状态,那在大概率可以避免结果的情况下规范应该是有效的,不需要等到规范完全地、确定地可以防范结果的场合才承认其有效性。

这是对于主流观点对风险升高理论反对理由的再回应。虽然支持了风险升高理论，但是基于以下三点理由，我还是认为简单的、低程度的风险的升高还不足以证成行为和规范之间的关联性。

第一点是谨慎义务的违反，它在构成要件上的重要意义是，它对于结果而言具有关键性作用。在仅仅小概率地可以阻却结果发生的场合，谨慎义务的作用是不够关键或者说不够主导的。

第二点理由已经在反驳的理由中说过了，注意义务本身是划定风险的，它是划定行动自由和刑法的风险预防的一个平衡的工具；而在采取合法行为可以大概率规避结果的场合，这样的规避行为本身就是可取的，没有必要等到确定可以避免的程度，这样反倒影响每个人的行动自由。

第三点是风险升高理论在规制过低的规范关联时会使法益的损害和违反义务之间的关联形同虚设。比如如果通过侦查实验 10 次里只要证成 1 次，这么低程度的关联性都能被认可的话，结果避免可能性能发挥的作用也被压制到了最低程度。事实上，人们常常习惯于从结果去找寻原因。这种心理上的追因过程，会使结果避免可能性失去存在的价值。所以在这个意义上，我觉得风险优势性的升高，大体上至少保持比如 10 次侦查实验稳定地出现 6 次相同结果的比例，才能够认为过失犯的不法成立。

最后我们回到开始时的案例。赵达文案的不法归责，大体上按照不法规制的逻辑来推进，第一步就是判断它的事实性的结果避免可能性的问题。他有没有能力按照限速的要求去行驶？他事实上有能力而没有按照限速去行驶，属于创设风险的行为。进一步看，这种创设风险的行为跟限速规范本身的目的有没有关联，就得看限速的目的在于避免车辆的避让不及，或者高速情况下的车辆失控。而事实上恰恰因为车辆轧到井盖之后，出现了车辆失控、撞向辅路的结果。这里常态性的关联已经建立了，注意义务所要去规避的行为，恰恰在注意义务的目的之内实现了。再进一步看结果避免可能性，要去考虑以最高的限速 60 公里每小时去轧井盖，能不能显著降低失控的风险。这一部分需要侦查实验的数据和事实的还原来判断。如果得出是肯定的结论，那么很显然规范在这个案件里还是有效的，高速行驶的行为使得车辆最终轧在井盖之上失控，本身大概率可控的行为变成了一个损害的事实,行为人对此应当归责。相反,如果证明不能够显著地降低车辆失控的风险,那么只能考虑规范在这里无效,跟不法行为没有建立足够的关联性,不应当归责。

对于吴国略案,首先要审查的是本案创设不法的行为到底是未持电焊证,还是未办动火证,还是未接接火盘。事实上吴国略原先是持证的,因为过期之后没有去备案而无证,实际上说明他是有电焊能力、有电焊资质的。在这个过程中我们都会考虑注意规范的目的。注意规范其实有很多类型,一种是行政管制类的,类似于持证上岗的要求,确保有能力的人干有能力的事;另一种是保护法益类的,它直接指向一种可以避免法益侵害的结果回避行为。未持电焊证,但实际上有电焊工的资质和能力,只是没有去补办证件,本身并不能构成规范的常态性的关联;而事实上,直接相关的是他作为一个有资质的电焊工没有在动火的情况下,使用防火的措施,采取了接火盘的方式。接火盘本身是在电焊作业之中要求的“十不烧”原则下要避免结果发生的一种方式,它需要行为人注意观察附近的燃爆的场景,从而避免火灾结果的发生,而行为人恰恰在这种状况下没有采取回避火灾发生的措施,最后导致了电焊“十不烧”原则所欲规避的一个结果。

在这个结果基础之上,吴国略的辩护人提出了一个有证的电焊工在同样不配备接火盘的情况下,这么操作没有发生案件中燃爆的结果。这样一个替代是不是我们说的结果避免可能性的检验?其实不是。他要去检验的,恰恰是如果在堆满了聚氨酯材料的情况下,大体在8楼和9楼之间的高度内,如果使用接火盘点火电焊,会不会降低燃爆的风险。进一步来看,如果能够显著降低,那么就可以进行不法归责;如果不能,就可以认为没有规范的关联性。当然还需要说明的是,辩护人特别提出,在整个现场,三栋楼只有一个接火盘,即使吴国略存在过失的不法,也可以在责任层面的期待可能性上,认定他没有办法为合法行为,以此来考虑罪责上的轻缓。这是吴国略案的不法归责的路径。

最后是简要的未完成的思考。第一个就是刚刚说的阿里山火车车祸案。在多重、连环过失的场合下，如果采取结果避免可能性，会不会导致一种集体不负责任的情形？行为人彼此都可以以对方也没有做这种事，结果同样会产生，来作为自己的出罪事由。

第二个是作为替代的合义务的行为，我刚才说了三个标准。这三个标准都不包括是用一般人的标准还是用行为人的标准来进行合义务行为的替代。之前有一部在日本可能每10年都会翻拍一次的医疗剧《白色巨塔》。在这部剧里，一个特别优秀的外科医生财前五郎因为要去德国海德堡开会，对他的患者没有尽到足够的诊断义务，使得患者的癌症在当时扩散的情况没有被发现，以至于他去德国之后癌细胞急速扩散，导致患者死亡。从我们的视角以及作者的设定来看，财前只要认真履行谨慎义务，就能够发现患者病灶已经扩散，如果提前进行干预，可能就能避免患者的死亡。作为医疗剧和法律剧的结合，这个案件的一审就是以过失行为来起诉的。里面重要的一点是作为鉴定人的东京大学教授的证明，即从一般人的标准来看，采取合义务的行为是不能发现病灶的，因此，财前在一审中以结果不可避免为由获胜。然而，如果按照特别能力标准，则财前显然存在过失。这里合义务的替换行为到底是按照一般人还是按照特殊人标准，值得讨论。

最后一个可能是诉讼法上的问题，那就是证明责任的归属。从法院的立场来看，目前提到结果是否必然发生的问题，它将此归为一个辩护事由，将这个责任转移给辩方，这恐怕是不合适的。因为行为和结果之间的规范关联更多的是入罪的要素，这个责任应当是在控方。当然在未来，一旦根据经验法则没有办法确定这个结果是否确定可避免，需要运用侦查实验的方式来进行认定的时候，就会存在侦查实验笔录的审查问题和运用问题。辩护人要更多地去考虑实验的计划，以及计划里人员、器材、条件是否合适、妥当，还要去考虑除给定的结果之外，在不同的、矛盾的结果之间，存在什么样的变量和变数，从而为攻辩侦查实验笔录提供一个必要的介入的渠道。

好，我的报告到此，谢谢大家。

主持人·韩正武

非常感谢徐老师用了将近一个半小时的时间,对结果避免可能性理论作的深入浅出的讲解。说实在的,这个题目在我们司法实践当中确实运用的不太多,但是这一类案例可以说是时有发生。给我的感觉是,司法实践中,律师也好,法官检、察官也好,对这个理论掌握得并不够,准确利用这个理论进行司法裁判的则更少。刚才徐老师讲座时也提及早在2005年周光权老师就已经引入了这个理论,而且许多学者,包括今天的主讲人和与谈人都撰写了这方面的文章,可以说在理论上相对还比较成熟;但实践中运用得很少,问题到底出现在哪里?我觉得今天徐老师的授课深入浅出,在问题的引入、问题的由来、理论的内涵和归责标准四个方面进行阐释,而且结合典型案例进行了深刻的讲解。下面有请苏州大学的蔡仙老师进行与谈和点评。

与谈人·蔡　仙

一、主报告的基本立场

1. 理论与实务之间的巨大鸿沟

徐然老师的报告首先是从我国司法实践中发生的两个争议非常大的过失案件切入的,并对其中涉及的理论问题进行了层层细致的解剖。从这两个案件的判决内容来看,刑法理论所关注甚至奉为通说的结果避免可能性理论,并未进入法官们的视野。

2. 结果避免可能性理论的诞生

徐然老师从社会结构变迁以及理论演变的视角阐述了结果避免可能性理论诞生的背景。也就是随着心理过失论向规范过失论、过失从责任要素到不法要素演变,结果避免可能性才替换结果预见可能性成为过失犯的核心建构要素。除此之外，徐然老师在报告中细致地剖析了作为不法类型的过失犯的基本构造。

3. 义务违反性关联作为归责依据

徐然老师将注意义务违反与结果之间存在的义务违反性与保护目的的关联视为过失犯认定中要判断注意规范保护目的与结果避免可能性的依据；同时对注意规范保护目的和结果避免可能性进行了清晰的划分。按照他的观点，注意规范保护目的要判断注意规范一般情况下要防止什么样的结果；而结果避免可能性所要检验的是规范在个案中有无发挥实际效用的问题。

4. 合义务替代行为作为检验方式

结果避免可能性的检验是通过在个案中，在其他环境、条件等因素不变的情况下，以“合义务的行为”替代个案中违反义务的行为，去观察和判断结果是否可以回避。另外，由于结果避免可能性和假定因果关系一样在思维方式上采取了假想的思维方式，因而容易混淆。而由于在规范层面，“法律制度不能由于另外一个人已经准备好违反法律就应当收回自己的禁令”，因而假定因果关系并不影响刑法中归因与归责。为了区分二者，徐然老师主要从心理学上的假设性思维的具体类型、替代因子的选择和判断目的的取向的差异展开。

5. 风险优势性升高作为归责标准

德日通说认为，实体法上的结果避免可能性是指结果确定可以避免，程序法上，基于排除合理怀疑原则，对结果避免可能性的证明标准要达到“当行为人履行注意义务时结果近乎肯定会避免”；而徐然老师认为，在实体法上，只要当行为人履行注意义务，结果得以避免的可能性达到60%以上时，便可以将结果归责于行为人。在程序法上，对于这超出60%的可能性的证明应当达到排除合理怀疑的标准。

以上便是徐然老师报告的核心内容和观点，可以说，徐然老师对结果避免可能性进行了一个十分全面的、体系化、精细化的研究。另外，结果避免可能性理论源于德日，在我国语境下讨论这一主题，应当基于一个本土问题意识，徐然老师从我国司法实践中的过失犯案件入手，恰好体现了他的这个问题意识。再者，就整个报告而言，徐然老师叙事逻辑非常清晰，表达方式引人入胜。其中，他的绝大多数观点我都是非常赞同的。仅在个别问题上有些不同的看法，后面我还会提到，还希望向徐老师请教。

二、结果避免可能性理论的法理依据

过失犯中考察结果避免可能性并非仅在德日刑法语境中才有。无论是苏联，还是现在的俄罗斯，在过失犯的因果关系认定中都会考量结果避免可能性。在英美刑法中，结果避免可能性是在法律上的因果关系范畴下解决的；但是，在日本，显然存在新旧过失论之争。新过失论将结果避免可能性视为履行结果回避义务的前提条件，因而也是过失犯的成立要素。以往仅强调结果预见可能性这一要素的旧过失论随着对自身的修正，尤其在过失犯的实行行为实质化、因果关系规范化后，结果避免可能性要么被纳入实行行为，要么被纳入因果关系的判断中；而结果避免可能性理论在德国实务和学界中的地位，徐然老师的报告也作了十分详尽的阐释。

这也在一定程度上说明，在过失犯中考察结果避免可能性的价值在于其本身的真理属性，而非地域性归属。徐然老师在他的报告中指出，在过失犯中考虑结果避免可能性是因为要考虑在个案中规范的效力是否发挥作用。

而我认为，结果避免可能性，其实探讨的是行为人的结果避免能力。可能性与能力虽然是不同的概念，但其实是一体的两面，因为行为人有了结果避免能力之后，才具有避免结果的可能性。结果避免可能性作为过失犯成立要素是基于刑法中的责任主义（即逾越能力则无义务原则）和被允许的风险法理。这一点车浩老师和孙运梁老师在他们的论文中也持类似的观点。一方面，过失犯是法定结果犯，刑法规定过失结果犯的目的是希望行为人通过履行必要的注意义务以防止结果的发生；而实现这一要求的前提是，行为人能够履行必要的注意义务，并且能够通过履行必要的注意义务获得防止结果发生的能力；否则，这一规范要求便是强人所难。

另一方面，虽然在过失案中，例如交通肇事中，行为人可以通过保持静止不动的方式避免结果，但是，法律并不禁止人们从事一切有风险的行为，而是希望通过要求行为人履行必要的注意义务将风险控制在合理范围内。如果即便行为人履行了注意义务，合理范围内的风险仍会引发法益侵害结果，这也是人类社会发展进程中必须承担的后果，而不应归责于个别人。这两点便是支撑结果避免可能性理论的法理依据。

当然，如何具体应用，可能要考虑到各国的基本国情、法律原则、司法政策等。例如，责任主义在德日以及我国刑法中是一项基本原则。因而，多数学说在认定结果避免可能性的标准上，要求确定能够避免结果。但是，在带有很强功利色彩的英美刑法中，在特殊领域，比如食品安全、环境保护等领域，基于公共政策的考量，可以放弃责任主义，采纳严格责任原则。这样一来，对结果避免可能性的证明标准就会相应降低，从而更可能得出类似徐然老师的看法。

三、归责标准：近乎肯定会避免还是风险优势性升高？

在实体性标准上，徐然老师采纳的是法益侵害危险的优势性升高标准，亦即，结果得以避免的可能确定在60%以上时，便可以对行为人进行归责。但是我们知道，在德日，风险升高标准面临着违反存疑有利于被告原则，以及将结果犯转化为危险犯的指责。为了给风险升高标准辩护，徐然老师质疑了上述两个指责。他对第一个指责的质疑，我是基本同意的，因为结果避免可能性在实体法上的本体到底指什么确实需要先明确。在未厘清结果避免可能性在实体法上的本体是什么之前，就开始从程序法上质疑风险升高理论违反存疑原则，在思路上的确有问题。

为了论证60%的结果避免可能性标准，徐老师提出了三个论据。我觉得这些论据本身还可以进行商榷。

首先，谨慎义务的违反只是在其成为关键性原因时才在构成要件上具有重要意义。但是，这个关键性原因到底是指什么？好像不是很明确。但是，从这个角度来看，似乎与个案中规范效力的检验没有必然关联。因为还有40%的可能性证明，个案中规范不能发挥其效力。

其次，徐然老师提及注意规范的保护目的在于降低法益侵害发生的风险，这一点我基本同意；但是，注意规范和刑法规范二者并不同，二者的保护目的也不一样。刑法上能否归责要考虑的是刑法规范的保护目的。刑法规范的保护目的需要结合特定罪名的构成要件来判断。譬如，刑法中过失结果犯背后的规范目的是为了防止结果发生。只有当被违反的注意规范指向并且能够避免构成要件上的结果时，行为人才能够因为违反注意义务造成侵害结果，从而违反刑法上的义务。因此，这一理由并不能反驳通说对风险升高理论的批判。

最后，从可罚性上来看，过失犯中，行为人并不存在对法规范的一种敌意，通过刑罚象征性地重建被破坏的规范效力的必要性就很低，没有必要单纯为培养他们谨慎的人格构造而采取刑罚这种严厉的处罚措施。

综上所述，在坚持责任主义的我国刑法语境下，我更倾向于支持通说，严格认定过失犯中的结果避免可能性。实体法上，结果避免可能性是一个是与否的要素，而不是一个盖然性的要素；而在司法证明上，需要达到近乎肯定会避免结果的程度。

四、判断标准：个别化还是一般化？

过失犯中的结果避免可能性可以按照个别化标准，也可以按照一般化标准来判断。前者是指，按照行为人的特殊能力、知识和资质来判断损害可否预见和可否避免；后者则按照一般模型而不考虑行为人的个别情况，判断的是一般人可否预见和可否避免。其实，关于结果避免可能性判断标准的争论会上升到是采纳一阶层过失犯体系，还是二阶层过失犯体系的问题。一阶层过失犯体系便是在构成要件中对结果避免可能性进行个别化判断；而根据德国通说的二阶层过失犯体系，在构成要件阶层对结果预见可能性和结果避免可能性进行客观的一般化判断，在有责性阶层结合具体行为人自身的资质、能力进行个别化、具体的判断。从最后结论来看，两种过失犯体系仅仅在以下情况下不同，即当行为人有能力、但一般人没有能力避免结果时，是否要处罚行为人。一阶层过失犯论认为应罚，而二阶层过失犯论认为不应罚。

二阶层过失犯体系背后的主要考量因素有三个：(1)从维护法治国的角度来看，将客观与主观、行为与行为人分开，并且遵循先客观后主观、先行为后行为人的判断顺序，过程清晰、缜密，可以防止刑罚恣意发动、维护公民自由。(2)如果义务取决于具体行为人能力的话，那么对每个人都有一个法规范。(3)追究能力超出一般人之水平的责任，实际上是一种对于道德的强制推行，不符合法治国理念下的个人主义精神。

但是，我个人更倾向于一阶层过失犯体系，理由有三：第一，不存在不去考察行为人知识背景、专业技能、特殊认知等个别化因素的一般理性人的能力。即便是客观归责理论，它也在风险判断时加入了“行为人特殊认知”这一个别化的要素。第二，虽然法律是对所有人都有效的，但是，在个案中，个人都只能运用他自己的、而不是别人的认知和避免能力去遵守行为规范。第三，对具有特殊能力者课予超出一般人能力范围的义务并不会造成特殊能力者承担更重的负担。按照施特拉腾韦特的说法，因为技术特别熟练者并不需要具有更认真的态度，也不需要具有更多的“道德感”，而只需要运用其基本能力即可。况且，刑法中的责任本来就是个人责任。

当然实践中，很难对这个有优越能力的人进行定罪，因为很难获得证据。

五、 过失竞合与结果避免可能性的认定

连环过失、也就是过失竞合情形下，结果避免可能性的认定是否会导致集体不负责任。关于过失竞合下结果避免可能性的判断，徐凌波老师之前有一篇文章就是讨论这个主题的。我也赞同她最后所得出的基本结论。

当然，我们在谈论过失竞合时需要区分不同的情形。日本学者通常将过失竞合划分为对抗型的过失竞合（行为人与被害人的过失竞合类

型)与并行型的过失竞合(复数行为人的过失竞合类型)。从过失行为与所发生的结果之间的关系来看,并行型过失中包括了累积竞合和并存竞合的情形。累积竞合是指多个行为人单独未履行注意义务的行为不足以造成结果,但是他们同时未履行注意义务的行为会造成结果。并存竞合是指多个行为人都未履行注意义务,而且只要一个行为人未履行注意义务便足以造成结果的发生,也就是徐然老师举出的阿里山火车车祸案。

在累积竞合的场合,对任一行为人进行归责是不成问题的,因为可以得出,若该行为人未违反注意义务的话,损害结果就不会发生了。但是,在并存竞合时会面临这样的一种境况:即便是其中一个人履行了注意义务,其他行为人的过失行为也都足以单独导致结果发生,换言之,结果也会发生。那么,在此情形下,是否就不需要追究这些人的过失责任呢?

其实,结果避免可能性的判断是一个规范上的归责问题,需要在一个根据规范构建的世界中判断。在这个规范世界中,不允许行为人以一个他人的违法替代行为来脱逃责任。即并存竞合情况下判断结果避免可能性时,需要排除他人的义务违反行为,即便这个义务违反行为与行为人违反注意义务的行为同时发生。换言之,在判断一个人是否具有结果避免可能性时,除了要假定 A 履行了注意义务,还要假定其他人也履行了注意义务。这样一来,即便在并存竞合的情形下,也可以追究其中任何一个人的刑事责任。

以上便是我对过失犯中的结果避免可能性问题的一点粗浅看法,还请批评指正。

六、需请教的问题

在学习了徐然老师对结果避免可能性的报告后,我仍然有几个疑惑,这些疑惑也是我在研究这一主题时存在的。

1. 疏忽大意的过失与过于自信的过失

徐然老师认为过失犯的核心要素由结果预见可能性向结果避免可能性转变。在我国语境下,我们一般认为过失犯中疏忽大意的过失是违反了结果预见义务，而过于自信的过失是违反了结果避免义务；而在德国，这两种类型在过失犯成立要素上没有区别，仅仅会对量刑起作用。那么，在两种过失犯类型中，您是如何处理过失犯中结果预见可能性和结果避免可能性这两个要素之间的关系？

2. 风险升高的体系性定位

我们知道，在过失犯认定中，行为不法、也就是创设或者增加法所不允许的风险的场合会涉及一个风险升高的问题。譬如在交通领域中，驾驶行为就是一个有风险的行为，而行为人超速行驶，其实是提升了这一风险。另外，徐然老师在结果不法，也就是法所不允许的风险实现的场合，也提出了优势性的风险升高规则。那么，这二者之间的区别是什么？

主讲人 · 徐　然

感谢蔡仙老师对我报告的点评！她的大多数观点我都认同，但是我们俩的分歧可能仅仅在于蔡仙老师更多地认为结果避免可能性是行为人能力的问题，会涉及不能避免结果的能力的判断，而我更多地把结果避免可能性理解为规范的有效性问题。

第二个争议比较大的就是归责的程度问题。蔡仙老师更多的是站在主流立场上主张结果确定能避免，我之所以选择跟陈璇老师一样坚持风险升高理论，很大程度上是考虑到过失犯规范本身的特质。它不是以一个百分之百来保护法益的面目出现的，在这个过程之中，结果回避的可能性的多少，直接决定了规范的有效性的有无问题，所以我可能还是更多地倾向于这是一个规范效力的个案检验的问题。同时一旦达到较高概率，以及通过事后的鉴定方式，确定能够大概率避免这种结果出现的话，就可以认为规范在个案是有效的，进而得出应当对行为人的不法行为归责的结论，这个是我的一个整体的回应。

第三个是蔡老师提到了《刑法》第 15 条在表述过失的时候，实际上一个是强调了结果预见的义务，一个是强调了结果回避的义务，相对应的前者就是疏忽大意的过失,后者就是过于自信的过失。我觉得无论两种义务的表现形式有多大差别,但最终在不法层面上还是一致的,即没有采取结果回避行为。对于疏忽大意的过失,因为没有结果预见,因而进一步地没有采取结果回避行为才是评价的关键,而不是落在结果预见本身之上。简单说,就在于因为没有预见,最后没有采取结果回避行为,所以最终两个类型的过失在不法层面的评价应当是共通的。

第四个是风险增高在风险创设和风险实现中各用一次的问题。我注意到有观众提到说在故意的场合能不能应用这个结果避免可能性,我把这两个问题一并来谈。我个人觉得这个可能是对故意犯和过失犯的判断的不同所导致的,在我理解的过失犯的结果避免可能性的场合,风险创设实际上就是没有按照结果回避义务去采取相应的回避行为;而相对而言,在故意犯的场合里,对一个行为的风险程度的把握就要去作实质性的判断,同时对因果关系的多重性也要进一步去讨论。也就是说,在故意犯的场合,可能在风险创设的时候要去谈风险升高的问题,而相反在过失犯的场合,风险升高的判断更多的是被作为结果避免可能性的归责标准在运用,所以可能不存在两边都在运用的问题。

至于在故意犯里,我认为可能不能适用结果避免可能性。一方面是源于这个行为本身在创设风险中会被作实质评价,讨论它的风险升高的状况;另一方面也是因为它可能会进一步涉及因果关系的实质判定。比如说复旦大学的林森浩投毒案中,辩护人明确提到了一个观点,就是黄某作为被害人,可能是因为爆发性的乙肝急性病发导致了多器官功能性的衰竭。如果这是一个过失行为,我们一定会去判断如果没有实施过失行为,会不会同样出现如此的结果,但是在故意犯的场合我们就会去判定,在这个过程之中,到底是黄某的乙肝爆发直接导致结果的发生,或者投毒本身又引发了乙肝的爆发,还是说是由投毒本身单独去发挥作用的?

所以我个人觉得风险升高在故意犯的场合里,更多地放在创设危险里,是要去界定行为的风险性,是为了要在决定规范的场合下为一般人提供一个可资依据的指引。同样在过失犯场合里,这样一个指引就是要告诉国民,一般性的注意规范通常是有效的,在这种场合下不能轻易逾越注意义务所要求的回避结果的义务。一旦逾越,那么剩下的结果与规范的关联性就只能由法官基于裁判规范的角度去判定应不应该处罚你,有没有处罚你的可罚性,有没有一般预防的作用。

主讲人·徐　然

Q1:如果风险显著升高就肯定结果归责,是否有混淆了风险创设与风险实现之嫌?当行为人在限速40迈的道路上,以80迈的时速行驶,进而轧上井盖时,是否可以理解为仅仅是创设了较大风险的行为?这是一种对行为危险的肯定,还是一种风险在结果中的实现?还有类似的情形:在变线时未保持1.5米的安全距离,仅保持了0.3米的距离,进而与醉酒驾驶的车辆相撞时,是否也是以风险升高的判断替代了风险实现的判断?

这个问题实际上是如何理解过失犯场合下的结果避免可能性的地位的问题。在我看来,在过失犯的场合,风险的创设和风险的实现是分成两种规范面向的。对于风险创设来说,它面向的是一般的普通的人,指引你在从事类似行为的时候,应当按照规范所要求的行为行事,所以在这个意义上它不需要像故意犯一样对行为风险作实质化的评价,更多的是一个形式性判断,看你有没有按照规范的要求采取结果回避的行为就可以了,不用再讨论风险有无升高的问题。相反,在结果发生、风险实现的场合,更多的是基于裁判规范的逻辑,从法官的角度去判断你这样的行为的处罚必要性和妥当性,它对于一般预防功能的实现有没有价值和意义,这是关于结果避免可能性的体系性定位的一个理解。所以在我看来,对于结果避免可能性,更多地要从结果归责的角度去判定规范会不会大概率地保障结果不发生,由此判断规范的效力。

与谈人 · 蔡　仙

我稍微补充一点，行为人以 80 迈的时速行驶，仅仅是一个风险创设的问题，没有涉及风险实现。对于风险实现，还需要进行一个假设性的判断，也就是徐然老师讲的结果避免可能性的问题。

主持人 · 韩正武

我听了两位老师的讲解，获得了比较深刻的认识。我的感觉是，它实际上就是在刑法上最早的因果关系的规则上，去掉一些假设性的因果关系，留存一些确实存在的因果关系予以定罪量刑。

我也代表听众提一个问题。我想先问一下徐然老师，在一个司法案件中，通常会出现多因一果的问题。我们在司法实践中该怎么来区分？到底它是多因一果还是我们运用结果避免可能性理论能够排除的情形？因为有一些司法裁判中并没有区分两种情形，而是只要是可能的原因一律认定为刑法的因果关系之因。这里可能也混入了假设性的因果关系，我们怎么能把假设性的因果关系排除出去？

主讲人 · 徐　然

过失犯中的多因一果是大量存在的，特别是在工程建筑领域，从事后追责的角度会存在多个因素并存的问题。从我的理解来看，首先要进行的是归因，也就是在多因当中，根据条件说进行筛选。比如在上海静安大火案中，其实随意堆放不合格的聚氨酯材料本身也有管理过失的问题，没有搭设脚手架上的防火层也需要对管理方进行追责。在多个原因下，首先是看电焊引燃本身，是不是同条件同情况下都会发生。如果确定发生就进入到规范的层面，先看有没有规范要求防范这个结果，然后假设行为人采取了合法行为，用合义务的行为加以替代，来看结果是否会发生。如果结果同样会发生，就和行为人没有关联。目前司法实践可能会因为行为人违规就把结果算在行为人头上，而结果避免可能性就是尽量把不能发挥作用的规范摘出来，不把过失不法的锅扣在行为人头上，从而达到限缩入罪的目的。

主讲人·徐　然

Q2：结果避免可能性理论是不是大多数都需要侦查实验来排除或者来验证？怎么更有效地运用这个理论？

我觉得需要分两种场景。第一种是常态性的过失犯，就是从一般的经验法则来看，当预测结果肯定能避免，双方没有争议时，就不用启动侦查实验。但是如果出现控辩的争议点，这个就没有办法离开侦查实验笔录的运用。这个时候可能就会进一步涉及，如果按照通说的确定能避免的标准要做多少次侦查实验，你要确定在哪种条件下百分之百能重现，能排除合理怀疑。这是我对于结果确定能避免标准在实务中操作的一个担忧，就是按照通说，我们的侦查实验能不能保证百分百地还原和重现这样一个结果，我是持怀疑态度的。而我想象的是在即便是在同样的人员、器材、环境的情况下，侦查实验也会出现一些偏差，比如说十次里头有七八次发生结果的时候，在这种大概率的情况下也应该认为规范是有效的。这是我的理解。

但是下一步来看，如果要大规模地依赖于侦查实验笔录，控辩双方的争议一定会聚焦到对于笔录本身的实验计划、实验结果的可信性上，可能各方还会考虑引入专家辅助人，来进一步说明这个案件的概率问题。这都是未来实践中可能会遇到的问题。

德国、日本和我国台湾地区已经采纳了这种理论，即使对于坚持极其严格的标准的地区来说，它的侦查实验也是不可避免的。比如我国台湾地区先后发生的两起交通事故，行为人在自己的主行车道上超速行驶，对向来车突然越过双黄线,两车相距不到 10 米。在主车道上超速行驶的车刹车不及时,导致了逆向来车的驾驶员死亡。在最早的 1995 年出现的案件中,先后经历 6 年,换了 40 多位法官反复进行侦查实验,最后得出不能排除合理怀疑的判断。也就是说,即便按照遵守交通限速的上限 60 公里的时速,也不能在 10 米内刹住车,并且保证对向来车的人员的安全。当然,这个判决当时采取的是用相当性的判断来描述结果避免可能性,认为本案没有相当因果关系。但是我们知道相当因果关系是在同条件、同情境之下会发生同样的结果。对于这样一个超速的行为,在同条件、同环境之下,我想一定会再次发生这种结果,所不同的是我们要去考虑结果避免可能性与相当性判断不同的地方,它是一种区别于相当性的反向思考,即考虑做合法行为之后能不能避免结果,所以它更多地是一个归责的问题,而不是一个归因的问题,因为归因已经在相当的层面上解决了因果的归属。

与谈人 · 蔡 仙

Q3:你刚才在与谈的时候有讲到一个判断标准问题,你的理解是不是说在判断标准问题上你是坚持完全个别化标准?

我的立场是个别化需要考虑到行为人,比如说他的职业、特殊认知、特殊能力等这些要素,但不是说完全纯粹的个别化判断。如果纯粹个别化的话,可能会陷入一种决定论中,也就是说,行为人在那个时候完全没有选择,结果肯定是不可以避免的。这就导致在任何情况下都不可能对行为人进行追责。

主持人 · 韩正武

非常感谢两位老师,也感谢我们盈科学院的秘书团队。两位老师在两个多小时的时间内,对我们在实践当中接触不太多,但确实具有很大应用价值的理论问题进行了广泛深入的讨论。

第二讲
规范保护目的理论的司法适用

主讲人:李　波(中国海洋大学“英才工程”副教授)

与谈人:冀　洋(东南大学法学院讲师)

主持人:何荣功(武汉大学法学院教授、《法学评论》编辑)

主持人 · 何荣功

大家晚上好！我是武汉大学法学院的何荣功,欢迎大家参加今晚的在线讲座。作为刑法学研究队伍中的一员,我借此机会感谢会议主办方,特别是车浩教授、赵春雨主任的学术公益之心,以及他们为青年学者交流成长提供的平台。

按照计划,今天举行在线系列讲座之二《规范保护目的理论的司法适用》。下面我隆重地介绍一下今晚的主讲人李波老师和与谈人冀洋老师。李波老师是中国海洋大学“英才工程”副教授、硕士生导师,北京大学法学博士,曾任教于中南财经政法大学刑事司法学院,著有《过失犯中的规范保护目的理论研究》《刑法教义与刑事政策》。在《中外法学》《法学家》等法学核心期刊上独立发表论文20余篇,其中多篇论文被人大《复印报刊资料 · 刑事法学》全文转载,现主持国家社科基金一般项目、教育部人文社科基金青年项目等。李老师曾获中国法学会第六届“董必武青年法学成果奖”二等奖,是非常优秀的青年学者。与谈人是东南大学法学院年轻有为的冀洋老师,冀老师在《中国法学》《现代法学》等期刊发表论文多篇,研究成果被《高等学校文科学术文摘》、人大《复印报刊资料》等转载多篇/次,还主持了国家社科基金青年项目等。冀老师的博士学位论文曾获第四届全国刑法学优秀博士学位论文一等奖。两位老师虽然都很年轻,但对今晚的讲座主题都有着深入的思考和研究,我们期待从中有所受益。下面我把有限的时间交给两位老师。

主讲人·李 波

尊敬的各位老师,各位朋友大家晚上好！非常高兴有这么一个机会向大家汇报一下我研究规范保护目的一点心得。我今天讲座的题目是《规范保护目的理论的司法适用》。

对于规范保护目的理论,学界同人肯定比较熟悉,它是客观归责理论的一个下位规则,律师朋友们可能会稍微陌生一些。但其实它既是一个理论问题,也是一个实务问题,所以今天我们主要通过一些案例进行讲解。我一共收录了十几个案例,其中有一些是中国的真实案例,有一些是德国的案例,还有一些是教学案例。

今天的主要内容总共分为三个部分:第一部分是“揭开‘规范保护目的理论’的面纱”,主要介绍规范保护目的理论在德国和中国的发展。第二部分介绍“规范保护目的理论的适用规则”,以及适用的一些案例类型。第三部分谈一下如何寻找规范的保护目的,涉及注意规范和规范保护范围等问题。

一、揭开“规范保护目的理论”的面纱

(一)德国法上的规范保护目的理论

1. 规范保护目的理论的提出

一提到规范保护目的理论,我们可能就会想起德国刑法学中有名的车灯案。

【案例 1:车灯案】在一条昏暗的田间小路上,有两个人骑着自行车前行(A 前 B 后),这两个人都没有打开车灯。根据当时德国交通安全方面的法律,夜晚骑自行车的人是要开灯的。当他们骑到一个昏暗的交叉路口时,又出现一个骑自行车的人 C,C 也没有开车灯,因

为漆黑一片，A 撞上了 C。

本案中能否将交通事故归责给 B？B 违反了夜晚骑车需要开灯的注意规范，同时，C 的重伤与 B 的行为之间是具有事实上的因果关系的。但是，能否将 C 的重伤结果向 B 归责呢？根据规范保护目的理论，之所以 B 不应该为 C 的重伤负责，是因为“骑车必须开灯”这个注意义务的保护目的并不是为了照亮其他行人，或是让其他的行人避免发生交通事故。这个注意义务的规范保护目的，只是保护骑车人自己的安全。

通过“车灯案”，我们认识到：仅仅具有事实因果关系，还不足以奠定刑法上归责的基础。法官需要在事实因果关系基础上再次进行规范性的判断。规范保护目的理论就是这种规范性判断的核心。其主要内容是：归责过程不是无价值的、形式逻辑的推理过程，而是规范的、目的论的评价过程；规范并不禁止所有法益侵害结果，而只禁止那些以特定方式侵害法益的行为或结果。只有规范意图防范和禁止的行为和结果才是归责的对象。该理论的核心是通过考虑规范保护目的，来对刑法因果关系进行规范性的限制。

2. 规范保护目的理论在民法学中的发展

在引入规范保护目的理论之前，民事司法实践主要借助于可预见性标准限制侵权损害赔偿的范围。所谓可预见性，是指损害赔偿的范围应限制在契约签订时或损害发生时赔偿义务人可预见的范围之内。它的提出本来是为了限制条件说所划定的责任范围。大家知道，条件说所划定的归责范围是非常宽泛的，借助可预见性标准，就有可能排除那些无法预见或其他不合理的事项，避免条件说无限追溯的弊端。不过，可预见性判断比较模糊，也容易造成同案不同判。对于同一件事，有的法院认为在预见范围之内，有的法院认为在预见范围之外。对此，德国学者拉贝尔教授提出应转变视角，将注意力从预见的标准转到具体案件中被违反的注意规范所保护的范围上来。与依靠社会经验评价的合理预见说不同，规范保护目的理论在确定侵权责任及其范围时，所依靠的是“解释法律规范之立法目的，探讨者为法规之对象以及法规所欲避免之损害，法律政策对法规目的之决定”，后者是一种规范评价标准。

3. 规范保护目的理论在刑法上的发展

20世纪60年代，受民法学大量运用规范保护目的理论的影响，德国学者鲁道菲率先在刑法领域展开尝试。首先，鲁道菲批评可预见性标准在判断上过于恣意，容易扩张归责范围。

> 【案例2：血友病人案】行为人用小刀轻轻刺了被害人胳膊一下，由于被害人是血友病患者，结果血流不止而死。

以往德国帝国法院（RG）倾向于认为血友病这种特殊体质是可预见的，后来的联邦最高法院（BGH）认为，被害人具有特殊体质这一特性并不在生活经验范围内，因而是不具有可预见性的。鲁道菲认为，在过失犯的归责判断中，重要的不是社会生活经验这种存在论的问题，而是规范上的问题。也就是说，以过失为要件的规范并不针对每一个对所保护的法益造成的结果，而仅是那些违反注意义务并因此不在法律允许的风险之内，或者超越了法律所允许的风险的结果。换言之，不是所有的法益侵害结果都可以归责，只有那些作为法不容许的风险之实现的结果，才可以归责。而那些法律所允许的风险所导致的结果，就不可以归责。

（二）规范保护目的理论在我国的发展

1. 客观归责与规范保护目的

规范保护目的理论在我国得到发展，同样是因为传统的归责理论过分忽视规范评价。我国传统结果归责理论是必然与偶然因果关系说。必然性或偶然性考量是比较混乱的，其中既有经验判断也有规范判断，既有一般判断也有具体判断，结论也是因人而异的。实际上，必然与偶然因果关系判断是以条件说、合法则的条件说和可预见标准为主要内容的。其中条件说和可预见性标准主要表现在偶然因果关系中，合法则的条件说则主要表现在必然因果关系部分。不过，德国经验已经证明这种做法是行不通的。“受到自然主义影响的德国刑法学说认为，结果归责这个规范的一般性问题可以用条件说解决，在过失犯中的特殊问题可以用预见可能性解决,这数十年来所走的是错误的歧路。”

与以社会生活经验为基础的可预见性标准相比,客观归责理论以行为人是否制造法不允许的风险、该风险是否在结果中实现为标准,确定应否向行为人归责,具有鲜明的规范性与实质性。首先,客观归责理论建构在风险管辖理论之上,后者是指个体对于自己所制造的风险具有管理和控制的义务,否则就要对由此造成的损害结果负责。据此,风险被规范地区分为允许与不允许两种类型。比如只要遵守交通规则,开车上街是被容许的,但是一旦违反交通安全方面的注意规范,有造成刑法保护的法益侵害的危险,就不再被容许。制造或实现法不容许的风险,就要承担相应的责任。其次,在判断行为人是否制造了不被允许的风险时,必然要考虑规范的保护目的。规范保护目的理论试图从法秩序的目的中确定刑事归责的范围,是想替刑事归责找出实质的判断依据。这样,客观归责理论在事实因果基础上又加了一道筛子,将那些不具有实质可罚性但与法益侵害结果具有条件关系的行为从规范上予以排除,以此限缩处罚范围。

规范保护目的思考的介入,促使刑法归责的标准发生了根本性的变化。也就是说,从单纯要求条件因果关系到相当因果关系(条件说+相当性判断),再到客观归责理论(条件说+相当性判断+规范判断),体现了从“自然·物理”思维到“社会·经验”思维再到“规范·政策”思维的转变过程。因果关系理论是只问有无“物理上因果关系”,相当性因果关系理论则是在确定了具有“物理上因果关系”后,进一步追问这个“物理上因果关系”是否具有生活经验上的“相当性”。在此基础上,客观归责理论则是对一个具有“相当性”的“物理上因果关系”再进一步追问其是否具有“引起法律所不容许的风险性”。

2. 规范保护目的与法益的区分

在司法实践中经常出现一些只考虑法益的重要性(社会危害性的大小)而不考虑规范的保护目的,并因此随意扩张犯罪成立范围的错案。比如王某军非法经营案。

【案例3:王某某非法经营案】原审法院以被告人王某某没有办理

粮食经营许可证和工商营业执照而进行粮食收购活动违反《粮食流通管理条例》相关规定为由，依据《刑法》第225条第4项规定，以非法经营罪判处王某军有期徒刑1年，缓刑2年，并处罚金人民币2万元。

其实，在适用《刑法》第225条第4项时，需要在该条规范的保护目的之下评价行为人违反《粮食流通管理条例》相关规定的行为，而非只要一违反《粮食流通管理条例》就一定具有刑法上的处罚必要性，因为刑法与《粮食流通管理条例》具有不同的规范保护目的。

这里的"规范保护目的"不同于"法益"，仅根据法益的重要性评价行为是否值得处罚，可能会扩张处罚范围。严格来说，法益是规范的保护对象，而非规范保护目的本身。规范保护目的强调是否保护、如何保护法益以及保护到什么程度。有的法条只保护特定的人、特定的法益，有的法条则预防以特定的方式或行为类型侵害某种法益。区分规范保护目的与法益是理解规范保护目的理论的前提，如果不了解这一点，就不能很好地理解这个理论。

3. 学界与司法实务的认可

现在，规范保护目的理论无论是在学界还是司法实务中，都得到了认可。在学界，梁根林教授认为有必要借助于规范保护目的对裸的"醉驾"事实进行规范限缩。劳东燕教授也认为，讨论交通肇事逃逸相关问题最重要的线索有两条：一是逃逸规定的规范保护目的，二是交通肇事后逃逸的场合涉及的行为结构。刘艳红教授认为，注意规范保护目的理论能合理限定交通过失犯的成立范围。张明楷教授也认为，注意规范保护目的理论应该成为判断实行行为的标准之一。因为"当刑法分则条文所规定的实行行为以违反注意规范为前提时，要判断一个行为是否符合构成要件，必须判断该行为是否违反注意规范；而在判断该行为是否违反注意规范时，就必须考虑注意规范的保护目的。"

在司法实务中，也出现了许多采用规范保护目的理论判断结果归责的案例，比如卢某、宁某某交通肇事案。

【案例4:卢某、宁某某交通肇事案】被告人卢某驾驶小轿车碰撞被害人邱某,造成邱某重伤濒临死亡,卢某在事故现场未及时保护现场,后来被告人宁某某驾驶小型普通客车进过事故路段时,由于疏忽大意碾压到因前起事故倒在路面上的邱某,邱某当场死亡。

在本案中,法官根据规范保护目的理论判断是否归责。法官认为,虽然被害人邱某最终是被宁某某轧死的,但是也应该同时归责于卢某。因为作为肇事人,卢某身在现场却没有履行对卢某的救助义务,救助义务的规范保护目的恰恰是为了挽救被害人的生命。被害人死亡的结果可以归责于卢某。

又如卢某某交通肇事案。

【案例5:卢某某交通肇事案】被告人卢某某醉酒后无证驾驶无号牌二轮摩托车沿高唐县金城路由西向东行驶,遇在机动车道内同向行驶的刘某驾驶电动自行车下车准备掉头,卢某某发现情况较晚,致两车相撞,造成被害人刘某受伤经抢救无效死亡。

法院认为,本案交通肇事的结果是由机动车驾驶员在雨天未尽到认真观察的安全注意义务,以及违反道路交通运输管理法规禁止酒后驾驶的规范保护目的的行为所引起的。因此,应将被害人的死亡归责于被告人。

二、规范保护目的理论的适用规则与主要案例类型

(一)判断规则与判断顺序

过失犯的归责首先可以区分为两个层次:一是风险的判断(有没有风险以及风险是否实现);二是规范保护目的的判断(是否为法所禁止的风险以及该风险是否实现)。陈兴良教授认为两者之间存在阶层关系,我是很赞同的。

过失犯的归责建立在风险的规范评价基础上,在判断过失犯的行为、结果与因果关系时,都必须考虑被违反的规范的保护目的。

首先，行为人所制造的风险必须是规范本身旨在排斥的风险，即法不容许的风险。比如司机以 80km/h 的速度在限速 100km/h 的道路上行驶，一个小孩突然闯进车道，司机紧急刹车，但仍然撞死了孩子。事后查明，如果按照 20km/h 左右的速度驾驶，司机就能够在小孩闯入车道的时候及时反应，避免他被撞死。在这里，不能因为司机没有按照 20 km/h 的速度驾驶而将小孩的死亡结果归责于他，“因为根据最高限速的明文规定，他在一定程度内缺少避免结果发生的行为能力，这是法律所允许的。在一定程度内缺少避免损害发生之能力的这种状态，不应归责于汽车司机，而应当归责于道路交通领域中存在的危险。由于这种危险是得到容许的，所以我们可以说，行为实现了一个‘被容许的’风险。”

其次，具体结果中所实现的危险也必须是规范旨在排斥的风险。比如医院病毒案。

> 【案例 6：医院病毒案】被告人甲酒后驾驶撞伤了被害人乙，但是乙不是死于交通事故，而是死于在医院中感染的某种病毒。

甲确实制造了法不容许的风险，因为酒后驾驶明显违反了交通安全方面的注意规范，该注意规范在刑法上也具有保护他人生命法益的意义。但是，乙的死亡是否是甲所制造的不容许性风险的实现，尚需进一步探讨。虽然若没有甲撞伤乙，乙就不会到医院就医，也不会在那里感染病毒，但就感染病毒而言，甲所制造的仅仅是一种日常性的风险，虽然这一风险最终导致了乙的死亡，也不能将乙的死亡结果归责给甲。因为甲所违反的“不得酒后驾驶”这一注意规范的保护目的并不是针对感染病毒这种危险。

再次，具体结果中所实现的风险必须是被告人所制造的风险。如果具体结果中所实现的风险属于他人管辖范围之内，就要排除对被告人的归责，比如陈某交通肇事案。

> 【案例 7：陈某交通肇事案】被告人陈某无驾驶执照，所驾车辆无行车证、无牌照，在禁止摩托车通行的高速公路上行驶，遇执勤民警

> 检查时又不服从管理,逆向行驶、闯关、在紧急停靠带上高速行驶且曲线行驶等,均违反了交通管理法规。

在陈某违反的这些规范中,有些规范是为了行政管理的需要,比如对驾驶执照、行驶证、车辆牌照以及服从交警指示的要求;有些规范是为了公共安全,比如不允许摩托车在高速公路上行驶、不允许闯关、在紧急停靠带上高速行驶且曲线行驶等。这些规范在刑法上是有意义的,被告人一旦违反就制造了法不容许的危险。问题是,被害人的死亡是否该风险的实现呢？答案是否定的。因为被害警察也违反了不得在高速公路上追捕的注意规范,作为交通安全的管理者,危害结果在被害人的管辖范围内。因为“职业承担者在自己的职权范围之内,以一种局外人不应当干涉的方式,对消除和监督危险的渊源负责”。因此,民警的牺牲不属于《刑法》第133条所禁止的构成要件结果,将其归责于被告人不具有妥当性。

(二)主要案例类型

1. 普通故意犯

通过前面的举例,我们可以发现规范保护目的理论在过失犯中适用比例较大。但这并不意味着就其就不适用于故意犯罪。规范保护目的理论同样适用于故意犯罪,只是由于故意犯罪中的行为往往危险性比过失犯更为明显,其是否规范所禁止的对象,更容易判断。只有在少数情况下,结果是否发生在规范保护目的之内,需要司法者耐心审查法条目的及其合理功能。比如器官移植案。

> 【案例8:器官移植案】一名医生通过某种技术手段篡改了某项测量数据,从而使他的病人在接受肝移植名单上的排序提前,结果被调到后面的病人因为没有及时获得肝移植而死亡。

本案中医生的造假行为与病人死亡结果之间存在因果关系。在接下来的归责判断中,就需要考虑器官分配规定的规范保护目的问题。行为人所违反的器官分配的规定,其目的是为了挽救病患的生命,还是确保分配公平？如果只是确保分配公平,那么被告人违反该规定的行为就只造成了分配上的偏差,而没有造成病患死亡的危险。如果该规定是为了及时挽救病患,那么被告人篡改数据让自己的病人插队就医的行为,就给其他病患造成死亡的危险。

我认为,器官分配规定既具有确保分配公平的目的,也具有确保病人得到及时救治的目的。即使器官分配的规定有瑕疵,在刑法上也有重要参考价值。因为"再差的规则终归好过没有规则,也好过让个别医生自己随意决定分配顺序。要想确定本案中应适用的注意义务要求或者说本案中容许风险的标准,在这个领域之内没有比既有的器官移植法规更好的了"。

2. 交通过失犯

规范保护目的理论经常被用于交通过失犯罪,因为在司法实践中,法官常常处理不好行为人在交通管理法规上承担的违章责任与刑事责任的关系问题。比如在陈某安交通肇事案中,不是被告人撞了被害人,而是被害人酒后驾驶撞了被告人。被告人只因为逃逸,就成了交通事故的主要责任人。在此,法院没有区分违章责任与刑事责任,而是直接根据违章责任确定了相应的刑事责任,这就出现了问题。虽然被告人陈某安悬挂假号牌并在事故后逃逸,但是要求悬挂真号牌的注意义务,其目的并不是为了避免交通事故,而是为了行政管理上的方便。要求肇事人不逃逸虽然是为了救助被害人的生命,但是陈某安在本案中根本就不是肇事人。所以,交通管理法规和刑法在目的、制裁手段、调整范围等方面存在很大不同,交通管理法强调对交通秩序的维护和管理,刑法强调对行为人的道义谴责和制裁。法官如果不经规范评价,直接根据交通事故认定书判案,就容易混淆违章责任与刑事责任,将许多无罪的案件认定为有罪。

3. 医疗过失犯

规范保护目的理论在医疗过失犯罪中也有频繁的应用。除了上面讲过的器官移植的案例,在外科手术中也经常涉及规范保护目的的判断,比如牙医案。

【案例9:牙医案】牙医A为他的女病人B拔除两颗后牙,实施这种手术要求病人全身麻醉。在麻醉之前,B跟A说她的心脏不大好。按照医疗上的常规程序,在发生这种情况时,手术前医生应请内科医生为病人做全面检查。遗憾的是,牙医A没有请内科医生来会诊,B在手术中死于心脏骤停。事后查明:即使牙医A请内科医生前来会诊,也发现不了B的心脏问题。

在本案中,牙医违反了请内科医生会诊的注意义务,后者的保护目的是为了及时发现病人的潜在病患,确保手术的顺利,最终挽救病人的生命。虽然病人的心脏病是极为罕见的,即使会诊也难以发现,但这并不能排除行为人邀请内科医生参与会诊的义务。这是因为不遵守会诊义务提高了病人死亡的风险,而遵守该注意义务,通常情况下能够降低乃至避免风险。在刑法上,注意义务的功能不是无遗漏地防止法益侵害,而是提高法益获得保护的机会;如果仅仅考虑到遵守注意义务也可能无法避免被害人的死亡结果这一点,就否定遵守注意规范的意义,显然不利于保护法益。

4. 监督过失犯

在监督过失犯中,由于监督义务的违反与具体的法益侵害结果之间隔着具有直接责任的他人,具体法益侵害能否向监督义务人归责就成为问题。目前刑事司法实务中在这一点上具有较为严重的分歧。

【案例10:王某玩忽职守案】被告人王某系城管中队巡控组副组长,主要负责对海榆中线以东区域违法建筑的巡查防控、制止查处等工作。王某带队例行巡查时发现涉案仓库,当即现场发出《责令停止违法行为通知书》和《责令限期改正通知书》,并于当天将情况报告中队指导员何某,但没有采取暂扣施工工具等措施,也未将违法建筑情况填录系统上报;后来,何某两次带队到现场查看,但均未采取其他措施;同月15日,涉案仓库在浇灌顶层混凝土时发生坍塌,造成两名工人死亡、两名工人受伤的重大事故。

法院认为,《海南省查处违法建筑若干规定》第一条规定:“为了加强城乡规划管理,查处违法建筑,维护社会公共利益,根据……等法律法规，结合本省实际，制定本规定”。据此可知，查处违法建筑的目的是为了加强城乡规划管理，这是城管在查处违法建筑时所需要保护的法的利益。如果城管不履行或者不正确履行职责，从而发生违法建筑，二者间便具有了法律上的因果关系。至于违法建筑在施工过程发生坍塌，因为安全施工并不是注意规范（查处违法建筑）的保护目的（加强城乡规划管理）所包含的结果，所以防止坍塌事故发生属于建设单位、施工单位等其他责任主体的责任范畴。

> 【案例 11：李某玩忽职守案】某地法院原刑庭庭长云某在审理郝某过失致人死亡一案中，错误地将郝某的职业“乌兰察布电业局职工”写成“无业”，李某时任该院副院长，分管刑事审判，未严格审核把关发现该错误。该处错误导致宣判后，判决书未能送达郝某所在单位。2012 年至 2019 年，郝某从其单位乌兰察布电业局领取工资薪酬、奖金、福利、企业代缴五险一金共计 1 374 960.01 元。原判以李某因未认真审核判决书导致郝某领取电业局 137 万余元为由，对李某以玩忽职守罪判罪免刑。

我认为，虽然玩忽职守罪的保护法益是公共财产、国家和人民的利益，但是并非所有使公共财产、国家和人民的利益遭受重大损失的行为都应该受到惩罚。如丁慧敏律师所言：“玩忽职守罪的前提是要求国家机关工作人员违反自身岗位职责要求。李某岗位职责是分管刑庭，背离岗位职责定位的行为导致的结果，必须也能够和他的职责范围相关联。如果相关单位的财产损失，是判决判项所致，例如，判项中的刑事附带民事赔偿数额显著错误，导致犯罪人多支付 137 万元，这样的财产损失才是李某岗位职责范围内应该归责的结果。本案中，电业局和郝某的扯皮（很可能郝某原本 8 年来一直出勤，电业局以郝某犯过罪主张不支付劳动报酬），原本就不属于李某岗位职责的风险所致。”

5. 结果加重犯

由于结果加重犯的法定刑比较重，有必要严格限制结果加重犯的成立范围。在因果关系方面，这种限制体现在基本行为与加重结果之间的“直接关联性”。基本行为与加重结果之间不仅要满足条件关系，还要求加重结果是基本行为的“特有危险”或“固有的内在危险”的实现。以故意伤害致死为例，加重结果之产生必须来自故意的伤害结果中蕴含的风险实现，或者故意实施的伤害结果具有足以产生死亡结果的倾向。如果加重结果之产生是来自与基本犯罪行为实施无关的风险，则不能构成结果加重犯。加重结果的产生必须来自行为人因实施基本犯罪行为所制造的风险，这就是所谓的“风险同一性”。但是，基本行为与加重结果之间是否具有直接关联性的判断，主要是从事实层面或者是从社会经验层面上进行的，这里并没有管立法是怎么想的。实际上，要限制结果加重犯需要从规范保护目的出发。“只有在从基本犯罪的典型危险中产生结果时，才适用这种行为构成，这是符合立法目的的。只有这种结果才能为结果加重犯罪的保护目的所包括”。因此，以“规范保护目的”标准补充“直接关联性”标准，对合理划定结果加重犯的处罚范围来说至关重要。

三、“规范保护目的”的确定

准确确定“规范保护目的”的内容，对规范保护目的理论在具体案件中的适用具有无可置疑的重要性。一般认为，规范保护目的是指规范在设定人们的行为模式和注意义务时关注的目的何在。规范保护目的理论其实是目的解释在归责领域的应用，这进一步拓宽了目的解释的适用范围。如冯军教授所言：“对任何一个刑法条文的解释和适用，都必须从其规范的目的出发，刑法分则中每一个规定了犯罪成立要件和法定刑的条文，都具有自己特定的规范目的。如果已经存在的刑法条文足以实现某一目的，就不需要为实现这一目的而另外设立新的具有罪刑构造的刑法条文。”

（一）“注意规范”：规范保护目的的类型与功能

所谓的“注意规范”指的并非是刑法外的，即民事或行政法上的禁令或命令，而是建立在法益保护衡量基础上的、禁止创设不容许危险的规范。这些注意规范旨在保护刑法上的某种特定的法益。比如，某些注意规范的目的是为了确保安全，有些是为了保护他人的生命或身体健康、避免法益侵害，因此注意规范保护目的的功能首先是描述行为的风险度，判断行为是否制造了法不容许的危险；注意规范可以约束危险品的任意流通，还可以培养普通人对于法规范的遵守，可以防止他人犯罪。可见，注意规范都是一些预防性的规则，“每一个预防性规则实际上都是一种手段性命令，其目的在于通过规定特定的措施来防止某种结果发生，因此，只有发生的结果属于规则企图防止的结果时，才可能以违反规则对主体进行谴责”（杜里奥·帕多瓦尼）。

（二）“保护目的”的探寻方法

规范保护目的理论所遭遇的最大批评，就是规范保护目的本身不明确、不具体，法官对规范保护目的的认识可能会有较大差异，可能会给过失犯的成立判断增加不必要的负担。

但是，探寻规范的保护目的势在必行，由于“法律规范和法律制度由‘当为语句’构成，它们必须服务于特定的规范目的”，“是规范目的决定了法律概念的功能，而不是相反”，“许多概念是从法律规范的保护目的与规范之间的联系中才获得了具体的含义”，在这种情况下，“如果无法辨明制定的规范的目的，那么刑法总则问题的大多数学术研究将是无效的。如果放弃对规范目的的研究，那么所有刑法理论都将是灾难性的。应当如何找出规范的目的是极具争议性的，但即使如此，也不能否定每个规范都是有目的的。”

规范保护目的也并非不可探求：一般情况下，借助于文义、历史、体系等解释法完全能够探知规范的一般目的；如不能解决问题，还可以借助法哲学、社会学、文化研究、比较法学等方法探明立法者所赞同的刑事政策。即便是批评规范保护目的理论的哈特和奥诺尔也认为在“很多情况下，一个特定的法规或者普通法规则都有一个相当有限的目的，法院能够确定或者发现它。”可见，以规范保护目的不明确为由排除其适用，只能归责于司法者的偷懒。

通常情况下认为，规范保护目的包括主观目的（立法原意）与客观目的（合理功能）。在我看来，坚持主观目的说的学者侧重于立法对司法的制衡,坚持客观目的说的学者侧重于法官的能动性与灵活性。我采取折中说,即在立法时间不远,社会没有发生太大的变化,立法目的仍然能够适应现实需要时,应坚持主观目的说。但在立法时间久远,社会发生巨大变化,立法原意不再适应现实需要时,应转而探求法条的合理功能。

(三)规范保护范围的确定

规范保护范围是根据规范保护目的所确定的、规范旨在防范和避免的法益侵害或危险的范围。在归责判断中,规范保护目的必须通过规范保护范围才能实现自身的功能,后者是前者的具体化。通常来说,高位阶的法益的保护范围比较容易确定,低位阶的法益的保护范围要在具体案件中确定。如布劳洛克教授所言:在具体案件中,判断规范保护范围既不能违反立法目的,也要考虑行为人与被害人之间的利益平衡。

在确定规范保护范围时,还须注意不要将其与规范的反射性保护效果相混淆,后者是指保护目的之外的、规范在具体情况下所具有的防范和避免法益侵害或危险的范围。理由有二:其一,归责本身也是在构成要件指导下判断能否将危害结果归责于行为人,这时刑法条文的解释与适用必须在罪刑法定原则允许的范围之内,一旦超出了规范的保护目的,就有违罪刑法定原则之嫌。其二,反对规范保护目的的平行延伸,并不意味着行为侵犯规范的反射性保护效果所涉及的法益或造成危险的就必然无罪,这样也就不必担心不利于法益保护,也不会违反人人平等原则。这个时候要看被告人是否违反了其他注意规范,法益侵害结果是否在其他规范的保护目的之内。对于特定法条而言,其规范保护目的都是为了确保特定法益的安全,而不是为了避免所有法益侵害。如果实际发生的结果不是那些与不法行为有关联的结果,它就不属于那个基于其发生可能性而需要对相应举止加以禁止的结果。

与谈人·冀　洋

对于刑法中的规范保护目的,国内最早研究的学者是我的导师刘艳红教授,其于2010年在《法学研究》第4期发表了《注意规范保护目的与交通过失犯的成立》。之后,一些学者在客观归责理论中去谈这个问题。李波老师的博士学位论文是《过失犯中的规范保护目的理论研究》,同名著作已在2018年由法律出版社出版,并得到了陈兴良老师、齐文远老师、刘艳红老师的高度评价。李波老师对规范保护目的理论的众多研究成果相继发表在《中外法学》等法学重要刊物上,很多论文都被人大《复印报刊资料》转载。我认为,“规范保护目的理论”已经成为李波老师本人的一个学术标签,他的著作和论文也是我们以后研究规范保护目的理论不能回避的成果。因此,我作为与谈人,与李波老师共谈“规范保护目的”理论难免有班门弄斧之嫌。下面我谈一下我对本次讲座内容的一点粗浅的看法,请李波老师批评指正。

一、对李波老师《规范保护目的理论的司法适用》的理解

李波老师在演讲中通过文献、案例、判例向我们系统讲述了规范保护目的理论的来源、内容、功能等。从李波老师的讲座中,我们可以发现规范保护目的理论的三个要点:

第一,引入“规范保护目的”理论的初衷。

规范保护目的理论的核心是,通过考虑“规范保护目的”来对结果的归属进行限缩,换言之,通过规范保护目的的考察,否定先前行为与损害结果之间的因果联系。李波老师谈及的很多案例,如“车灯案”“射击打靶案”以及其他一些交通肇事案、玩忽职守案,都属于这样的情形:行为人违反了某一个规范(如骑车不开灯、超速),最终也产生了一个危害后果,且这个违反规范的行为在纯客观上、物理上、事实上是造成该后果的一个原因、条件。如果就此就直接将结果归属于先前的规范违反行为,显然让人难以接受。此时,通过规范保护目的,在事实因果关系之后附加一个额外的判断,就可以否认对行为人的归责。

我认为,这一步骤是非常重要的。尤其在过失犯中,刑法典中的过失行为,特别是普通过失犯罪在构成要件上没有任何定型性,如《刑法》第

233条的罪名叫“过失致人死亡罪”,规定的构成要件只是“过失致人死亡的”,法条中没有任何可供解读的空间。因此,从先前的行为到最终结果、从事后的结果倒推先前的行为,如果一律肯定因果关系,难免会陷入“结果责任”或“无过错责任”。比如,我们特别喜欢讽刺的极端案例是:杀人犯的妈妈也是杀人的条件制造者。

第二,“规范保护目的”在刑法总论中的体系位置。

李波老师提到了一个学术现实:我们对“规范保护目的理论”的认识与重视,主要是来自于罗克辛的客观归责理论。客观归责理论究竟是因果关系理论、构成要件理论还是整个犯罪成立的综合性、可罚性理论,存在很大争议,我们这里暂且不谈。就规范保护目的而言,罗克辛把它放在了客观归责理论的第二个环节——“风险的实现”,将之作为判断风险实现的一个子规则。

规范保护目的或者整个客观归责理论的最大意义首先体现在过失犯、结果犯、法定犯领域。例如,我的导师刘艳红教授在2010年引入规范保护目的时就专注于“交通过失犯的成立”。在此之后,学者们不论是否支持客观归责理论,都对“注意规范保护目的”的意义给予认可,例如反对客观归责理论的张明楷老师、刘艳红老师等都承认“规范保护目的”。

如前所述,规范保护目的之所以受到器重,就是因为它在事实判断、条件判断之后,附加了一个过滤机制。在事实认定之后又做出了价值性的取舍,避免了因果流程追溯的盲目性和扩大化,在结果的归属上考虑到了结果与规范违反的关联性。我们知道,张明楷老师在第五版教材中的重大变化之一,就是在“结果归属的判断”中借鉴了客观归责的判断规则,主张“结果归属”是“事实因果关系”基础之上的“规范评价”,不在“规范保护目的”范围内的结果,不能归属于行为。

第三,“规范保护目的理论”功能的普遍化。

我们起先是在因果关系中谈论“规范保护目的”,李波老师的一个贡献或特色是,把规范保护目的理论上升到了整个刑法解释学、刑法教义学的维度。李波老师非常接地气地分析了很多本土化的案例。同时,他特别比较了“规范保护目的”与法益的关系，而“法益”或“法益保护目的”是我特别感兴趣的话题。

我之前的理解是：规范是为了保护法益，所以规范保护目的中的“保护目的”就是“保护法益”这个目的。那么，“规范保护目的”与“法益保护目的”不就是相同的吗？众所周知，法益保护目的及其“目的解释”过于重视“法益侵害”或者说“社会危害性”，因而常常以“法益保护目的”或者“法益保护的周延性”为由进行入罪解释、实质解释、扩张解释甚至类推适用。如此一来，“规范保护目的”岂不是也存在这样的问题？

通过李波老师的讲解，我明白了“规范保护目的理论”的逻辑：客观归责中的“规范保护目的”是为了限缩法益侵害结果的归属，它的功能就是“排除”。换言之，它面对的情况是：虽然有危害结果、有社会危害性，但“规范保护目的”更看重的是哪个行为导致的这一结果。如此一来，李波老师主张的“规范保护目的”与“法益保护目的”的一个区别是：“规范保护目的”其实不只是在谈论目的，更是在谈论手段、谈行为——当一个行为具有法益侵害性、法官认为需要刑法介入保护时，必须要重点考察这一侵害结果是否由违反刑法规范的行为所导致，而不是直接以法益保护必要性为由进行入罪。从“规范保护目的理论”的处理结论上，我非常认同李波老师的观点，这种逻辑符合我的导师刘艳红教授所提倡的“实质出罪论”。这个方法论的出罪功能、限缩功能，对于我国当前特别偏重刑法工具主义的司法现实而言，特别值得肯定。

二、对“规范保护目的”的思考或疑惑

第一，什么是“规范”？什么是“规范保护目的”中的“规范”？

我们在刑法教义学中，总是在谈“规范”、谈“规范保护”“规范违反”，“规范与法益”或“规范违反说与法益侵害说”是关乎刑法基本立场的两个术语。那么，什么是“规范”？“规范”指的究竟是什么规范？这一点在行为无价值论、规范违反说那里似乎是非常模糊的。（其实，“法益”这一概念跟“规范”一样模糊，这是另外一个话题，大家可以参考陈璇老师在

《比较法研究》发表的《法益概念与刑事立法正当性检验》，以及我在《政治与法律》发表的《法益保护原则：立法批判功能的证伪》）

"规范违反说"在谈"规范"时，肯定不是指刑法典中的实定规范，否则就等于"违反刑法说"，这对于实质不法的判断而言，等于什么也没说。通过行为无价值论者的一些阐释，我们可以看到这里的"规范"有伦理规范、社会规范等，更抽象一点即指导行为人参与社会交往的行为准则。这反而导向了"不可知论"，根本不知道规范究竟在哪里，该用文字如何表达。可能有时是实证法规范、有时是刑法之外的成文或不成文的规范，包括自然法、习惯法甚至公序良俗、伦理道德等，并没有限定。

我们知道，在客观归责理论中，"规范保护目的"之"规范"是一种注意规范，但"注意规范"的来源跟前述"规范违反说"中的"规范"在范围上一样广阔。那么，我们在谈论"规范目的"的时候需要注意两点：(1)需要事先确定一个看得见的、成文的规范，否则根本找不到一个可以言说的规则，更别提这个规则的目的是什么。(2)在过失犯的认定中，规范保护目的中的"规范"应当就是刑法之外的特别规定、填充规范，比如《道路交通安全法》《道路交通安全法实施条例》《消防法》等。为什么要到刑法之外去找？这是因为我们从刑法中找不到相应规范。例如，交通肇事罪等一些过失犯罪明确规定，犯罪成立的前提是"违反交通运输管理法规""违反有关安全管理的规定"等；玩忽职守罪规定的构成要件行为仅仅是"玩忽职守的"，刑法本身没有提供任何玩忽职守的注意规范，这只能从刑法之外的约束国家机关工作人员职务行为的规定中去找，这些规定可能是法律、行政法规、部门规章等成文的规定，而不在刑法中。

由此导致的一个结局就是，"规范保护目的理论"分为两种情形。第一部分是"刑法之外的注意规范"的保护目的（如《道路交通安全法》对超速、酒驾、车道划分等的交通规定），李波老师提及的第一案例"车灯案"就是如此产生的。第二部分是刑法典自身规定的犯罪构成要件本身的目的——"构成要件目的"，犯罪构成要件本身传达的规范是较为确定、具体的。比如，《刑法》第 238 条规定的"为索取债务非法扣押、拘禁他人的，"

依照非法拘禁罪定罪处罚，这里的“债务”究竟是应限于合法债务还是包括非法债务？是否排除了绑架罪的适用？再如，合同诈骗罪中的“合同”是否应当限于经济合同？第286条第1款破坏计算机信息系统罪中的“干扰”是否需要有所限制？第305条、第307条第1款伪证罪、妨害作证罪中的“证人”是否应包括被害人？这都涉及构成要件目的问题。我认为，我们在谈规范保护目的的时候，需要区分这两个语境，因为它们所说的“规范”不是同一类规范，也不是同一个部门法中的“规范”：前一个是刑法之前的成文的注意规范的保护目的（超法规的目的），后一个是犯罪的构成要件保护目的。

第二，“规范保护目的”的功能之所以如此显耀，以至于在客观归责、因果关系判断中似乎不可或缺，是不是因为我们将过多不必要的案件纳入了讨论范围？其实，这又涉及对客观归责理论本身的评价。

客观归责理论在事实因果关系的判定时，把一切违反规范的行为都纳入讨论，不管行为人违反的是什么规范。比如，甲将自己的斧头借给手脚笨拙的邻居乙，乙在使用该斧头劈柴时，不小心将自己劈成重伤，需要借助客观归责去排除甲的责任吗？甲把斧子借给笨拙的乙，确实存在乙使用不当自伤的可能性，但甲的行为是伤害罪的构成要件行为吗？再如，乙准备去德国，甲劝乙去坐俄航的飞机，这个劝告行为也不是杀人行为。在交通领域，甲不佩戴头盔骑摩托车，按照实行行为的本质，这些行为不会引起“他人死伤”的危险，直接用实行行为理论就可以排除构成要件该当，不需要进入因果关系之后再去用客观归责、规范保护目的去排除。

借用德国学者自己的说法，客观归责确实是一个混合的“超级概念”。当客观归责理论遭受质疑，而理论自身又难以回答的时候，其就把其他领域的理论统统拿为己所用，由此形成了很多子规则。好用的理论都被客观归责理论征用了，谁还能说它不好呢？不可否认，规范保护目的十分重要，但它究竟是没有实行行为的问题，还是风险没有实现的问题？这不无疑问。这一问题我们的主持人何荣功老师更有发言权，何老师的博士论文就是《实行行为研究》。

第三，“规范保护目的”在实务上的意义何在？对于司法官、律师有什么用？

“规范保护目的”这种思考方法并不是客观归责理论的首创，这种目的性思维在法学方法论中本来就有。只不过部门法学在限制“无过错责任”时，将之引入到了因果关系判断中，在事实因果流程中，加入了目的性判断，也就是价值判断、政策性判断，对因果流程进行阻断。例如，特异体质中的归责问题：甲与乙因停车问题发生争吵，甲朝乙的脸上挥了一拳，甲被警察带到派出所、被打的乙自己驾车到派出所，乙在派出所突然倒地身亡。从事实上看，乙的死亡原因是可以进行鉴定的，这是科学问题、客观证据问题。甲的殴打、谩骂确实是乙心脏病发作的诱因，在事实因果关系上谁也不能否认这一点。所以，在这种情况下，如果警察直接断然认定，甲的殴打行为根本不是构成要件行为、在刑法上不用评价，这可能会引起家属不满，警察可能没有勇气这样做。于是，在肯定事实因果之后，在因果关系部分进行价值评价，至少能够把案件纳入刑事案件的讨论中。

那么，我们又可以发现两个问题：

(1)客观归责意图在因果关系中早一点排除对甲的归责，可能把罪责判断中的主观归责部分(预见可能性、无过错)放在了客观归责中。因此，客观归责就成了超越犯罪论体系的犯罪成立理论。

(2)对因果关系额外进行目的性判断，不同的人可能得出不同的结论，这里“暗箱”“同案不同判”就很明显。比如在特异体质案件中，有的法院认为构成过失致人死亡罪，有的认为无罪。再如，很多文献谈到的最高人民法院发布的“穆某某过失致人死亡案”。

> 【案例1：穆某某过失致人死亡案】穆某某将三轮车非法加装了超高护栏，在一路口看到交通局工作人员查岗时，驾车拐入附近村庄，村民乙非法私拉了一条电线，护栏接触到了裸露的电线上，导致三轮车上的几个人被电死。

从事实上看，非法加高三轮车护栏确实是死者死亡的条件，这可以予以鉴定。县法院认定穆某某无罪，理由有两个：一是被告人没有预见可能性；二是没有刑法上的因果关系。对于该判决，学者产生了争议。比如，陈璇老师支持法院的判决，但借用规范保护目的理论反对了法院的理由；周光权教授则根据规范保护目的理论，反对法院的无罪论，主张被告人需要对死亡结果承担责任。

这表明，“规范性分析”有时一点也不规范，“规范性判断”等于刑事政策判断、目的性裁量。一旦用到刑事政策、目的性思考，结局可能就是：谁的话语权最大，谁就说了算。律师对刑事政策的把握能力还能强过法院、检察院？当法官在事实归因之后，就归责的部分进行目的性判断、价值性判断，那么这部分的因果关系认定就不需要现场勘验、鉴定报告等客观证据来证明，只需要根据自己的法感觉和领悟能力进行文字阐述，很难说法官这么说就是错的，因为我们的反驳也是主观对主观、文字对文字、语言对语言，谁能说服谁呢？

所以，对某个“规范保护目的”的解读，缺点仍然是其任意性。比如，《道路交通安全法》第一条规定：“为了维护道路交通秩序，预防和减少交通事故，保护人身安全，保护公民、法人和其他组织的财产安全及其他合法权益，提高通行效率，制定本法”，这个目的也太广了吧！谁能说“穆某某过失致人死亡案”的有罪论不符合《道路交通安全法》第一条的目的？就像很多学者在提倡法益概念时诉诸宪法性的法益，但任何一个国家宪法的保护的对象都数不胜数且十分模糊，德国基本法还提到了“道德规范”“宗教仪式”，我国宪法还保护计划生育、婚姻家庭，那么若立法增设通奸罪、乱伦罪、违反计划生育罪，能单单通过宪法性的法益目的来否定立法正当性吗？恐怕，结论也是不确定的。

三、结束语

今晚李波老师凭借深厚的理论功底和实务上的敏锐度为我们展示了规范保护目的理论的全貌，我完全认同李波老师提出的“规范保护目的”在阻断因果关系、排除犯罪成立方面的意义，从实质出罪的方面，我无条件支持规范保护目的理论。这也是李波老师提到的,规范保护目的理论可以成为律师的好朋友。在这方面,李波老师的学术贡献是非常大的！但法学方法论中长期存在的“目的性=规范性=价值性=政策性=功能性”思考,向来不仅有目的性限缩的一面,更有目的性扩张的一面,而且通过实质的理由扩大犯罪圈,可能是刑事权力主体更擅长的一件事。那么,客观归责、规范保护目的理论也可以成为司法官员的好朋友:它留给双方发挥主观能动性的空间都同样广阔。

以上是我对规范保护目的理论的一些粗浅之见。请李波老师和各位专家同仁批评指正!

主持人·何荣功

非常感谢冀洋老师！冀洋老师很谦虚,但是与谈非常给力,言简意赅,对李波老师一个半小时的讲座作了三点归结,使李老师的主题更明确。特别难得的是最后提出了自己的不同的看法和进一步的思考,什么是规范,什么是规范保护目的的规范,究竟这个东西是没有实行行为的问题,还是风险没有实现的问题,讨论进一步深入了。非常感谢!

这个阶段的讨论就到此结束。在线的很多朋友很热情,提了很多问题,因为时间关系,我总结了两个,请李老师回答。

主讲人·李　波

一、对冀洋博士的回应

刚才冀洋博士的评论非常好,他对于规范保护目的理论的认识也特别深刻。下面我先对他提出的几个问题作一个回应。

首先,规范保护目的的“规范”是一个什么样的规范？冀洋博士说,这个“规范”是不明确的。其实,在我看来,这个规范就是刑法分则所规定的具体条文。我们在理论上把规范保护目的区分为注意规范保护目的和构成要件保护目的，这里的“注意规范”和“构成要件规范”只是从不同的角度去看待具体法条的结果。注意规范是一种行为规范，构成要件规范是一种裁判规范，它们所指的其实是同一个法条。只是注意规范是从事前的角度去看，行为人要遵守这种注意规范，其行为才不会制造法不容许的风险。构成要件规范是从事后、从裁判者的角度去看，行为人所制造的结果是否构成要件结果，以及具体发生的法益侵害结果是否是被告人所制造的风险的具体实现。

其次，冀洋博士认为这里的注意规范应该从刑法之前去找，比如交通肇事罪中的交通安全法规。对此，我有不同的看法。的确刑法中有许多地方规定得不明确、不具体，存在许多空白规范，对这些空白规范的内容我们需要到刑法之前去找。比如我们在道路上开车，前面是绿灯，按照交通规则我们可以前行。但是这时恰好有一个人违反交通规则，来到我们的车前。这时候即使前面是绿灯，我们也不能再往前开，因为前面有人。这里的注意规范好像是一个刑法之前的规范，但其实也是一个刑法上的规范，它的内容就隐藏在交通肇事罪的条文之中。触犯这样的规范就制造了一个（刑法上的）法不容许的风险，行为人也就实施了刑法上的实行行为。如果这里的“注意规范”是一个纯粹的刑法之前的规范，不考虑它在刑法上有没有意义，违反了这种规范怎么能够构成刑法上的实行行为呢？

再次，规范保护目的的功能问题是哪个层面上的问题？我觉得客观归责理论的核心，它最重要的部分，就是规范保护目的。因为客观归责本身是一种规范归责理论，对这里的规范我们要从目的方面去考虑。无论是过失犯的实行行为构成要件结果，还是因果关系方面，都要考虑规范的目的。其实可以说它是一个构成要件理论，是一种广义的刑事归责理论。

最后，冀洋博士认为在司法实践中法官可能会曲解规范保护目的，故意出入人罪，因为对于具体法条的规范保护目的，可能众说纷纭。我觉得这也不是问题。因为其一，我们探寻规范保护目的的时候不可能脱离法条，法条的语言文字对这个目的就有限制。其二，司法实务中什么时候都避免不了有些人会徇私枉法，为了自己的利益而出入入罪，这样的风险是无论哪个理论都会遇到的。我觉得这样的问题其实可以放给程序去解决。法官曲解规范保护目的，然后给被告人出罪或者入罪了，这个时候检察院可以抗诉，被告人也可以上诉，上级法院可以改判。一旦案件被改判，这个案件就算错案，在法院体系内部考核方面，这个法官就不及格了。所以，法官审案的时候可能就不敢冒着这样的风险，去故意曲解规范保护目的。

二、回应观众的两个问题

Q1：规范保护目的与刑事政策、法益保护目的是什么关系？

规范保护目的与法益保护目的的关系，我在讲座过程中已经讲过了。法益保护目的是说法条所保护的法益是什么，规范保护目的则主要是讲法条要不要保护某种特定的法益，以及以何种方式去保护它，保护到何种范围的问题。规范保护目的决定了法益的保护范围以及保护程度，这是它的独特性所在。我认为在法条解释上存在两种目的解释：一种是基于法益的目的解释，一种是基于规范保护目的的目的解释，二者对于司法实务都不可或缺。前者只能确定法条的保护法益，无法确定对该法益以某种方式造成的损害是否属于本法条所防范的类型，后者则能弥补这一缺陷。规范保护目的与刑事政策，也具有紧密的联系。规范保护目的首先是一种立法目的，但在立法目的不能适应现实需要的时候，也需要探讨法条的合理功能。在这个过程中，刑事政策对规范保护目的的探寻具有指引功能。在具体案件的解决出现问题时，希望立法者及时出现并满足司法机关的需求是很难的。而司法实务中的案件又必须解决，这就决定了法条解释不可能是一个封闭的过程，而是开放的，它需要受到刑事政策的指导。另一方面，规范保护目的也给了刑事政策一个进入刑法体系的渠道。法官在适用规范保护目的解决问题的时候，其实也是在立法者的价值立场下进行利益平衡。

Q2：如果被告人对某个结果有更高的避免能力，是否应对其提出更高程度的注意义务？

这个问题涉及结果避免能力和结果避免义务的关系问题。结果避免能力是一个事实问题，结果避免义务是一个规范问题。一般来说，结果避免义务和结果避免能力是一致的，立法者在分配结果避免义务的时候，针对的是一般人，这样的人是具有相应的结果避免能力的。但是在具体情况下，行为人可能由于某种原因使得其结果避免能力有所提高或降低，这个时候就会出现问题。在此存在两种学说，一种观点认为应以具体行为人的注意能力为标准，另一种观点则是以抽象一般人的注意能力为标准。根据前一种观点，对于结果避免能力高的人，可以提出更高的避免义务要求，根据后一种观点则不能这样做。我认为，立法都是面向普通人的，结果避免义务也应该是以一般人的结果避免能力为基准的，所以在遇到行为人的结果避免能力比较低的时候，惩罚他有利于提高这些人的结果避免意识。而对于结果避免能力更高的人，则不能过分地苛责。有人会提出下面这样的案例，就是卡车司机在知道旁边骑自行车人喝醉了酒的时候，不仅要确保 1.5 米的距离，甚至不应该超车，因为他知道了对方醉酒的事实，具有更高的结果避免能力。在我看来，这已经不是结果避免能力的问题，而是主观明知的问题。这个跟结果避免义务是两回事。

主持人 · 何荣功

快乐时或者做有意义的事情时，我们总是感觉时间过得很快。不知不觉讲座已经两个多小时了，最后我作个简要的总结。我有如下三点感受。

第一，今晚的讲座和与谈，延伸了我们对刑法的认识。实践中，面对同一案件事实，有时我们对其行为是否构成犯罪以及构成何罪会产生很大争议。个中原因是多方面的，可能解释者或司法者的立场不同，也可能是个人生活经验不一样等。但其中很重要的原因是解释者或适用者对刑法规范保护目的的理解不同。今晚从规范保护目的的视角来研究归责,有利于我们对刑法条文的理解从形式走向实质,从表面走向深入,有助于我们取得共识性知识,提升刑事归责的科学性和合理性。

第二,今晚的讲座和与谈为我们带来了新的知识和新认识。比如李老师从规范保护目的的视角看待刑法归责,这本身就是新的思考问题方法;讲座中李波老师比较系统地介绍了规范保护目的理论在德国法的演进,追根溯源,有重要的学术史意义和理论价值;讲座中两位老师都注意使用案例分析问题,使得演讲更通俗,更有实践价值。

第三,今晚的讲座和与谈引起了我对该问题的一些新思考。正如冀洋老师刚才所指出,传统刑法理论在讨论规范保护目的时,往往重点围绕过失犯和因果关系展开,李波老师将规范保护目的理论上升到普遍意义层面,不仅限于上述领域,这也引起了我的共鸣。比如考虑规范保护目的,有助于单纯民事欺诈与诈骗罪的区分;注意刑法的规范保护目的,对于刑法中“伪劣产品”“串通投标”等含义的科学界定,同样具有重要意义;还有,考虑规范保护目的,有助于避免将行政违法行为不适当地认定为刑事犯罪。

各位同人,因为时间所限,今晚讨论不得不到此结束。大家若对该主题感兴趣,可以参阅李波老师的专著和相关论文。

特别感谢两位老师的辛勤劳动!感谢今天在幕后为我们学术讲座提供保障的各位律师朋友!感谢在线参与今晚讲座的理论与实务界的同人!我们下期再见!

第三讲
被害人特殊体质案件的主观归责

主讲人:蒋太珂(华东政法大学科学研究院助理研究员)
与谈人:张　伟(华东师范大学法学院副教授)
主持人:贾　元(《环球法律评论》编辑)

主持人·贾　元

正在观看直播的各位学界、实务界同人,大家晚上好!

欢迎来到由北京大学刑事法治研究中心、北京大学犯罪问题研究中心与北京市盈科律师事务所共同举办的全国青年刑法学者系列讲座。今天是第三讲《被害人特殊体质案件的主观归责》。我是贾元,来自《环球法律评论》编辑部,很荣幸担任今晚讲座的主持人。

下面请允许我隆重介绍今晚的主讲人蒋太珂老师和与谈人张伟老师。主讲人蒋太珂老师是华东政法大学科学研究院的助理研究员,他的主要研究方向为刑法因果关系、刑民关系理论、法律解释论等,曾在《中外法学》《政法论坛》《比较法研究》等刊物发表学术论文10余篇,部分论文被人大《复印报刊资料》转载,他还主持过中国博士后基金项目,以及教育部社科基金项目等。

与谈人张伟老师是华东师范大学法学院的副教授,他的研究方向为中国刑法学,在《清华法学》《法学家》《法商研究》等刊物发表学术论文30余篇,部分论文被《人大复印资料》《中国社会科学文摘》转载、摘录,还出版个人专著一部,并主持国家社科基金项目、教育部社科研究项目、浙江省规划课题等研究项目十余项。

今晚讲座的主题是被害人特殊体质案件中的归责问题。在过去的司法实践中,特殊体质案件或者说轻微暴力致人死亡的案件处理,并没有一个统一的标准,所以在办案中经常有分歧。但是在理论界最早关注这个问题的其实更多的是民法学者。在侵权法领域中我们可以看到有很多关于被害人的特殊体质介入案件的讨论,而刑法学界的研究则相对较晚,近几年才逐渐增多,所以尚有许多争议问题需要解决。相信今晚的讲座会给我们带来处理这一问题新的视角和思考,期待两位老师的精彩对话,首先有请蒋太珂老师。

主讲人·蒋太珂

我今晚向大家汇报的是《被害人特殊体质案件的主观归责》,我先概要地讲一下我今晚报告的大体框架和主要命题,再详细展开相关说明。

行为人的暴力行为与被害人的脆弱体质相结合,共同促成被害人死伤结果的案件,被称为被害人特殊体质介入的案件。大多数司法实践是从行为人对被害人的死伤结果是否具有预见可能性(主观归责)的角度评价该类案件的。我在曾经发表的《被害人特殊体质司法现状的刑法理论分析》一文中指出,在司法实践中很多涉及被害人特殊体质的裁判,违背了责任主义原理——将无罪行为评价为有罪行为,轻罪行为评价为重罪行为。同当时学界中有力的观点一样,我也认为,其根本原因在于司法实践中未能采纳客观归责的评价方式。鉴于此,我当时也主张,应当从限定客观因果关系范围(客观归责)的角度,合理限定被害人特殊体质案件的刑事处罚范围。

最近,通过阅读一些涉及该类问题的论文和司法裁判文书,我对只要通过客观因果关系的认定就能有效贯彻责任主义原则、避免不当的刑事处罚的思考方式,产生了疑惑:"主观归责等于扩大处罚范围,客观归责等于限缩处罚范围"的对应关系真的成立吗?

结合最近的一些阅读和思考,我现在转而认为,对于被害人特殊体质的刑法评价的讨论,与其纠结于主观归责还是客观归责的立场之争,不如将关注点聚焦于具体的评价标准,以及采取相应标准的实质理由。

对于该问题,我大体确立了如下几个命题:

命题一:对被害人特殊体质案件的不同评价结论,源于对预见可能性对象范围的不同界定。

命题二:预见可能性对象范围的不同界定,体现了对法益保护和责任主义原则不同的权衡模式。

命题三:司法实践中的利益权衡模式包括:赋予法益保护优先地位的权衡模式、赋予责任主义优先地位的权衡模式、兼顾法益保护责任保障的权衡模式。

命题四:预见可能性对象的划定,应当兼顾法益保护和责任主义原则。

命题五:将预见可能性的对象限定于基本因果流程,能够兼顾法益保护和责任主义原则。

命题六:应当结合“死因”概念,确定基本因果流程的内容。

以下,我也主要围绕以下几个命题,向大家汇报我最近关于该问题的研究所得。

一、特殊体质案件刑法评价的合理性取决于利益衡量

(一)合理处罚范围的确定相当程度上取决于预见可能性的对象范围

从客观归责角度,限定被害人特殊体质案件处罚范围的理论工具,主要是相当因果关系理论。根据相当因果关系理论,只有在行为和结果之间的因果流程具有通常性时,才能肯定刑法上的因果关系。但是,考虑到相当因果关系理论的功能和具体判断方式,应当说,相当因果关系理论和立足于主观归责的司法实践没有实质的区别。

首先,从理论生成史的角度看,相当因果关系理论是主观过错理论的替补,两者都服务于责任主义原则的实现。早期德国、日本的司法实践固守“过失不是结果加重犯成立要件”的立场。鉴于司法实践的这种顽固态度,很多学者尝试通过限定刑法上的因果关系范围的方式,限制结果加重

犯的成立范围，从而达到迂回贯彻责任主义原则的目的，相当因果关系理论成为实现该目标的有力理论武器。因此，有学者明确指出："'相当性'理论与过错责任原则在根本上是一致的，前者只不过是实现后者的技术手段。"

其次，从理论的具体运用来看，相当因果关系的判断和主观过错的判断在大部分情况下是重合的。相当因果关系的核心是"预见可能性的范围决定因果流程相当性的范围"。可见，相当因果关系理论已将过失判断融入了因果关系认定之中，或许正因如此，劳东燕教授指出："涉及被害人特殊体质的案件，关键不在于客观要件层面的因果关系或结果归责的问题，而在于行为人主观上有无犯意的问题。"

最后，通过前述考察，可以确定的是，就被害人特殊体质的刑法评价而言，无论是客观归责的立场还是主观归责的立场，都离不开主观预见可能性要件。因此，我们可以得出这样的结论：对被害人特殊体质案件的刑法评价，合理处罚范围的限定并不取决于究竟是采取客观归责还是主观归责的立场，而是在相当程度上取决于如何合理设定预见可能性的判断标准。

（二）预见可能性的对象范围的确定取决于利益衡量的立场

在司法实践中，关于主观预见可能性的意义和内容，存在预见可能性不要说、拟制预见说、综合要素考虑说以及具体预见说等不同立场。

大体而言，主观预见可能性的对象越空洞，就越容易肯定行为人的主观过错，对法益的保护就越严密；与此相反，主观预见可能性的对象越具体，就越容易否定行为人的主观过错，对法益的保护也就越不充分。责任主义原则和法益保护原则呈现出的这种反比例关系，决定了司法实践对预见可能性对象和意义的不同界定，本质上是对法益保护原则和责任主义原则的不同利益衡量模式：

第一种是赋予法益保护优先地位的利益衡量模式。预见可能性不要说和拟制预见说是其典型代表。预见可能性不要说主要存在于结果加重犯领域，根据该观点，成立结果加重犯不需要行为主体对加重结果具备过失,拟制的预见说强调特殊体质案件主观责任的认定“要以人体的脆弱性为前提”。

第二种是赋予责任主义原则优先地位的利益衡量模式。具体预见可能性说是其典型代表。具体预见可能性说将行为主体对被害人某种特殊疾病等的预见可能性,作为追究其主观责任的前提。例如,在廖钊朋等过失致人死亡案中,法院认为“受害人及其家人不知道受害人有如此严重的疾病,被告人更不可能知道”,从而宣告被告人无罪。

第三种是兼顾法益保护和责任主义原则的立场。综合要素考虑说是其典型代表。综合要素考虑说强调,应在综合考虑“被告人自身的年龄、智力状况、文化水平和生活经验等认识能力”“行为本身的危险程度”“被告人事前对被害人身体有病有所耳闻”等主客观因素的基础上,推定行为主体对被害人的死伤结果是否具有预见可能性。

(三)利益衡量模式合理性的检讨标准

由于预见可能性的对象范围和意义,取决于我们坚持何种利益衡量立场。因此,对被害人特殊体质案件归责评价的合理性,取决于利益衡量模式的合理性。

利益衡量是通过牺牲某一利益的方式,赋予对立的利益以优先地位。为了证成利益衡量结论的正当性,需要进一步检讨:①牺牲对立利益是否超出法秩序允许的范围;②牺牲对立利益是否是实现相应利益的有效手段;③牺牲对立利益所保护的相应利益是否是正当利益。以下尝试从前述几个角度检讨相应的利益衡量模式。

二、赋予法益保护优先地位之反思

预见可能性不要说的立场、拟制预见说的立场,体现了赋予法益保护优先地位的利益衡量模式。该种利益衡量模式完全牺牲了责任主义原则所代表的行为人的利益。考虑到如下三点,不应将之作为确定预见可能性内涵的立场。具体而言:

(1)赋予法益保护优先地位对责任主义原则的牺牲超出了法秩序允

许的范围

预见可能性本身就具有不同的幅度，因此，责任主义原则的实现也有程度的区别。我国刑法的相关规定已经明确了责任主义的基本内涵和要求，对于责任主义原则所代表的行为人利益的牺牲，不能超过法秩序容许的范围；但赋予法益保护优先地位对责任主义原则的牺牲，显然超出了法秩序所能允许的范围。

一方面，主观责任主义是我国刑法确定的基本原则，赋予法益保护优先地位违背了主观责任主义原则的要求，超出了法秩序允许的范围。我国《刑法》第 16 条规定："行为在客观上虽然造成了损害结果，但是不是出于故意或者过失，而是由于不能抗拒或者不能预见的原因所引起的，不是犯罪。"作为法益损害后果表现形式的加重结果，属于主观过错的认识对象，预见可能性不要说显然违背了《刑法》第 16 条确定的"没有故意和过失就不存在犯罪"的主观责任主义之要求。同时，德国学者多伊奇指出，对于特殊体质的案件"判例和通说甚至将发生概率不到十万分之一的侵害也视为具有相当性，这违背了……一般预见可能性这一基本理念"。由于相当因果关系和预见可能性是同一问题的两种不同理论表达，拟制预见说将前述多伊奇批评的情形也拟制为过失的做法，同样背离了责任主义原则的要求。

另一方面，罪责刑相均衡同样是我国刑法确定的基本原则，赋予法益保护优先地位违背了罪责刑均衡意义上责任主义原理。根据《刑法》第 5 条的规定："刑罚的轻重，应当与犯罪分子所犯罪行和承担的刑事责任相适应。"犯罪的实体是不法和责任，而定罪又是量刑的前提，因此，罪责刑均衡最终要求行为人承担的刑事责任和刑罚，必须与行为的不法程度和行为人的责任程度具有均衡性。主观罪过对于刑罚种类和程度的确定具有关键意义。例如，同样是侵害生命法益的行为，按照过失致人死亡罪论处，最高法定刑是 7 年有期徒刑；按照故意杀人罪论处，最高法定刑是死刑；如果是意外事件，则无罪。因此，如果认可预见可能性不要说以及拟制预见说的观点，会导致只要出现相应的法益损害后果，就肯定过失犯甚至结果加重犯。这必然会导致罪责刑失衡。

(2)牺牲责任主义原则不是实现充分保护被害法益的有效手段

赋予法益保护优先地位的根本目的,是通过强化一般预防的方式,充分保护他人的生命法益。但是,并非任何刑事制裁都能发挥一般预防的效果。因为,刑法发挥一般预防机能是有前提条件的,在行为人预见不到被害人具有特殊体质的情形下,即使牺牲责任主义原则,也难以期待刑法规范发挥一般预防功能。基于此,即使承认赋予法益优先地位的利益衡量模式具有目的上的正当性,也不意味着由此造成的对责任主义原则的牺牲具有手段意义上的正当性。具体而言有以下几方面:

首先,一般预防目的之实现,以行为主体能够支配或者利用相应的因果流程为前提。刑法作为行为规范能够发挥法益保护的机能,是因为"人类利用支配因果流程的方式促使结果发生。刑法如果要抑制结果的发生,只要禁止能够被利用的通常的因果流程即可"。

其次,行为主体对相应的因果流程具有预见可能性,是其能够支配或者利用相应因果流程的前提之一。例如,在黑夜驾驶汽车的时候,如果没有相应的灯光,即使司机再谨慎驾驶,也很难避免出现交通事故;与之相反,司机通常只有打开灯光,才可能看清前方是否有障碍物、是否有行人或者过往车辆,进而根据具体情况采取相应的安全措施,避免出现交通事故,从而规避法益损害后果。由此可见,行为主体对相应因果流程具有预见可能性,是其能够支配或者利用该因果流程的必要条件。

最后,被害人特殊体质不是普遍存在的事实,一般主体对被害人的特殊体质没有预见可能性。一些学者认为,人的身体具有脆弱性,是自古以来的实践倾向;我国一些司法裁判也认为,在现代社会,"类似高血压、心脏病、冠心病等各种疾病普遍存在于各个年龄段和各个工作群体中"。但是,我们不应当因为存在这些抽象的事实,就肯定行为人对于具体个案具有预见可能性。例如,我们都知道机动车在道路上行驶总可能会引发一定的交通事故,并且交通事故的出现还体现为一定的概率。然而,我们不会在发生交通事故后,就直接肯定行为人对具体的交通事故具有犯罪过失,而是在个案中具体判断行为主体对具体结果是否具有预见可能性。可见,将被害人特殊体质视为可以普遍预见到的事实的观点,混淆了抽象概率统计和具体事实判断的区分。

(3)赋予法益保护优先地位是对被害法益的过度保护,不能实现当事人之间权益的公正分配

我国部分司法实践指出,对被害人特殊体质的案件,“以过失致人死亡罪定罪处罚更能获得社会认同”。该种观点强调的是,行为人不对被害人的死伤结果负责,意味着应由被害人对自己身体所遭受的损害后果承担责任,这对被害人不公正。暂且不论这种推论是否具有妥当性,但可以确认的是,前述主张其实是将民法中的公平原则引入刑法评价。然而,根据《民法通则》第132条和《侵权责任法》第24条的规定,实现损害后果在行为人和被害人之间的分担,是民法上公平原则所欲实践的理念。因此,即使承认民法上公平原则在刑法评价中也具有相应的正当性,将之适用于刑法之时也应当兼顾行为人利益的保障。但是,拟制预见说和预见可能性不要说等赋予法益保护优先地位的立场,并不能兼顾对行为人利益的保护。

一方面,赋予法益保护优先地位,会使得行为人在定罪层面陷入双重不利评价。犯罪的实体是不法和责任。我国司法实践在主观罪过层面评价被害人特殊体质案件的做法,实质上是在客观不法评价层面,肯定行为人惹起被害人伤亡结果的行为具有违法性。违法性评价的功能是划定国民自由行动和法益保护的范围。由于在行为人根本无从认识到被害人具有特殊体质时,也无从进而采取妥当的结果回避措施。因此,从保障行为人自由的角度看,不应当肯定行为人的行为具有违法性。司法实践在客观不法层面直接肯定行为人行为的不法性的立场,实质上是赋予了被害人生命法益优越于行为人行动自由的优越地位。如果继续在责任评价中,采取拟制预见说或者预见可能性不要说,意味着在不法和责任层面,对生命法益优越性进行应予禁止的重复评价,行为人会因此承受着双重不利评价。

另一方面，即使将被害人特殊体质视为量刑规则，在量刑层面，也很难克服因赋予法益保护优先地位导致的行为人、被害人利益的失衡。为了避免不承认过失是结果加重犯成立要件导致的罪刑失衡，我国一些司法实践倾向于将被害人特殊体质作为影响量刑的因素：虽然肯定相应犯罪的结果加重犯，但在量刑时又在法定刑以下处罚，以尽可能实现处罚均衡。但是，被害人特殊体质并非法定减轻刑罚事由，在量刑中是否考虑该因素完全属于法官自由裁量的范围，很多涉及被害人特殊体质的司法裁判，在量刑阶段并不考虑被害人特殊体质问题，而且根据《刑法》第63条第2款的规定，法院将被害人特殊体质作为例外的减轻处罚情节，必须向最高人民法院申请核准减刑。因此，在具体的司法实践中，甚至不排除一些法院鉴于程序上的繁琐，而对被害人特殊体质案件不予减轻处罚。

基于以上的分析，我们应当认为，赋予法益优先地位的利益衡量模式，不宜作为评价被害人特殊体质案件的基本立场。

三、赋予责任主义原则优先地位之反思

具体预见可能性说体现了赋予责任主义原则优先地位的利益衡量模式。根据具体预见可能性说，行为主体对被害人某种特殊疾病等具有预见可能性，是追究其主观责任的前提；反之，被害人的伤亡结果只应被评价为超出行为人预见能力的意外事件。

（一）赋予责任主义优先地位的具体预见可能性说不能准确把握客观发生的因果流程

具体预见可能性说实际上是将被害人特殊体质，视为因果流程或者构成要件结果的本质部分。

例如发生在日本的美军士兵逃逸案。

> 甲过失将被害人撞到了车顶上，同乘的乙将被害人从车顶上拽下，被害人跌倒在沥青路面上，脸部、头部等处受伤，由此引发了脑蛛网膜出血以及脑颅内出血，第二天被害人在医院中死亡。

对此，大塚仁指出，因为甲以及一般人都预见不到乙的介入，应当否定相当因果关系。正如井上祐司教授指出的那样，这种观点实质上是将介入因素视为构成要件结果的一部分。因此，行为人预见不到介入因素，就意味着预见不到相应损害后果，从而否定相当因果关系或者过失。

再如发生于我国的廖钊朋等过失致人死亡案。

> 廖钊朋和赖锦棠，因卖鱼斤两问题发生争吵。廖钊朋和朋友李四珠等分别用拳头向赖的头部、胸部打了几拳。随后，被告人和被害人去派出所接受调查处理。在问话结束后，赖某昏迷倒地，抢救无效死亡。经鉴定，赖锦棠符合在冠心病、陈旧性心肌梗死、慢性心包炎的基础上，在受到外部诱因（如外伤）作用下致心性猝死。

在该案中，作为预见对象的结果不是被害人死亡这种结果，而是“赖锦棠符合在冠心病、陈旧性心肌梗死、慢性心包炎的基础上，在受到外部诱因（如外伤）作用下致心性猝死”这种具体的结果。因为行为主体预见不到被害人具有的特殊体质，自然也不可能预见到基于该特殊体质产生的死亡结果。因此，应当否定相当因果关系或者主观过错。

然而，具体预见可能性说，也存在很大问题。例如发生于日本的大阪南港案。

> 被告人数次殴打被害人头部，导致被害人因发生了内因性高血压桥脑出血，陷入了丧失意识的状态。在被害人存活期间，第三人用角材对被害人头部数次殴打，导致被害人内因性出血扩大。被害人第二天死亡，但死亡时间被介入因素提前了几分钟。

因第三人的介入行为属于异常介入，如果将之视为具体结果的一部分，则应当否定行为人的行为与被害人死亡结果之间的因果关系或者过失，亦即，第一主体的行为不应受到惩罚，应当受到惩罚的是第二主体的行为。可见，前述将介入因素视为构成要件结果或者因果流程本质环节的具体结果说，只适用于介入因素对于法益损害后果具有较大因果力的情形，在其他事例中，直接适用具体预见可能性说，将忽视现实发生的因果流程的具体样态，导致牺牲了不该牺牲的利益，同时也保护了不该保护的利益。

（二）赋予责任主义原则优先地位牺牲了值得法秩序保护的被害人的利益

第一，在行为人的行为对法益损害结果具有较大因果力的情况下，赋予责任主义原则优先地位，将导致很多法益得不到保护。日本学者小林宪太郎指出，在行为人不知道被害人具有血友病体质而开枪击中其心脏部位致使被害人死亡的情形，我们不能因为行为人未预见到被害人是血友病患者就否定主观归责，否则明显不利于对被害法益的充分保护。松宫孝明也明确指出："被射杀的被害人，由于系百万分之一的心脏处于右胸一侧的人……子弹穿过位于右胸的心脏这种'偶然'，并不能被视为因果经过的本质因素。"在理论模型上，具体预见可能性说将介入因素作为结果的一部分。因此，具体预见可能性说实际上要求，行为主体必须预见到具体的因果流程。据此，前述不具有预见可能性的特殊体质，都应当是构成要件结果的一部分或者说是应予预见的因果流程的一部分，以至于前述理应被评价为犯罪既遂的案件会被轻易否定主观归责。

第二，在行为人的行为对法益损害结果具有较大因果力的情况下，赋予责任主义原则优先地位牺牲的法益，本来就属于刑法规范效力范围之内的法益。刑法通过发挥刑法规范的一般预防功能保护法益。作为一般预防对象的是那些能够导致惹起法益侵害的行为或者因果流程。在前面列举的血友病和心脏位置异常的事例中，应当注意到的是，对法益损害后果具有支配性影响的并不是特殊体质，而是行为人的枪击行为。或者说，这些枪击行为才是刑法规范预防的重点，也是刑法规范能够预防的行为。然而，正如刚才指出的那样，根据具体结果说无法处罚这些对结果起较大因果力的行为。这意味刑法规范本来能够保护并且应当予以保护的法益，被排除在刑法保护范围之外。

（三）赋予责任主义原则优先地位保护了不值得法秩序保护的行为人利益

一方面，在行为人的行为对法益损害结果具有较大因果力的情况下，赋予责任主义原则优先地位，与共同犯罪的规定不相协调。刚才已经指出，根据具体预见可能性说，对于结果有较大贡献的行为不负担既遂责任，反而由对结果贡献较小的因素负担既遂责任。在复数主体共同对结果产生影响的情况下，即使根据共同犯罪理论也应当区分正犯和共犯或者主犯和从犯，并且，相较于正犯，共犯是扩张处罚事由；相较于主犯，从犯是减轻处罚事由。显然，具体预见说导致对于结果有较大贡献的行为不负担既遂责任，反而由对结果贡献较小的因素负担既遂责任，实质上使得居于正犯或者主犯地位的犯罪人不被处罚或者被从轻处罚。亦即，赋予责任主义原则优先地位保护了不值得法秩序保护的行为人利益。

另一方面，在行为人的行为具有较大因果力的情况下，赋予责任主义原则优先地位，忽视了被害人特殊体质与作为过失预见对象的基本因果流程或者构成要件结果是不同层次的问题，不当扩大了行为人自由的范围。一些司法判决认为，之所以在预见不到被害人特殊体质的情况下，否定结果归责，是因为被害人特殊体质属于本质的因果环节。基于合理保护行为人自由的考虑，如果行为人预见不到该本质因果环节，就不具有过失。

现实发生的结果都是由一定的因果流程所导致。假设没有该因果环节将不能解释该结果，那么，该因果环节就是导致该结果的本质的因果环节。对廖钊朋案而言，被害人的特殊体质应当被认为是本质因果流程的一部分，因为，离开了被害人的特殊体质，仅仅根据行为人的行为，将难以解释被害人的死亡结果；而对前文提及的血友病案和心脏病案而言，被害人的特殊体质不应当被认为是本质因果流程的一部分，因为即使不考虑被害人的特殊体质，仅仅根据行为人的行为创设的危险，就能解释现实发生的死亡结果。因此，像具体结果说那样，不加区别地承认只要认识不到特殊体质就否定结果归责的立场，对于法益保护目的的实现而言，无异于给予行为人以飞鸟的自由。

四、特殊体质案件的评价应兼顾法益保护和责任主义原则

通过前述的讨论,我们可以明确如下结论:无论是赋予法益保护优先地位还是赋予责任主义优先地位,在利益衡量层面,都存在各种各样的问题。对于被害人特殊体质案件的刑法评价,最好能够兼顾法益保护和责任主义原则。

(一)预见对象的实体是基本因果流程的观点能兼顾法益保护和责任主义原则

前面提及的应在综合考虑各种附随事实的基础上,确定行为主体的主观责任的综合要素考虑说,就是一种尝试兼顾法益保护和责任主义原则的裁判立场。但是,综合要素考虑说强调的是,应根据客观存在的各种主客观要素,推定行为人的主观心理状态。由此可见,综合要素考虑说只是一种刑事推定方法。换言之,综合要素考虑说并未确定作为刑事推定对象的预见可能性的实质内容是什么。因此,即使承认综合要素考虑说具有可行性,也必须建立在明确预见可能性的实体对象的基础之上。基于以下的理由,应当将导致结果发生的基本因果流程作为预见可能性的对象。

将对因果流程的利用可能性作为指导预见可能性判断的原理,契合责任谴责的根据或者说本质。关于责任的本质或者根据一直存在报应论和预防论之争。其实,两者都必须以行为主体对因果流程的支配或者利用可能性为前提。

能成为报应对象的不是自然事件而是人类行为的作品,只有区别人类行为的作品和自然事件,对行为人予以报应才有意义。况且责任本质上终究是一种行为责任,作为报应对象的是行为时的意思。这种行为时的意思并不单纯是外界因果事实在心理上的表象,否则我们将无法区分毫无法的意义的主观期待和具有法的意义的犯罪故意或者过失。

例如,行为人劝说他人乘坐飞机旅行并寄希望于他人因飞机失事而

死亡,即使他人确因飞机失事而死亡,我们也不会将行为人的主观意愿评价为刑法上的故意。但是,行为人认识到飞机里面安装有定时炸弹后,仍劝说被害人搭乘该飞机,那么,行为人的行为就会被评价为故意行为。在前述两个事例中,行为人同样抱有希望他人死亡的心理态度,但在第一个事例中,行为人主体的主观态度只是不切实际的希望,而在第二个事例中,行为主体的主观态度反而能被评价为犯罪故意。造成这种评价上的区别的根本原因是,在第一种情形下,行为人对因果流程根本就没有支配或利用可能性,而在第二个事例中,行为人对因果流程具有利用或支配可能性。

可见,故意不法和过失不法的成立,必然以行为人对结果具有回避或者利用可能性为前提,如果行为人对于结果不具有支配或利用可能性,根本就不可能对行为人进行报应。

总之,无论是报应论指导的归责评价还是预防论指导的归责评价,都以行为人对现实发生的因果流程具有支配或利用可能性为前提。只有在结果中现实化的危险能够被行为主体支配或利用,该因果流程才能通过法规范加以预防。

(二)被害人特殊体质案件中基本因果流程的类型设定

对于被害人特殊体质案件,重要的是先确定导致被害人死亡结果的相关因果流程,然后进一步检讨,预见到何种因素就能肯定行为人能预见到并能利用该因果流程。被害人特殊体质案件主要涉及发生死亡结果的案件。“死因”是死亡结果的根据,死亡结果必然以“死因”为中介,根据死因是由何种因素造成,我们可以将被害人特殊体质的案件区分为间接的死因引起型、直接的死因造成型。前者属于间接的危险现实化的事例,后者属于直接的危险现实化的事例。对于这两种不同形态的因果流程,肯定行为主体的主观归责所需要的标准也并不完全一样。

1. 间接的危险现实化中,进行主观归责需要考量的要素

在该类型的事例中,导致结果发生的直接“死因”是被害人的特殊体质,而行为人的轻微暴力只是诱发了“死因”。行为人如果能够预见到被

害人的特殊体质,或者认识到能够表征对结果发生起到实质作用的因果流程之事实,就可以肯定行为人对造成现实结果的因果流程具有利用或者支配可能性。这些因素主要有:

(1)年龄因素与加龄性体质。在张栓成过失致人死亡案中,裁判理由特别强调"本案被害人是老年人,老年人易被诱发疾病,这是常识性问题,因此行为人负有注意或者预见义务。如果本案被害人是年轻人,即如发生与本案类似的结果,法官也可以认定行为人不负有预见义务"。在很多情况下,老年人确实易被诱发疾病。但是,在行为人只是出于教训被害人的目的割伤被害人不重要的部位,最终,因为被害人是血友病患者、流血不止而死亡的事例中,我们就不能因为被害人是老年人,就直接肯定行为人对被害人的死亡结果具有预见可能性,因为人的年龄和血友病体质没有直接关联性,认识到被害人是老年人并不能表征被害人具有血友病的事实。因此,在认识到被害人是老年人时,可以肯定主观归责,必须建立在特殊体质是与人的年龄变化存在密切关系的前提之上。

(2)被害人的身体条件与病弱体质。在保姆侯秀英故意伤害案等案件中,司法裁判直接根据被害人体弱多病推定行为人对被害人死亡结果具有预见可能性。但是,这种做法并不具有普遍性。例如,在刘旭过失致人死亡案中,行为人刘旭只是在与被害人发生口角后"手推了张立发的肩部并脚踢了张立发的腿部",最终诱发被害人心脏病体质而死亡。在该案中被害人虽然已经是69岁的老年人,但是,即使对老年人,通常也不可能推定体质弱到轻轻推拉即足以导致死亡结果的程度。因此,为了肯定对被害人的死亡结果的归责,除了被害人的病弱体质外,原则上必须同时考虑行为人的暴行手段等其他因素。大体而言,病弱体质和加害人的暴力在推定行为主体的主观过错问题上,存在如下关系:行为主体对被害人病弱体质认识的程度越高,对暴力行为程度的预见可能性并不需越高;假如暴力行为的危险度越高,行为主体对于病弱体质要求的认识程度越低。

2. 直接危险现实化事例中,进行主观归责需要考量的要素

直接的危险现实化事例的典型特征是,导致结果发生的物理性危险

是由于行为人暴力行为直接造成的。一般而言，被害人特殊体质的案件多属于间接的危险现实化事例，但也有属于直接的危险现实化的事例。对于属于直接的危险现实化的事例，司法实践一向不要求行为主体对被害人的特殊体质具有预见可能性。

例如崔献军故意伤害案。

> 崔献军用木棒击中郭某的头部一棒致其倒地，经益阳市资阳区公安司法鉴定中心及湘雅二医院司法鉴定中心司法鉴定，颅脑损伤系郭某死亡的直接原因，但不排除郭某有吸毒史对促使其死亡有一定的影响。

于该案，经益阳市资阳区公安司法鉴定中心鉴定：郭某系颅脑损伤合并甲基苯丙胺中毒致中枢神经功能及心肺功能衰竭死亡。经湘雅二医院司法鉴定中心鉴定，在无依据证明被鉴定人郭某体内甲基苯丙胺浓度已达中毒剂量的前提下，应当认定颅脑损伤、颅内感染是其致死的主要原因。法院基于“多份鉴定意见均证实崔献军持木棒击打被害人头部与造成被害人颅脑损伤后死亡有直接因果关系”，肯定行为人的行为构成故意伤害罪，而被害人的特殊体质只是影响量刑的因素。

虽然对直接危险现实化的事例，司法实践不要求行为主体对特殊体质以及关联要素具有预见可能性，但要肯定行为人具有主观过错，仍然需要行为主体对实行行为的危险性具有预见可能性。因为，“行为主体认识不到被害人具有特殊体质，意味着行为人不能够利用或者支配该特殊体质以促成法益侵害结果的发生”。但是，在崔献军故意伤害案等直接的危险现实化的事例中，被害人中毒的特殊体质对法益损害结果的发生的影响可以被忽略，崔献军的暴行直接导致被害人“死因”的形成，是主导死亡结果的因果流程。因此，行为人只要认识到其暴行的性质，即可以肯定其对暴行引起的相应因果流程具有利用或者支配可能性。亦即，行为人只需要对实行行为的性质具有预见可能性，即可肯定其对死亡结果具有过错。

主持人·贾　元

好,谢谢蒋老师非常精彩的观点分享。蒋老师在讲座一开始就非常明确地提出了六个命题,之后一个多小时的讨论都是围绕这些命题展开的;最后蒋老师特别贴心地进行了一个小节查漏补缺,对之前的一些问题又作出了补充和回应。我感觉这种讲座的逻辑模式特别适合云讲座,因为这样能够帮助大家以最快的速度抓住整个讲座的核心问题,帮助大家理清思路。一开始就带着这些命题、这些思考去听讲座会达到事半功倍的效果。

蒋老师在讲座中指出,在理论和实践中,对于被害人特殊体质案件评价标准有很大的不同,这种不同很大程度上源于对预见可能性的对象范围的不同认识,而这种认识上的分歧来自于对不同的法律保护原则、责任主义原则的衡量模式的一些选择。

如何去评价这些衡量模式?蒋老师一开始提出了三个检讨标准,以此为基础,从责任主义原则的维持、法益的保护、司法实践中当事人各方权益的平衡、对于处罚公正的维护、理论上的正当性等角度反思了两种利益权衡模式的特点,以及它们在实践中遇到的问题。

随后,蒋老师提出应当兼顾法律保护和责任主义原则,以行为主体的主观责任综合要素考量说为评价基础的主张。之后,又以主观归责的思路为线索,围绕不同案件情况的因果流程,构建了被害人特殊体质主观归责的具体标准。

蒋老师整个讲座逻辑非常清晰,在理论分析中还穿插了很多小案件来佐证他的论述,从整体到细节的把握都非常精准,让我们通过这一个多小时的讲座,充分了解到被害人特殊体质归责问题在理论和司法实务上的现状,在如何去制定或讨论一个新的评价标准上,也有了更多的思考和思路,收获良多。

下面我们有请华东师范大学法学院的张伟老师分享他对这一个问题

的观点。

与谈人·张　伟

太珂老师今天主讲的题目是《被害人特殊体质案件的主观归责》。"轻微暴力致特殊体质的被害人死伤案件中的刑事归责"是长期困扰我国刑事司法的一类难题，相关判决也大相径庭，主要有故意伤害（致死）罪、过失致人死亡罪以及意外事件这三种不同处理意见，并且以故意伤害（致死）罪定罪处罚的居多，这直接影响到同类案件法律适用的统一性和公正性。因此，太珂老师以此为题展开分享，我觉得不仅具有重要的理论研究价值，而且具有重要的实践指导意义。

我学习下来，认为太珂老师讲座的基本观点可以概括为以下三个方面：

其一，对被害人特殊体质案件的不同评价，源于对预见可能性对象的不同确定，由此体现出对法益保护原则或责任主义原则不同的偏好，但法益保护优先的模式与责任主义原则相悖，且不能实现罪刑均衡，而责任主义优先的模式却难以实现充分保护法益的目的。因此，太珂老师主张对预见可能性对象的划定，应当兼顾法益保护和责任主义。

其二，在被害人特殊体质案件中，太珂老师认为应当将结果预见可能性的内容同因果流程的支配或利用可能性关联在一起。因此，预见可能性的对象也应指向能为行为人支配或利用的因果流程，也就是对法益侵害具有重大作用的因果流程。

其三，被害人特殊体质案件主要涉及死亡结果的归属，根据死因是何种因素造成，太珂老师主张将被害人特殊体质的案件区分为间接的死因引起型和直接的死因造成型，并认为这两种不同形态的因果流程中，判断主观归责的标准也不完全一样。在间接的死因引起型场合，只要行为人认识到被害人的特殊体质或者能够表征介入因素的事实，比如与加龄性体质相关的年龄因素，就可以肯定行为人具有预见可能性；在直接的死因造成型场合,行为人只要对其实行行为的危险具有预见可能性就可以进行主观归责。

以上是太珂老师讲座的基本观点。

太珂老师较长时间都在关注被害人特殊体质案件中的刑法适用问题,在分析研究过程中不仅能很好地参考、借鉴国外最新的理论研究成果,而且还能够结合我们国家司法实践中的典型个案尤其是个案判决理由展开研究,这一点难能可贵。比如,对被害人特殊体质案件的主观归责标准的总结,就是从浩如烟海的刑事司法判决中遴选、提炼的,而其最终提倡的综合考虑说也是进行了充分的学理论证,很好地体现了理论源于实践、高于实践、最终又回归实践这样一个学术研究的基本规律;不仅如此,太珂老师还根据被害人特殊体质案件内在的差异性展开类型化研究,提出自己的解决思路与方案,体现了太珂老师的独立思考,值得我们学习。

当然,我今天不仅准备了"鲜花",而且预备了"砖块"。鲜花送完了,还要"扔几块砖",借机也"兜售"点儿自己的"私货"。我主要谈四点个人浅见:

第一,在轻微暴力致特殊体质者死亡的案件中,应同时从客观不法和主观归责角度去考虑包括结果归责在内的刑法适用,并且应优先考虑客观不法的有无,其次再考虑与之对应的主观归责的可能性。也就是说,我和太珂老师都认为被害人特殊体质属于影响案件定性或定罪的要素,而不能像实践中部分判决将其视为量刑规则。但我与太珂老师稍有不同的是,太珂老师主张立足主观归责的研究进路,更有助于促成理论和实践的有效对接,认为立足结果归责角度的问题解决路径,很多时候发挥的是消极批判功能。但在我看来,这不仅是一个主观归责的问题,而且它首先是一个不法判断的问题。在此,不仅需要规范地考虑不法结果的范围、结果归责过程的合理性,还要考虑将不法结果归责于什么样的不法行为。所以,应该优先在不法层面考虑被害人特殊体质案件的结果归责问题,并在此阶段谋求正确适用刑法。实践中,对轻微暴力致特殊体质者死伤的案件，一审判决之所以认定故意伤害（致死）罪的居多，在我看来，首先是放弃了对故意伤害罪构成要件行为的限定性理解，将其泛化为一般的违法甚至更轻的过错行为；其次是混淆了日常生活的故意与故意伤害罪的犯罪故意；再次是结果客观归责上的大而化之，最后才是主观归责判断上的松弛。因此，主观归责上的分析进路应该是最后一道门槛，将主观归责作为优先方案来考虑，从策略上看，或许显得很被动。对刑事辩护来讲，原本可以构建两道甚至三道防线，如果优先考虑主观归责方案的话，可能就意味着凭空放弃了“最佳狙击地点”。

第二，即便是在轻微暴力致包括特殊体质者死伤案件中，故意伤害罪、过失致人死亡罪的实行行为也必须维持类型化的特点。也就是说，伤害行为或过失致死行为必须是根据社会生活经验通常能够致人死伤的严重危害行为。比如，故意伤害罪的伤害行为应该是足以导致他人身体健康受损或者说具有高度致害危险的行为，而不应包括仅仅导致他人肉体一时疼痛的殴打行为，更不应该包括因为遭到他人攻击、袭扰而实施的防守性行为或者摆脱行为；在具体个案中如果认为不存在“类型化的高度致害”行为，那么再考虑涉案行为可否评价为过失致人死亡罪所禁止的低危险创出行为，比如是否属于一般的违规、违法行为，或者轻微的罪行。太珂老师讲座中谈到的廖钊鹏涉嫌过失致人死亡案的裁判逻辑就是这样的，而洪志宁故意伤害案最终以故意伤害罪维持原判，很明显正好背离了上述司法裁判的逻辑。也就是说，将一个日常生活中的“一般殴打行为”拔高为“类型化的高度致害”行为。当然，例外地承认一些违规甚至日常生活行为属于“类型化的致害”行为也是可能的，比如，行为人明知恐怖分子在某飞机上放置了定时炸弹而极力劝诱他的情敌乘坐该航班出行，或者明知被害人患有冠心病、心肌梗死等严重疾病，还与被害人因琐事发生激烈的身体对抗，就可能被评价为故意杀人行为、过失致人死亡行为。也就是说，主观上的优势认知在一定程度上能够补强或维持实行行为的类型化。但是，这一点也应该是有所限制的，而不宜泛化；否则，会形成一些不合常理的判断：比如，可能会认为，诸葛亮在明知王朗患有心脏病、周瑜心胸狭窄且中箭后不能生气的情况下,故意在两军阵前辱骂王朗无德、让周瑜“赔了夫人又折兵”,最终导致王朗被当场骂死、周瑜被气死的行为属于故意杀人行为或过失致人死亡的行为。也就是说,这样的刑法评价可能会过度影响国民的行动自由,导致我们日常生活中必须谨小慎微,不能与熟悉的邻居、亲友有任何肢体上的冲突。

第三,在运用故意伤害(致死)罪处理轻微暴力导致特殊体质者死亡案件时,尤其还要结合结果加重犯的构造与原理来严格限定结果归责。大家都知道,故意伤害致死的法定刑远远高于故意伤害罪基本犯的法定刑与过失致人死亡罪的法定刑之和。也就是说,加重结果的出现固然提升了客观不法的程度,但这个还远远不够,还不能作为说明如此重的法定刑的合理根据。因此,必须立足结果加重犯的处罚根据与行为构造来做进一步的限定与把握。立法者设定故意伤害罪自然是要禁止一般性的严重伤害他人身体健康的行为,而当故意伤害行为发生之际,基于尽可能保护受害者生命这一更为重大法益的需要(就是我们通常所说的,在不利的形势下尽可能避免更大的恶害),立法者就通过设置结果加重犯来特别禁止在经验上通常易于导致被害人死亡的类型化的高度致害行为。与此同时,包括行为人在内的社会一般人在经验上对这类行为能够导致被害人死亡是很容易能够认识的,这也意味着在故意伤害致死的场合,行为人主观上对死亡结果存在重大过失,非难可能性更高。据此,在轻微暴力致特殊体质者死亡的案件中,即便能够肯定轻微暴力行为属于故意伤害行为并构成故意伤害罪,通常也不宜进行结果归责,也就是说,不能认定行为人构成故意伤害致死。因为被害人的死亡通常并不是故意伤害致死所要求的高度危险的伤害行为直接引起,也就是说缺乏“直接性关联”;与此相应,行为人主观上也缺乏特定场域下的重大过失或者说轻率,既不能进行客观归责,也很难进行主观归责。

第四,我完全支持太珂老师有关在被害人特殊体质案件中对责任主义的坚守,也认可将预见可能性的内容厘定为“能为行为人支配或利用的因果流程,或者说导致被害人死亡的因果流程”。在此,被害人特殊体质尤其是作为直接导致被害人死亡原因的严重疾病作为因果流程中的一个重要因素，一般来说也应作为预见可能性的对象，否则就很难说行为人预见到基本的因果流程，更不能肯定行为人对造成死亡结果的因果流程具有利用可能性。但这样说来，太珂老师提倡的综合要素考量说与他反对的具体预见说可能就没有实质性区别了，我是说只要不要求行为人对因果流程的每一个细节都必须有认知的话。事实上，太珂老师谈到的开枪射击血友病心脏部位并致其死亡的事例中，由于这种针对人体重要部位的开枪射击原本就具有导致被害人死亡的高度危险。所以，被害人是否属于血友病体质这一点可能已经无关紧要了，行为人对此是否有预见并不影响对其主观预见可能性的判断。当然，需要说明的是，在判断行为人对引致死亡结果的因果流程是否具有预见可能性的时候，不需要明确认识到被害人患有某种严重疾病。也就是说，虽然没有认识到被害人患有某种特定疾病如冠心病、心脏病、高血压等，但能够对被害人身体上一些显著的关联性的表征有所认知，或者知道被害人体弱多病即可；这一点上我同意太珂老师有关间接的危险现实化中主观归责的判断思路。与此同时，我还要特别指出的是，危害行为的致害危险性高低也会影响预见可能性的判断，也就是说，暴力程度越明显，预见致人死亡的可能性就越大；反之，越小。这一点应该是适用于包括针对特殊体质者在内的一切案件！在这一点上，我也是同意太珂老师讲座最后一小部分的观点的。

最后，我将自己的观点再稍微总结一下：

(1)轻微暴力导致特殊体质者死亡的案件中，应同时从客观不法和主观归责角度去考虑包括结果归责在内的刑法适用问题，并且应优先考虑客观不法的有无，其次考虑与之对应的主观归责的可能性问题；

(2)故意伤害罪、过失致人死亡罪的实行行为必须尽可能维持其类型化的特点，故意伤害(致死)罪的基本行为以及结果归责理应更严苛，并以此为指导来处理轻微暴力致特殊体质者死亡的案件，而不能单纯以结果为导向，更不能忽略上述犯罪构成质与量的规定性；

(3)轻微暴力致特殊体质者死亡的案件，原则上应排除故意伤害(致死）罪的成立，极为例外的情况下可以考虑认定为故意伤害（致死），比如，明知对方患有某种严重疾病还对被害人施以暴力。

（4）轻微暴力致特殊体质者死亡的案件，能否追究行为人过失致人死亡罪的刑事责任，首先要考虑暴力行为程度大小及发生的场域，以此来判断是否制造了致人死亡的危险以及死亡结果是否是该危险的现实化；其次再考虑行为人对被害人特殊体质或其表征情况的认知情况，这属于主观归责方面的问题。

我看到过太珂老师大概在2016年在《法学杂志》上有一篇论文，研究主题也是有关这个问题。他当时的基本主张是优先从客观的不法包括客观归责角度去讨论轻微暴力致特殊体质者死伤案件的刑法适用问题。近期太珂老师在这个问题上突然间有一个比较大的转向，我前两天还跟他私下交流，他给我的理由是鉴于我们国家目前实践中更多是从主观归责角度考虑轻微暴力致特殊体质者死伤案件如何定性的。因此，他尝试着立足实践、从裁判规则中去提炼，所以才有今晚这样一个讲座。

我个人的意见是，我们的学术研究固然要立足实践，从司法判决尤其是判决的说理中提炼出一些比较好的规则、经验并使之上升到理论，借此来丰富或构建我们的刑法学说或理论体系，这是很好的一个事情。但是，与此同时，我们的理论研究者也要带着反思、批判的眼光去考察我们司法实践中的一些个案判决的合理性，不能"因为实践中都这么做，所以我们的理论只能顺从"，否则，我们的理论就会丧失独立的品格而沦为实践的"婢女"。比如说，有些司法判决完全背离了责任主义、罪刑法定，或者将一个定罪的问题转化为一个量刑的问题，那我们的理论可能就要旗帜鲜明地予以警醒、批判，而不是去奉承或顺从，这是我一点不成熟的看法。

主持人·贾　元

谢谢张伟老师的精彩点评。

张伟老师不但对蒋老师的发言进行了非常精准的归纳和总结，有助于我们更好地理解蒋老师整个讲座的思路，而且对这一类案件是从主观还是客观进路来讨论刑法适用、如何坚持相关罪名认定中构成要件行为的类型化、如何严格限定结果归责以及如何从主观和客观两个方面去认定相关行为人的刑事责任等问题，都表达了自己的思考，同时也提出了对蒋老师之前观点的一些疑问。

张老师和蒋老师的分享为我们清晰地展现了对于被害人特殊体质归责问题的不同思路和立场。君子和而不同，张老师在肯定蒋老师的部分观点的同时，也旗帜鲜明地提出了自己的疑问和主张。这种思想上的碰撞，也是我们把讲座分为主讲和与谈两部分时所期待的一种“旗帜鲜明”的对立。

与谈人·张　伟

Q1：既然主观归责进路和客观归责进路的核心均是预见可能性，那么在界定预见可能性的规范内涵后，为什么最终选择的是主观进路的路径？在判断基准上，也就是是一般人还是行为人基准上是否有所区别？

关于这个问题，我想说的是客观归责和主观归责的进路是不一样的，它们分别处在刑法评价的不同层面。一般来讲，客观归责肯定在前，主观归责在后，并且主观归责就是针对客观不法的一种评价或者说非难。因此，在客观归责和主观归责层面要解决的问题、考虑的内容以及归责的进路，是完全不一样的。在客观归责层面，首先要考虑有没有重要的危险创出、危险有没有实现、实现的危险能不能归属于相应的危险创出行为，这是一种客观的、规范的判断。但在主观归责层面，尤其是在过失犯或者说无认识的过失的这种场合，这种归责或非难评价更多是基于法对包括行为人在内的社会一般人的要求，比如说应不应该预见或者说有没有预见可能性，它需要立足规范的角度，按照对社会一般人的要求，在具体场域考察行为人有没有预见可能性。

针对特殊体质者致死的案件中，要肯定具体情境下的行为人有预见可能性，最起码要求行为人对表征被害人患有特定严重疾病的一些现象或事实要有认识或认识可能，比如曾听闻被害人患有某种疾病，或者说从被害人的神态、表现很容易看得出来被害人久病缠身。或者说基于对上述客观事实的认知，根据我们共同的生活经验，具有行为人那样智识的人很容易或者不可能预见不到。所以说客观归责和主观归责，它分属刑法评价的不同层次，有各自不同的任务和使命，有自己不同的评价的方法和逻辑进路。

主讲人 · 蒋太珂

Q2：被告人骑电瓶车撞到了一位70多岁的老人，导致其腿骨骨折，老人在住院的时候情况很稳定，但过了9天做了一个髓内钉的手术后，情况急剧恶化，5天之后就突然死亡了。经鉴定被害人是骨折导致脂肪滴入血管，进而进入肺和脑，形成了一个脂肪栓，再加上他本就患有心脏病和胃癌等疾病，所以更容易形成脂肪栓导致死亡。但医生说这种情况是特别少见的。最终一审判处了被告人交通肇事罪成立，但是在量刑上予以减轻。请两位老师对这个案件进行分析。

对于这个案件，我想，如果不存在医院照料或者手术的重大过失的情况，那么这种被害人特殊体质应该属于间接的危险现实化类型的被害人特殊体质案件。因为，导致被害人死亡结果的死因不是行为人的暴行创设的死因，而是特殊体质引起的死因。正如前面指出的，对于该类型的预见可能性的认定，在司法实践中主要涉及两种类型。

一种是加龄性体质，这种特殊体质与年龄密切相关。因此，你只要认识到了被害人的年龄，一般就能肯定行为人对被害人的死亡结果具有预见可能性。另外一种是非加龄性体质，对于这种体质，我前面提出来了，应当综合考虑行为人的暴行程度以及被害人身体状况。

对于该案，关键是选取哪一种判断标准。在该案中，导致被害人死亡的因果环是“属于长骨骨折导致溢出脂肪滴进入血管，进而进入肺脑，形成脂肪栓塞，加上被害人自身患有冠心病、胃癌等疾病，更易形成脂肪栓塞导致死亡”。在这一系列因果环中，并不存在加龄性变化的问题，因此，我觉得应当适用非加龄性变化的标准。在综合考虑被害人特弱的程度以及行为人暴行的程度的基础上，确定是否肯定行为人的主观过错。事实上，将他人撞伤，除了伤口一开始就是颅脑损伤等致命性伤害，一般而言，骨折等更容易产生的结果是，因为器官感染而死亡。例如，有的研究就指出“由于老年患者机体各器官功能衰退、组织细胞修复能力较低，使患者围手术期出现诸多并发症，其中肺部感染作为老年髋部骨折患者常见并发症，为患者术后致死主要因素”。因此，对于该案，我认为不应当推定行为人对结果具有预见可能性。

与谈人·张　伟

我从结论上也是认同太珂老师的判断的。但是，我想说的是其实这个案子首先可以从客观归责角度去判断，被害人的死亡原因能不能归属于先前的肇事行为？法医鉴定结论也很明确，说被害人死亡原因是脂肪栓塞导致死亡。既然是脂肪栓塞导致死亡，而一般的交通肇事，以及正常的术后治疗，它并不经常性地引发这种脂肪栓塞，所以将这个案子里面被害人的死亡归属于早先的肇事行为可能很不相当，或者说将被害人的死亡结果归属于先前的交通肇事行为在归属的合理性上是有疑问的。

从主观归责角度讲，就像医生也谈到的，这种情况是非常罕见的。主观归责是就客观的不法对行为人进行的一种法律甚至道义上的责难，行为人应该预见却没有预见，所以法律或社会可以谴责行为人，让行为人去承担这个法律的或道义的非难，行为人也觉得自己“罪有应得”。但是，如果说让包括行为人在内的社会一般人对自己压根儿做梦都想不到的一种行为结果负责，不仅行为人觉得自己冤枉，而且社会一般老百姓可能也会觉得构成犯罪也太具有随机性或偶然性了。

因此，我说认为这种案子不能认定为交通肇事罪。客观上不能进行合乎理性的归属，主观上更不能对行为人进行非难，因为行为人对因果流程的基本部分没有预见可能性。这是我的一点浅见。

主持人·贾　元

谢谢张老师的回答。刚才两位老师的回答很明显地体现出了两位老师主观和客观归责的不同立场，进路不一样，两位老师分析案件的方式和思路也就不一样，但有意思的是最后的结论好像又是殊途同归了。

其实，被害人特殊体质案件不仅受到理论界和司法实践界的关注，而且也是社会舆论的一个热点问题。我记得2018年就有一个引起热议的案件，发生在河南郑州，被告人在电梯内吸烟，被害人劝阻被告人，双方发生了争吵，在经过调解之后双方离开现场，但是在离开现场之后，被害人因为之前刚刚做过心脏搭桥手术猝死。

当然这个案件和我们今天讲座讨论的案件有一点点区别，因为这个案件中双方并没有发生肢体冲突，也没有使用特别具有侮辱性的字眼，没有所谓的轻微暴力行为。所以当时法院也作出了没有因果关系这样一个比较清晰的认定。但是从这个案件可以看出，我们今天讲座的论题不仅具有学术价值或者说理论上的价值，它也具有社会价值，是一个值得我们去持续关注的问题。近几年来，随着新媒体的不断发达，很多刑事案件也引起了社会大众的关注和热议，我们刑法学者也需要与时俱进，将理论研究和社会热点结合起来，才能更好地回应实践上的需求。

今天晚上两位老师的发言，也充分展现了我们年轻一代刑法学人的学术功底和学术追求，衷心感谢两位老师的精彩报告，我从中汲取了非常多的养分，相信陪伴我们一晚的各位听众也有和我一样的感觉。今天晚上的讲座就到此结束了，大家晚安。

第四讲
防卫过当中的罪量要素

——兼论防卫过当民刑二元化的立法模式的法律依据

主讲人:陈 璇(中国人民大学法学院教授)

与谈人:蔡桂生(中国人民大学法学院助理教授)

主持人:于改之(华东政法大学刑事法学院教授,《法学》副主编)

主持人·于改之

今晚是系列讲座的第四讲,主题是"防卫过当中的罪量要素——兼论防卫过当民刑二元化的立法模式的法律依据"。

今晚的主讲人陈璇老师是武汉大学法学博士,德国马普外国刑法与国际刑法研究所博士后,现为中国人民大学法学院的教授、博士生导师,中国人民大学"杰出学者"青年学者(B岗),在《法学研究》《中国法学》《中外法学》等刊物上发表学术论文共40余篇,出版专著《刑法中社会相当性理论研究》《刑法归责原理的规范化展开》、译著《目的行为论导论——刑法理论的新图景》。他曾获"全国刑法学优秀学术著作奖"专著类一等奖、第五届"董必武青年法学成果奖"二等奖、第二届"王作富刑法学优秀博士学位论文奖"、中国人民大学十大教学标兵等荣誉奖励。

与谈人蔡桂生老师是德国波恩大学法学博士,北京大学法学院博士后,现为中国人民大学法学院的助理教授,出版有专著《构成要件论》《论诈骗罪中针对未来事件的欺骗》两部,译著《刑法总论教科书》《德国最高法院判例:刑法总论》(合译)、《刑事政策与刑法体系》三部,发表论文、译文数十篇。

两位老师都是刑法学界的青年才俊,都有德国留学经历,对今晚的讲座主题都有着深入的思考和研究,期待两位老师的精彩对话。

主讲人·陈　璇

今天我想向各位同人和朋友汇报的主题是:防卫过当中的罪量要素。

一、“特色条款”引出的问题

大家都知道,罪量要素的存在是中国的刑事立法相比于大陆法系其他国家而言所具有的一个鲜明特色。在我国《刑法》中,罪量不仅体现在《刑法》总则第 13 条但书以及分则诸多犯罪的“数额”“情节”等构成要件要素上,而且还体现在《刑法》第 20 条第 2 款关于防卫过当的规定中。1979 年《刑法》第 17 条第 2 款规定“正当防卫超过必要限度造成不应有的危害的,应当负刑事责任”,立法者于 1997 年对该条款进行了重大而引人注目的修改。

按照现行《刑法》第 20 条第 2 款的规定,防卫行为仅仅超过必要限度造成不应有的损害,尚不足以成立犯罪,只有当超过必要限度“明显”而且造成的损害“重大”时,防卫者才“应当负刑事责任”。截至目前,学者们更多地将目光集中在了“定性”的问题,即如何判断防卫行为是否超过了必要限度这个问题之上。在有关防卫过当定性问题的探讨已经愈加深入和成熟的情况下,学界有必要投入更多的精力对防卫过当中的定量要素展开系统的思考。

考虑到这一点,今天晚上的讲座,我将按照以下思路对防卫过当罪量要素的核心问题逐一进行分析:首先,阐述防卫过当民刑二元论的法理依据,从而确立防卫过当罪量要素的实体法地位。接着,在肯定《刑法》第 20 条第 2 款中“明显”和“重大”属于可罚的防卫过当的实体性要素的基础上,进一步发展和提炼防卫过当罪量要素的判断规则。

二、防卫过当民刑二元模式之证成

(一)现行法框架下"防卫过当民刑一元论"的疑问

在1997年以前,民刑两大部门法对于防卫过当的规定是完全一致的。彼时,无论是《刑法》第17条第2款还是《民法通则》第128条,均将防卫过当界定为防卫行为超过必要限度造成不应有的损害的情形。

1997年,立法者为《刑法》中的防卫过当条款添加了"明显"和"重大"这两项定量要素;可是,在民法领域,不仅《民法通则》的相关规定依然如故,就连2009年颁布的《侵权责任法》第30条以及2020年新近颁布的《民法典》第181条第2款,也均未步1997年《刑法》的后尘对防卫过当的要件作出相应的修改,而是几乎原样照搬了《民法通则》第128条的规定。

这就引出了一个问题:从实质上看,民刑法中的防卫过当是否存在区别?在这个问题上,就存在防卫过当民刑二元论和防卫过当民刑一元论两种观点。

我本人赞同二元论的观点,这也和我国审判实践的立场相一致。例如,针对"唐建生诉王利侵犯人身权纠纷案",法官就明确认为:"刑法对防卫过当的要求比民法更加严格,即刑事标准高于民事标准。……因此,在民事诉讼中,对于未被追究刑事责任的防卫行为,仍有必要根据民法上的判断标准研究其是否构成民法上的防卫过当。"

也有学者主张"防卫过当民刑一元论",认为立法者对《刑法》中防卫过当条款所作的修改仅仅涉及防卫过当认定的技术操作方法,它并不具有任何实体性的意义,从本质上来说,刑民二法对于防卫过当的界定始终是完全同一的。

例如,陈航教授指出:"现行刑法对防卫过当的修改,绝不是要推翻防卫过当的抽象判断标准,只不过是认为,这一标准太过于抽象、难以把握,必须进一步明确化、具体化,以利行为人理解并便于司法者把握。……现行刑法的修改主要是技术性的,具有'程序'性质,即怎样判断'超过必要限度'和'造成不应有的损害',而非确立了什么二元论的立法模式。"按照这一观点，现行《刑法》第 20 条第 2 款中所谓的“明显”和“重大”，并不属于能够影响防卫过当可罚性的罪量要素。

但是，立足于现行法律的规定，从语义解释和协调解释的视角出发，我们便能察觉该说存在的疑问。

首先，我国奉行的是定性和定量相统一的刑事立法模式，故一旦在刑法条文中出现“损害”“伤害”等用语，则其所指称的必然是在立法者看来已经颇为严重、达到了可罚程度的损害。于是，如果立法者在“损害”之前又附加了“严重”“重大”等限制性副词，那就只能将之理解为比一般达到了可罚标准的损害更高的损害。

所以，在现行《刑法》将防卫过当的结果由原来的“损害”明确更改为“重大损害”的情况下，恐怕很难认为新旧《刑法》关于防卫过当的规定具有完全一致的实体性内涵。

其次，从与紧急避险相协调的角度来看，在 1997 年《刑法》修改之前，防卫过当与避险过当的成立标准完全相同，均为“超过必要限度+造成不应有的损害”。在 1997 年修改《刑法》的过程中，尽管正当防卫条款是无可争议的焦点，但紧急避险条款也绝非处于完全被遗忘的角落。因为，仅就避险过当条款而言，现行《刑法》就对旧《刑法》的若干用语作了和防卫过当新订条款相一致的调整。一是将原来的“危害”改为“损害”；二是将原来的“酌情”二字删去。这就说明，立法者在专注于大幅修改正当防卫条款的同时，并没有忽视对紧急避险的统筹兼顾。

倘若真如持防卫过当民刑一元论的学者所言，立法者为防卫过当增添的“明显”和“重大”要素仅具有程序的意义，丝毫不会给防卫过当的成立要件本身带来任何实质改变，那么，为了避免引起误解，立法者就完全应该对避险过当的条款也平行地作出相应修改，将《刑法》第 21 条第 2 款表述为“紧急避险明显超过必要限度造成重大损害的”。既然立法者在轻而易举就能对两大正当化事由的过当条款采取统一表述的情况下并没有选择这样做，那就只能认为他是有意识地为防卫过当设置了与避险过当不尽相同的成立条件。

(二)“防卫过当入罪标准超严格化”的法理依据

1. 应当有意识地将违法性的有无和可罚性的存否这两个问题区分开来。

(1)刑法中的出罪事由,大体上可以区分为以下三类:第一,赋权事由。第二,免责事由。第三,量微事由。尽管这三类出罪事由在刑法上的最终后果都是“不成立犯罪”,但其性质和来源却有所不同。赋权事由的特点在于,它不是单纯地否定行为成立犯罪,而是积极地为行为人发放了侵入他人权利空间的许可证,使得原本应当受到禁止的法益侵害行为成了一种正当的权利行使之举,受害者则相应地对其负有忍受的义务。

正当防卫是一种典型的赋权事由。既然正当防卫是一项权利,那么一旦其行使行为逾越了该权利应有的边界,不论其违反的程度有多高,也不论它是否引起了损害结果,都必然遭到法秩序的反对和禁止。在这一点上,各个部门法的判断不应有任何分歧。

但另一方面,由各部门法在价值考量和功能取向上的差异所决定,对同一种防卫过当的情形,不同的部门法在一致认可防卫过当行为违法的前提下,完全可以根据各自的目的和需要选择是否追究行为人的责任。因此,从刑法上来说,在确认防卫过当违法的基础上,本来就可以也需要进一步将这种违法行为划分为可罚的防卫过当和不可罚的防卫过当。

(2)对刑民二法中的防卫过当标准作区别化的处理,会不会给公民行使正当防卫权造成不当的限制呢?

陈航教授指出:如果要在构成犯罪的防卫过当行为和正当防卫之间,再挑选出一部分虽然不构成犯罪但构成一般违法、侵权的防卫过当行为,实际上就是在挤压正当防卫的空间,就会令人在面对急迫的不法侵害时,即便不用担忧自己需要承担刑事责任,也会顾虑自己会因防卫过当而需要承担民事责任,进而贻误时机,致使合法权益难以得到有效保护。所以,不应对民刑二法的防卫过当标准的宽严进行区别化的处理,只有使民法和刑法适用同一个严格的防卫过当认定标准,才能切实保障防卫的有效性。

但我还有不同的看法。第一，民法上的防卫过当涉及的是防卫权的边界，刑法上的防卫过当涉及的则是防卫人的刑事责任；而权利边界的划定与入罪标准的设定，本来就是基于两种截然不同的价值考量。

权利边界的划定，不仅牵涉权利人的法律责任，更是直接关系到涉事公民各自自由空间的范围，所以它不能只片面地专注于权利行使者一方的利益，不能一门心思地只想着如何才能使行为人高效、便捷地行使其权利，还需要兼顾因权利行使行为而可能遭受损害一方的利益。因此，民法上防卫过当的认定标准宽于以入罪判断为己任的刑法上的防卫过当，也就在情理之中。

第二，持一元论的学者担忧，如果对民刑二法中防卫过当的判断标准作二元化的理解，那么在现行《刑法》已经做出有利于防卫人一方的重大修改的背景下，就有可能使广受诟病的"唯结果论"倾向从刑法转移到民法当中，导致正当防卫权最终依旧摆脱不了遭受严重束缚的命运。

事实上，在我国的司法实践中，之所以广泛存在着"唯结果论"的倾向，其根本原因并不在于定量问题，即并不在于人们把那些超过限度不够明显、造成损害不够重大的防卫行为也看成是防卫过当，而在于定性问题，即在于人们总是习惯于使用法益均衡和"基本相适应"的思维去界定正当防卫的限度要件。

我国晚近 20 年的法律实践已经清楚地表明，即便刑事立法已大大提高了防卫过当成立犯罪的标准，但只要防卫行为与侵害行为之间的对等均衡仍然在必要限度的判断中把持着核心基准的地位，那么一旦防卫行为保护的法益在价值上低于其损害的法益，一旦防卫行为在强度和危险性上高于侵害行为，则成立正当防卫的可能性几乎荡然无存。这样一来，正当防卫审判实践中的唯结果论倾向自然也就难以从根本上得到扭转。

要想真正保障公民正当防卫权的空间不受侵蚀，唯一有效的途径只能是从总体上将"基本相适应"的思维从正当防卫必要限度的判断中剔除出去，从而认为只要防卫行为属于当时情境下为及时、有效和安全地制止不法侵害所必不可少的反击措施，就应当在原则上认定防卫行为未超过必要限度。

2. 我国刑法“防卫过当入罪标准的超严格化”

1979年《刑法》第17条第2款要求过当行为只有现实地“造成不应有的损害”时才能成立犯罪，这实际上已经为可罚的防卫过当设定了额外的限制性条件。因为，即便防卫过当未造成任何实害结果，但如果防卫人对过当是出于故意，并且行为在客观上也具有引起达到可罚程度之损害的危险性，那么原本完全可以以相关故意犯的未遂来追究防卫人的刑事责任。

可是，既然1979年《刑法》第17条第2款明确将未造成实害结果的防卫过当排除出了可罚之防卫过当的范围，那就说明该条款在可罚之防卫过当的基础上，又进一步收缩了防卫过当承担刑事责任的可能。

1997年修订后的《刑法》第20条第2款，又在旧《刑法》的基础上为防卫过当构成犯罪设置了更高的门槛。一是将行为方面的入罪标准提升为“明显”超过必要限度；二是将结果方面的入罪标准升级为“重大”损害。

值得探讨的是：现行《刑法》的立法者先后两度为可罚之防卫过当的成立增添了限制性条件，使其实际的入罪标准显著地高于一般的可罚行为，其实质理由究竟何在？我经过初步思考，提出了三方面的依据：(1)不法大幅度减弱；(2)一般预防的必要性不足；(3)司法证明的成本与收益不均衡。因时间所限，在此就不再详细展开了。

三、防卫过当罪量要素的认定方法

(一)行为不法：防卫手段“明显”过限

对于防卫过当在行为不法方面的罪量要素，即超过必要限度的“明显性”，我国的刑法教科书大多一笔带过；但是，究竟如何辨别过当是否“显著”“清楚”，却往往语焉不详。

近年来，张明楷教授为此提出了“多数服从少数的原则”，即：“在判断防卫过当时，多数人要善于倾听少数人的意见。例如，审委会有9人，虽然

6人主张防卫过当，但仍有3人主张防卫不过当。在这种情况下，可以说过当并不明显；如果明显，为什么仍有3人认为不过当？此时，认为过当的6人应当倾听3人所提出的不过当的观点与理由，反思自己关于防卫过当的判断。”这一观点无疑为司法者稳妥地判断防卫过限是否“明显”提出了重要而富有启发的程序性建议。

不过，既然明显性是防卫过当构成犯罪的一个必备要素，那么检察院在作有罪指控时就需要说明其认定防卫行为明显过限的依据是什么；辩方在作无罪辩护时，也势必需要论证为何认为防卫过限尚不明显；在强化裁判文书说理获得高度重视的背景下，法官在未来也不可避免地需要为其关于防卫过限是否明显的判断给出具体理由。

因此，除了要为司法认定过程设置此类制度性保障之外，刑法教义学仍然有必要为明显性要素提炼出实体性的判断规则，从而确保法官对明显性要素的检验能够沿着透明、可视的论证管道进行，而不是完全依赖于个人的内心体察和主观感受。

1. 两个前提性问题的厘清

（1）“明显”所针对的是防卫行为违反“必需性”要求的程度

审判实践在判断防卫限度时往往将注意力集中在防卫和侵害之间的法益均衡性之上，从而将防卫行为在强度和危险性上显著高于侵害行为这一点，作为认定防卫行为明显过限的依据。例如，大量判决认为，在侵害人赤手空拳或者仅持有杀伤力较弱的器具来袭的情况下，一旦防卫人用刀捅刺对方致侵害人重伤死亡，即可认定防卫行为明显超过了必要限度。

在“陈炳廷故意伤害案”中，法院认为：侵害人一方虽有10人之多，但均未使用大杀伤力的工具对防卫人陈炳廷进行殴打，最终也仅致陈轻微伤；可是，陈炳廷却使用酒瓶三次砸击侵害人吴锦彬头部，致其死亡，陈对吴的攻击明显超出了吴的侵害力度，属于明显超过必要限度、造成重大损害，防卫过当成立。但我们可以从以下两个方面出发对这一判决理由展开反思：

第一，行为人是否握有凶器本来就不能成为决定某一行为强度的唯一标准。即便侵害人手无寸铁,但如果其人多势众、以十当一,那么势孤力单的防卫者所面临的危险,并不亚于单个侵害人握有凶器的情形;纵然侵害人赤手空拳,但若他精通少林武功,则其实际拥有的杀伤力甚至远远高于手持刀具的一般人。所以,司法实践中广泛存在的以"是否握有凶器"一问定行为强度的做法,本身就缺乏合理性。

第二,我国刑法学通说在防卫限度的问题上,采取了将必需说和基本相适应说相综合的折中理论(又名"相当说")。通说据此认为,所谓"明显超过必要限度"是指防卫行为的性质、手段和强度明显超过不法侵害的性质、手段和强度。

但是,既然决定防卫行为是否处于必要限度之内的关键问题在于,防卫人所采取的反击手段是否为及时、有效和安全地制止不法侵害所必不可少,那么所谓"明显超过必要限度",就只能是指防卫行为超出为制止侵害所必要的多余部分明显,而不是指防卫行为在强度上高出侵害行为的部分明显。

(2)需要进行明显性评价的不仅有"超强型过当",而且有"超时型过当"。

我国传统的正当防卫论向来主张:防卫过当仅仅包括"超强型过当",即在不法侵害正在进行的前提下,防卫行为的强度逾越了必要限度;一旦不法侵害已经结束,则由于正当防卫的前提条件已不复存在,故此后发生的反击就不再具有任何防卫的属性,自然也就不存在成立防卫过当的余地,这种情况属于防卫不适时,应当根据行为人的主观方面分别论以故意犯罪、过失犯罪或者意外事件。

我认为,防卫过当除了包括"超强型过当"之外,完全可以包含"超时型过当"。

2. "再高一级"判断标准的证成与展开

我主张,所谓"明显"超过必要限度,是指防卫手段比简单地超过必要限度更进一步地高出一个以上的级别。此处判断的难点是:什么是"简单地"超过必要限度,什么是比简单过限"更进一步地高出了一个以上的级别”？这还需要结合具体的案例来进行分析：

> 【案例1】单个侵害人乙在并未持械的情况下试图通过攀爬的方式侵入甲的两层住宅，甲及其家人则在房屋楼顶居高临下实施防守。由于双方呈现出易守难攻的态势，故甲等人本可以通过投掷石块等杀伤力较弱的器物即可达到驱赶乙的目的。若防卫人使用长矛等危险武器捅刺，则属于简单超过必要限度；若防卫人直接向乙的身上泼洒硫酸或者倾倒汽油并引燃，则属于明显过限。
>
> 【案例2：胡某某等故意伤害案】2004年10月2日15时许，胡某某、胡某甲在一公园内摆摊售卖小货品时，侵害人王某某因强行拿走货品不给钱而与胡某某发生争执，继而胡某甲与王某某发生打斗，王某某被打倒在地后离开。为实施报复，王某某从一西瓜档拿了两把西瓜刀返回公园，对胡某某、胡某甲进行追砍。在双方搏斗的过程中，两名防卫人先后夺得王手中的两把西瓜刀，砍伤王某某双脚后跟及头部，直至后者倒地不起。这时，胡某甲、胡某某仍继续各持西瓜刀砍伤王某某的左腿及双脚腕前部位。经法医鉴定，上述三人伤情均属轻伤。本案，法院认为防卫人是在侵害人倒地不起、已失去侵害能力的情况下所实施的事后的故意报复行为，不具有防卫的性质，以故意伤害罪判处两名行为人有期徒刑9个月。

这是在否定超时型防卫过当的前提下，所得出的结论。在案例2中，当王某某倒地不起且两把西瓜刀均已被夺下之际，大体可以认定其侵害能力已告终结。胡某甲、胡某某持刀砍伤王的腿、脚部的行为，对于制止侵害来说已属多余，但其过限尚未达到明显的程度。

因为，第一，二人砍击王某某腿、脚部的行为尽管已不再具有必要性，但毕竟发生在王某某刚刚失去侵害能力之时。由该行为与先前必要反击措施的紧密联系所决定，其过当性质尚未显现到确定无疑的程度。砍击行为固然反映出行为人事后泄愤的倾向，但也不能完全排除其具有彻底消除王某某自由行动的能力、进而从根本上防止侵害人起身重新展开袭击的意义。第二,两名防卫人并未持刀针对王某某的要害部位实施砍刺。综上,二人的砍击行为只能算是先前必要防卫措施的轻度溢出。

我们再看一个案件:

【案例3:容宝故意伤害案】被害人容某某与被告人容宝一家长期关系不好。2006年6月12日晚8时多,容某某来到容宝家,手持铁铲,见到容某甲后叫其下跪。容某甲不肯,容某某持铁铲打中容某甲头部致其负伤流血。容某甲叫喊:"救命啊!"容宝听到父亲的呼救声后,拿起一根木棍冲上来,打中容某某的背部。容某某便向容宝家东侧的篱笆处跑,容宝追到篱笆处,一棍打中容某某的右肋部。当容某某跑到容宝家牛圈旁的酸豆树下摔倒在地时,容宝即用木棍往容某某身上乱打,打中容某某的头部、背部等多处。容某某被送往医院抢救无效死亡。经法医鉴定:容某某系钝器打击致颅脑损伤死亡、失血性休克死亡。与上一个案件相仿,本案的法院也认为被告人的行为属于事后防卫,不具有防卫的性质,最终以故意伤害罪判处有期徒刑15年。

对于案例3,可以将案情划分为以下三个阶段来加以分析:

第一阶段,容宝听闻其父呼救后拿起木棍冲上前击打容某某的背部。由于该行为发生在容某某持铁铲袭击容宝之父的过程中,故属于必要的防卫手段。

第二阶段,容宝持木棍打中容某某的背部后,容某某跑向容宝家东侧的篱笆处。此时,容某某的侵害能力并无减损,而且仅凭其跑向篱笆的行为也无法断定他已经放弃了侵害的意图,因为防卫人完全有理由怀疑容某某可能试图拾取某种器械或者工具以便继续发起攻击。因此,容宝持棍击打容某某右肋部的行为仍处在必要限度的范围之内。

第三阶段,容某某被打后奔至容宝家牛圈旁的酸豆树下摔倒,容宝用木棍往其身上乱打。在先前的追打过程中,容某某并未利用工具展开回击,此刻又吃打不过跌倒在地,这一事态说明其侵害意图和侵害能力均已下降到了极为微弱的程度。容宝及其父二人没有必要继续对其实施殴打、伤害。这时，若容宝只是用木棍有节制地击打容某某的非要害部位，则可认为该行为虽已非为防卫所必需，但过限尚不算明显。但在本案中，容宝却朝着容某某的头、背等要害部位连续实施击打，其过限已经跃升了一个以上的档次，故属于明显过当。

（二）结果不法：损害结果足够“重大”

在防卫行为明显超过必要限度的情况下，只有当该过当行为现实造成了“重大损害”时，才能最终成立可罚的防卫过当。那么，何种损害才算得上“重大”呢？

1. “重大性”评价的对象

涉及的问题是：“重大”究竟是一个相对的量还是一个绝对的量？

有一种观点认为，“重大损害”并不是一个绝对的量，而是通过对不法侵害行为可能造成的损害与防卫人实际造成的损害进行比较之后得出的一个相对的量，即防卫行为所造成的损害与不法侵害行为可能造成的损害之间明显失衡。可是，如前所述，防卫过当的本质是防卫行为逾越了为制止不法侵害所必不可少的范围，而非防卫行为的严重性超过了侵害行为。

因此，我们在对防卫过限之结果不法的程度进行评价时，应当始终针对因防卫行为超出为制止侵害所必需的界限而造成的损害，不能针对防卫行为所致损害与不法侵害可能造成的损害之间的差距。

2. “重大性”评价的指标

冯军教授主张，“重大损害”是指为制止侵害所不必要的多余损害“在刑法上具有重大性”，即刑法将其规定为构成要件性结果，或者说刑法禁止这种损害的发生。于是，当一个明显超过必要限度的行为造成了不法侵害人轻微伤时，它尚未造成刑法上防卫过当所要求的“重大损害”；但是，当该行为造成了不法侵害人轻伤时，即可认定造成了防卫过当所要求的“重大损害”。

可是，如前所述，出现在刑法条文中的“损害”，除有专门限定者外，皆指已经达到了可罚程度的法益损害。因此,一旦立法者在“损害”一词之前又附加了“重大”“严重”之类的修饰语,恐怕就不能再将其简单地理解为受到刑法禁止的损害,而应当将之解释为比一般达到可罚程度的损害更高一级的损害。在此,需要分别就人身法益和财产法益展开分析:

(1)人身法益。在我国的正当防卫司法实践中,一些判例主张,轻伤害也足以满足刑法上防卫过当在结果不法方面的要求。然而,既然“重大损害”是比单纯可罚的损害更重一级的结果,那么在防卫行为对侵害人身体造成损害的场合,只有当明显过限的防卫手段给侵害人造成了超过轻伤级别的身体损伤,即造成了重伤、死亡结果时,才能认定“重大损害”的成立。

(2)财产法益。对于纯粹财产损害能否成立“重大损害”的问题,学者们的著述鲜有提及。将一切单纯的财产损失排除出“重大损害”的范畴,似乎已经成了一项不证自明、无须多言的共识。但是我认为,“重大损害”除了死亡重伤结果之外,还包括纯粹财产的重大损失。

我国《刑法》中有不少犯罪的构成要件都包含了“造成严重后果”的要素。例如,破坏电力设备罪、铁路运营安全事故罪、危险物品肇事罪、消防责任事故罪等犯罪都包含了“造成严重后果”这一要素。现行司法解释都承认,纯粹财产或者经济损失可以成立“严重后果”。

当然,由于防卫过当中的“重大损害”比单纯达到可罚程度的损害更为严重,故财产损失要成为“重大损害”,就必须在数额上比普通的财产犯罪入罪门槛高出一个以上的等级。

(三)责任:动机形成能力保持正常

即使在不法阶层已经确认防卫手段显著逾越了必要限度并且引起了重大损害,但如果该不法行为存在责任阻却事由,那也无法认定其成立刑法意义上的防卫过当。慌乱、恐惧、激愤等异常情绪,是防卫过当领域所独有的一项责任阻却事由。

在对我国1979年《刑法》进行全面修订的过程中,最高人民检察院和部分学者曾经建议在关于防卫过当减免刑罚的规定中再添加一款:“防卫人因激愤、恐惧或慌乱而防卫过当的，免除处罚。”或者：“防卫人由于恐慌、激愤而超过防卫限度，主观上没有罪过的，不以犯罪论处。”但立法者最终并未采纳这一建议。于是，与《德国刑法典》第33条的立法例不同，我国《刑法》目前仅规定了防卫过当成立犯罪的积极要件，却尚未明文确立情绪性出罪事由。

在此情况下，刑法解释者就势必面临着如何处理情绪性出罪事由与“明显超过必要限度造成重大损害”这一要素之间关系的问题。鉴于《刑法》第20条第2款为“正当防卫明显超过必要限度造成重大损害”直接配置了“应当负刑事责任”的法律后果，似乎应当认为本条款已经囊括了为防卫过当成立犯罪所需要的一切要件。所以，在当前情绪性出罪事由尚未被刑事立法者成文化的背景下，或许选择内置型的解释路径相对更为合理。

四、基本的结论

最后，我想对我的主要结论作一个简短的小结：

第一，正当防卫是一种赋权事由，它植根于以宪法为基础的整体法秩序。任何逾越了权利行使边界的防卫行为，均无一例外地属于违法举动，这一点并不因为站在不同部门法的视角而有任何的差别。

在确认防卫过当一体违法的基础上，刑法完全可以而且应当基于刑事政策的价值目标和最后手段性的特征，通过增设罪量要素，仅将一部分防卫过当行为筛选出来作为犯罪行为论处。

第二，关于防卫过当罪量要素的设置，可以从行为不法、结果不法以及责任三个层面入手，分别以行为过限的显著性、损害结果的重大性以及动机形成能力的正常性来限制可罚之防卫过当的成立范围。

一方面，在确定“明显”“重大”要素时，应当采取比普通可罚标准“再高一级”的原则；另一方面，就我国目前的立法来看，责任层面的罪量要素尚存在缺失，未来应在《刑法》中适时增设情绪性免责事由的规定。

主持人·于改之

感谢陈璇教授的精彩报告。他从我国《刑法》第 20 条“特色条款”引出的问题出发,从一般预防的必要性、司法证明的经济性以及刑事政策效果的合理性等多个方面,对防卫过当民刑二元化的内在法理依据进行了阐释。在此基础上,依次从行为不法、结果不法、责任三个层面,发展并提炼出防卫过当罪量要素的判断规则。

陈璇老师的报告体现出鲜明的“陈氏特色”,即:问题意识强,思辨色彩浓厚,逻辑层次清晰,论证缜密充分,作文如行云流水,听起来令人赏心悦目。

但是,陈璇老师具体观点的妥当性又如何看待呢?例如,由于《刑法》第 20 条第 3 款规定了特别防卫权,这可能使得两大法域在立法的整合性上不无疑问,有可能联动引发与见义勇为观念、既判力理论、逆防卫权及侵权行为理论的重重矛盾。因此,我们需要考虑:刑法与民法当中的违法概念应如何来界定,或者应该从哪个角度、什么程度上来考虑。

下面有请蔡桂生老师发表高见。

与谈人·蔡桂生

陈璇教授的《防卫过当中的罪量要素》有两个明显的优点:首先,他讨论的主题中,有一个非常重要的“关键词”,即“罪量”要素,这针对的是防卫过当的认定过程中的“明显”“重大”。以往针对“明显”和“重大”的深入研究比较少,陈璇教授的论文推进了这一方面的研究。

其次,这不仅是文章读起来的通顺流畅,而且陈璇教授能够将“超时性过当”“弱势情绪和强势情绪”的问题表述得那么清楚,以至于一些可能存在问题的观点,都变得有说服力了。针对他的讲座内容,我主要谈三个问题:

一、“不可罚但需要赔偿的防卫过当”是否存在？

这篇文章论述了“防卫过当民刑二元论”的法理，在审判工作中，重庆市沙坪坝区人民法院的邬砚也指出：“刑法对防卫过当的要求比民法更加严格，即刑事标准高于民事标准。……因此，在民事诉讼中，对于未被追究刑事责任的防卫行为，仍有必要根据民法上的判断标准研究其是否构成民法上的防卫过当。”

这种观点是有道理的，但陈航教授提出的反对观点认为：“现行刑法对防卫过当的修改，绝不是要推翻防卫过当的抽象判断标准，只不过是认为，这一标准太过于抽象、难以把握，必须进一步明确化、具体化，以利行为人理解并便于司法者把握。……现行刑法的修改主要是技术性的，具有‘程序’性质，即怎样判断‘超过必要限度’和‘造成不应有的损害’，而非确立了什么二元论的立法模式。”

对于“防卫过当民刑二元论”和“防卫过当民刑一元论”的争论，涉及法律概念的精致构造，可能不太好理解。但是，如果我们画一个图就清楚了：

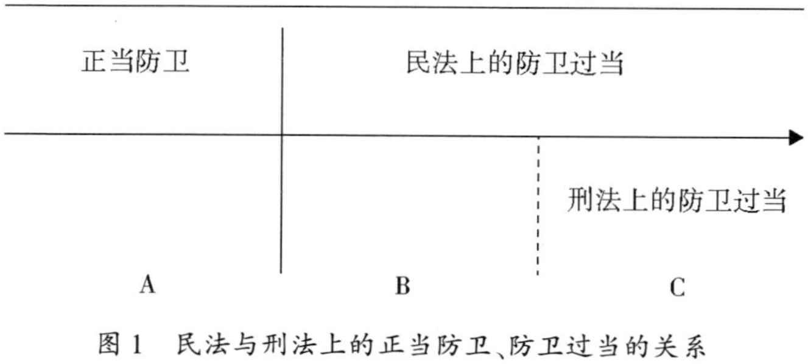

图1　民法与刑法上的正当防卫、防卫过当的关系

陈璇教授认为，刑法上的正当防卫和民法上的正当防卫的界限是一样的（图1中的A段），只是在防卫过当的认定上范围不一样。民法上的防卫过当范围（图1中的B段+C段）宽于刑法上的防卫过当（C段）。

在超出正当防卫的界限之后，防卫过当没有“明显超过必要限度、造成重大损害的”，只能成立民法上的防卫过当（B段），而不成立刑法上的防卫过当(C段),因为如果成立刑法上的防卫过当,这就要成立犯罪,这显然是更严重的法律后果。准确而言,陈璇教授是在倡导"不可罚的防卫过当"(B段)的存在。

尽管如果我们将民法和刑法的表述加以对比,可以推导出B段的存在。但是,如果不看民法,只看刑法,那在刑法上就得不出B段的存在,而且很有可能将B段认定为成立刑法上的正当防卫(A+B段都成立刑法上的正当防卫),这样,就使得刑法上的正当防卫的范围宽于民法上的正当防卫的范围,从而可以得出刑法上合法,而民法上却不合法的结论,这样就违反了"统一法秩序"的基本原理。因此,只能将B段排除出刑法上正当防卫的范围。

可是,这种结论从《刑法》第20条第1、2款中是无法直接得出的,必须对比民法的防卫过当的范围才可以得出。而在我们的司法实践中,如果是由刑庭的法官依照刑事案件来处理,由于他们甚至可能不理解"统一法秩序"(即"合法性的一元论")的原理,因而,是有可能错误地将B段也认定为刑法上的正当防卫的,这就会使得侵害人在这种刑事案件中无法主张民事赔偿。他必须在刑事案件结案之后,再次向民庭起诉,才能得到赔偿。

换言之,陈璇教授所主张的B段应成立"不可罚,但是过限或者需要赔偿的防卫过当"的结论,在理论上是正确的,可是,这在司法实践中比较容易遭到忽略。因此,"不可罚但需要赔偿"的B段的案例虽然有,但好像不是很多,比如陈航教授提到的芜湖中院、青岛中院和六盘水法院的几个案例,至于陈航教授和于老师提到的"俞江辉正当防卫致杨某死亡进而赔偿其父杨文昌2 000元一案"则是认定俞江辉成立正当防卫,而非民法上的防卫过当。

二、如何保证公民的正当防卫权不受到抑制?

陈璇教授指出,陈航教授担忧民刑二元论将导致民法中出现"唯结果论",出发点是好的,但"诊断错了病因",也"开错了药方",并认为,必须在正当防卫的定性上去除“基本相适应”的思维，从而保障公民的正当防卫权的空间不受侵蚀。

作为旁观者，我觉得陈璇教授的方案是有一定道理的，也赞成正当防卫是赋权事由；但是，我觉得他的方案在实践中还是会遇到困难，理由如下：

（1）司法者通常是依照条文的文字表述来断案的，毕竟这样可以规避职业风险，至于刑法释义学，在他们眼里，更多的是一种奢侈品，是一种“不太实用”的东西。

虽然1997年《刑法》第20条第2款对防卫过当作出了较之1979年《刑法》第17条第2款更为严格的规定，但是，在第20条第1款没有明确给“正当防卫”予以松绑的情况下，再加上民法上的防卫过当成立条件比较宽松，就会使得司法者很容易滑向认定防卫过当，不敢放弃“基本相适应”说的思维方式，也就不会放宽成立正当防卫的条件。即使放弃了“基本相适应”说，司法者也很有可能借助“相当说”（又名“折中说”）的名义来要求防卫行为必须与不法侵害相适应。

（2）《刑法》第20条第1款和第3款之间形成了鲜明的对比，只要不是面对由第20条第3款对防卫限度明确不加以限制的法定情形，在“死者为大”的结果主义思想的影响下，司法者很难放宽第20条第1款正当防卫的成立条件。

虽然张明楷教授正确地指出：“不能误解《刑法》第20条第1款与第3款的关系，亦即，不能认为，只要不法侵害不属于《刑法》第20条第3款规定的情形，防卫行为造成了不法侵害者伤亡，就属于防卫行为超过必要限度。”但是，这也从一个侧面反映出，“只要造成伤亡即成立过当”的“唯结果论”的误解不在少数。

（3）更为重要的是，清华大学劳东燕教授已经明确指出，结果无价值论的“结果→行为”的思考进路，也对正当防卫中的“唯结果论”提供了理论上的支撑。“任何试图在这一领域寻求突破的论者，首先面临的便是如何肃清结果无价值论的主导性影响的问题”。

陈璇教授提出的“行为过当”(明显超过必要限度)和“结果过当”(造成重大损害)区分开来的做法,是值得认同的,因为“将正当防卫的正当化根据定位于保护原则与法确证原则之后,‘明显超过必要限度’与‘造成重大损害’势必成为两个独立的要件,二者之间不存在从属的关系”。但是,他没有注意清除劳东燕教授所指出的结果无价值的影响,则是做得不够的地方。

基于以上三方面的原因,陈航教授的担忧,就成为现实了。因此,在我看来,目前司法实践中通过指导性案例的方法是可行的,也是有效的。也就是判一些典型案例,这些案例不再遵从“唯结果论”,从而赋予防卫者以相对更宽限度的防卫权,这样就不至于使得防卫者束手束脚了。

三、一个开放的问题:防卫过当和假想防卫的轻重比较

陈璇教授提到,防卫过当“享有法定必须减免处罚的优厚待遇”,而假想防卫则没有,并进而认为,防卫过当比假想防卫在处罚上更受优待。这种理解可能是有问题的。就防卫过当案件而言,尽管我国理论上多认为在罪过上宜采间接故意与过失并存说;但是,司法实践一般将之认定为故意犯罪以科处刑罚,这显然比假想防卫更为严苛。

为了改变防卫过当比假想防卫处罚更轻的现状,人们提出了两种观点。有一种观点主张降低防卫过当的刑事惩罚,力主将防卫过当认定为过失犯罪,以实现其和假想防卫的法秩序评价的平衡,这是清华大学劳东燕教授的观点。

而另一种观点,则从假想防卫入手,主张加大对假想防卫的处罚,这是台湾的林钰雄教授的观点,他说:如果客观上存在不法侵害的情况但防卫过当者,仍然是故意犯罪;反之,客观上根本不存在不法侵害的情况但行为人误以为其存在者,却完全否定故意之罪责而仅能成立过失,似乎难有合理的解释。

换言之,防卫适当或者过当,往往只是一念之差,防卫过当者未必应当皆以故意犯罪论处,而假想防卫虽然是认为自己有权实施防卫,但他是

有意地实施了伤害对方的行为，似乎没有必要改论以过失。

基于此种考虑，宜采韦尔策尔教授所提倡的严格罪责说的立场，将假想防卫作为禁止错误处理：只在不可避免地出现该违法性认识错误时，才排除故意犯罪，否则将依照故意犯罪处理。

林钰雄教授主张采取严格罪责说来加大对于假想防卫的处罚，看似合理，但问题在于，如此处理无疑是将事实错误混淆为法律错误了。而且，从刑法应当给予公民合理的行为指引的角度来说，如果公民是基于"合理的信念"实施假想防卫，那么，依照英美刑法的观点，此时仍然可以援引正当防卫条款进行抗辩，而若防卫行为是基于"非合理的信念"而为时，应当考虑假想防卫者是否成立相应的过失犯罪，但绝对排除故意犯罪的成立。

可见，假想防卫未必比防卫过当更具有非难性。基于此种理解，在假想防卫具体案件的审理中，宜将裁判权交由相应的法官，由其判定是成立无罪、过失犯罪或如少数说那般"例外地"成立故意犯罪。

所以，防卫过当的处罚未必比假想防卫处罚更轻，相反，是假想防卫通常比防卫过当处罚更轻。因为假想防卫者误以为存在正当化的事实，而防卫过当者没有误认正当化的事实。至于说被防卫者在防卫过当的场合有不法侵害，所以比假想防卫的场合更值得非难，进而使得防卫过当处罚更轻，则只从被防卫者的角度讨论问题，应该讲，防卫过当和假想防卫的不法，究竟孰轻孰重，还是应当从防卫者的角度出发来决定。至少在目前，尚无定论。

主持人 · 于改之

针对陈璇教授的报告，蔡老师就防卫过当当中的三个问题，谈了自己的看法，观点非常鲜明、针对性也非常强，对防卫过当的罪量要素也进行了更进一步的思考，使今晚的讲座主题更为深入。

今天大家从陈老师与蔡老师的对话当中可知，刑法学界"德国战车"

也是名不虚传的。得益于中国司法实务部门(尤其是检察机关)的实力推动,正当防卫的限度问题,已经从此前的“门前冷落鞍马稀”过渡到今天的“五陵年少争缠头”,成为法学理论和司法实践当中的热点。刚才蔡老师针对陈璇教授的报告也提出了自己的一些想法,有赞同有疑问,陈璇老师是否要回应一下?

主讲人·陈 璇

对于蔡老师刚才所做的点评,我还是想进行一些回应,正所谓“来而不往非礼也”。蔡老师刚才所做的点评非常精彩,对于我本人来说也是很富于启发性。我在这里谈一下个人的一些粗浅的看法。

首先,蔡老师正确地指出了一种现象,也就是:司法实践在看待刑法上的防卫过当条款的时候,往往会忽略掉民法上防卫过当的判断标准和刑法标准之间存在的差异,这便导致刚才蔡老师在画的图当中的B段,也就是超过了必要限度、要按照民法上面的规定认定他是违法行为、同时要求行为人承担侵权损害赔偿责任的这一部分防卫过当行为,实际上在司法实践当中的认可度是比较低的。甚至有很多的判决可能根本就没有发现,防卫过当中还应该对单纯违法的防卫过当和可罚的防卫过当这两者进行区别。

这就导致,对于超过必要限度不够严重,或者造成的结果不够重大的这种防卫过当行为,法官直接根据《刑法》第20条第2款的规定,在刑法层面判定为正当防卫。但是现在如果我们对于民刑两大部门法进行统筹兼顾的整体考量,就会发现这样的一个论断可能过于简单了,可能还是有必要对单纯的违法性以及可罚性这两者做出区分。

与此同时,我在报告当中其实也提到了一个方法论上的建议。正当防卫并不是一个单纯的或者说专属于刑法领域当中的出罪事由,它是一个赋权的事由。这一点蔡桂生老师也是支持的。既然是赋权事由,就必须要结合整体法秩序的角度去审视它。所以,针对正当防卫,本来就应该要综合民法、刑法乃至于宪法的规定，才能最终确定它的成立要件的内容。所以，我认为，尽管二元论在司法实践当中实际的认可度可能相对来说比较低，目前为止以此为基础的判决也并不多，但这是不是恰好说明，实践中的相关做法存在反思和改进的余地呢？

其次，就是如何去看待导致正当防卫司法实践当中所广泛存在的这样一种“唯结果论”倾向的根源究竟在哪里？这是一个很有意思的问题。蔡桂生老师的观点和劳东燕老师的基本一致，主张结果无价值论是这一倾向的根源之一。蔡老师刚才也提到，我在考虑这个问题的时候，可能没有注意到结果无价值论在这里所发挥的作用。

我个人有一些不太一样的看法。结果无价值论是不是和我们刑法当中广受诟病的唯结果论之间有一个必然的关联，这个可能还值得进一步探讨。为什么这么说？因为从表面上来讲，唯结果论和结果无价值论看似都非常看重结果的权重。但是我们仔细观察一下就会发现，两者关注结果或者说重视结果的基本出发点，还是存在一定的差异。

“唯结果论”的要害就在于赋予损害结果以过高的定罪的权限，以损害结果是否出现来判断这个行为究竟是否入罪，把结果作为唯一的标准，所以它在本质上是比较接近于结果责任的这样一种思维。

但是结果无价值论却反其道而行之，虽然它重视结果，但它的意思是说只有当出现了法益侵害的结果，或者说至少有法益侵害的客观危险性的时候，我们再进一步的判断有没有可能成立犯罪，所以它所奉行的并不是唯结果论所主张的有结果了就必须承担责任，而是奉行的是无结果就不能够成立犯罪，它更多的是一种出罪性的功能。所以这两者之间存在一定的差别，这是其一。

其二，再看一下德国、日本的刑法学的整体状况，似乎也可以印证刚才我这点怀疑。比如说德国的结果无价值论者，比较典型的就是古典犯罪论和新古典犯罪论的支持者，比如李斯特、梅茨格尔。但是我们翻开他们的教科书，看到有关于正当防卫的部分，他们都坚持，只要是为制止不法侵害所必要的，即便是为了保护财产法益而致人重伤死亡，原则上都应当认定成立正当防卫。

再如,山口厚是日本结果无价值论阵营的领军人物,他在教科书当中也基本站在了必需说的立场之上。所以,结果无价值论和唯结果论之间究竟是不是有必然的关联?到目前为止我可能还是持怀疑态度的。

主讲人·陈　璇

Q1:陈璇老师在侵害人视角下的正当防卫论当中,提出了不法侵害人的利益值得保护的程度明显降低的观点。王钢老师认为这是受到了功利主义哲学的影响,然而这种利益权衡的标准较为模糊。请问陈璇老师如何看待王钢老师的回应?

王钢老师对于正当防卫也有着非常深入的研究,而且他对于正当防卫本质的理解,虽然表述和我的是不太一样的,但是我个人觉得也有一些共通的地方。当年我在《法学研究》上所发表《侵害人视角下的正当防卫论》这篇论文,它的确是援引了这样一种公式,也就是说在特定的情况下,为什么我们在正当防卫当中基本上不需要对于双方的法益进行严格的权衡,其中一个最根本的原因就在于不法侵害人一方,他的法益值得保护性出现了大幅度的下降。

但是,为什么会出现这种大幅度的下降呢?我认为,仅仅通过利益权衡或者法益权衡是没有办法回答这个问题的。任何一个正当化事由,任何一种赋权的事由,其实它都在赋予行为人以侵害他人法益这样一种权利的同时,也就缩减了受到损害一方的法益的值得保护性,只不过法益值得保护性缩减的幅度和根据,可能在不同的赋权事由,也就是不同的正当化事由之间,存在着差异。

那么,为什么在正当防卫当中不法侵害人一方,他的法益的值得保护性会受到如此重大的削弱呢?更为深层次的依据主要有两个方面:第一个方面是由权利的不可侵害性所决定的,它来源于我们宪法当中的自由平等原则。也就是说任何一项权利如果没有防御权作为它的保护或者是保障,它只能成为一纸空文。所以当别人无缘无故地侵入我的权利空间的时候,我就可以采取一定的必要措施,将它驱除出我的权利空间,这样才能显示出我的权利的不可侵害性。

第二个方面,之所以会出现防卫人和侵害人之间的这种法益冲突,是由不法侵害人一手以违反法律的方式所引起的。既然如此,在消解这样一个法益冲突的过程中所需要支付的成本和代价,就应该更多地由招致这样一种危险状态的不法侵害人来承担。

基于这一点,我觉得说法益值得保护性的下降完全源自于功利主义的看法,可能并不是十分恰当。因为,本质上在法益值得保护性下降的背后,仍然是以权利的不可侵害性,以及在一定程度上的自担风险,这两个思想作为它的根基的。

Q2:请问在老人为了保护自己的西瓜而射杀偷盗者,也就是说在当时射杀偷盗者是保护自己西瓜的必要手段的案例当中,陈璇老师提出的行为必要说能否自圆其说?

第二个问题是说,为了保护价值极其低廉的财物,即便射杀不法侵害人是当时条件下唯一足以制止不法侵害的措施,也不允许行为人这样做,必需说不能解决这样一个问题。

我个人认为,至少目前为止,我们关于防卫过当的司法实践,主要的问题并不是这种个别极端的情况。虽然这种案例的出现的确会影响到必需说前后的逻辑融贯性。但是,在刑法教义学中,我们选择何种学说,也必须要考虑到在现实当中它要解决的首要问题是什么。既然当前在司法实践当中,亟待克服的是广泛存在的基本相适应的思维或者说法益均衡的思维,那就应当倡导必需说。

什么时候我们较好地坚持和贯彻了必需说的基本观点,我们才需要在个别情况下予以纠偏,采取比如原则和例外的方法来承认在这种情况下,基于我们对于这种轻微法益侵害人所具有的社会团结义务,还是应该把这种冲突剥离出个人的私权救济范围之外,完全留待国家公权力机关去予以救济。

与谈人·蔡桂生

Q3:蔡老师指出的问题是实践忽略了刑民正当防卫二元标准,但这似乎并不是二元论本身的问题。请问按照蔡老师对唯结果论的批判,是否提醒裁判员二元标准,反而能够让其更为细致地区别过当标准,从而避免唯结果论出现?

刚才的问题可能是简爱老师提的。实践中忽略刑民正当防卫,确实不是二元论的问题。在理论上,防卫过当的刑民二元论是能够成立的,而在实践中有一个接受度的问题。主讲人也提到了,正是因为实践不太令人满意,所以我们有用功的空间,我觉得是非常好的。

简爱老师认为,按照对于唯结果论的批判,提醒裁判员二元标准,反而能让他更细致地去注意、去区分不同的过当标准。如果我们的裁判员能够这么仔细地去区分民法跟刑法的不同,当然就能够得出二元标准,也就能够避免唯结果论的出现。

问题在于多数法官其实都是案件缠身的,他们希望能够快些处理一些案件,因此有时候可能按照自己的经验感觉来判案。再加上实践中,一旦出了人命,很多时候出于各方面社会压力的考虑,理论上的完满性就要退后一步。法官要应付一些问题,应付职业的困难,包括有的时候特别繁忙,没有办法去做这么细的东西。

所以我其实完全赞同简爱老师的看法,但问题是我们在时刻面临各种压力的司法实践中,如何来把各方面压力降得更小一些。只有司法人员的职业环境改善,有回旋余地了,他们才容易接受理论上的这些东西。这是我们在面对现实的时候要考虑的问题,这是我的一个回应。

主持人·于改之

时间过得很快,不知不觉两个多小时就过去了,今晚的讲座也已接近尾声。无论是陈老师的报告还是蔡老师的与谈,今晚的讲座都让我受益匪浅。总体上来说,我自己有以下三点深刻感受:

第一,中国意识与国际视野结合。近代以来,我国法学研究领域基本上是“西学东渐”,以引进西方法治话语为主。受此影响,一些研究者的法学问题意识受到国外学术的束缚,以致在研究的“学术主体性意识”方面常常有所缺失,“言必称西方”“拿来主义”一度盛行于中国法学界。在这种情况下,虽然研究中国问题,但都忽略了中国问题的特殊性,把中国问题与外国问题同质化,导致直接以外国理论和制度为依据提出解决中国问题的方案的后果。

但是,两位老师由于既有中国名校求学背景,也有国外名校留学经历,知识结构中西合璧。所以,今天的讲座,可谓中国意识与国际视野的完美结合。以中国特色、中国现实、中国问题为研究对象,以外国素材(包括外国法学理论、法律制度、法学实践活动)等为参照、借鉴,非常好地解决了法律移植与本土资源的关系问题。

第二,学术创新与实践观照相得。法学论文的一个重要标准就是学术创新,即研究成果具有创新性与学术性。创新性,意味着法学论文必须在已有的、具体的学术传统中做出新的、可靠的实质性贡献,与既有研究成果形成区分。它体现出的是知识增量,而非事实性描述或学术的重复生产。包括发现、提出前人尚未研究过的新问题,进行开创性研究(填补空白);在前人已有成果的基础上,深化、推进已有研究(对某一理论进行补强或完善)等多个方面。学术性,意味着研究成果具有理论性与科学性。

就陈老师的讲座而言,讲座的主题是“防卫过当中的罪量要素”,由于当前围绕着该主题的专门探讨并不多见,其从多个方面探讨防卫过当民刑二元化立法模式的法理依据,并且进一步提炼出防卫过当罪量要素的判断规则,其学术创新性不言自明。

另外,从陈老师的讲座来看,其间还大量穿插引用了有关防卫过当的司法判例,或者作为论据,或者作为判断标准的进一步展开,其实践观照也非常突出。这就是我们常说的"理论联系实际"。仅有理论阐释没有实践回应,理论难免流于空洞,结论的科学性也值得怀疑;仅有实践而无理论,实践又难免流于技术,其高度、广度与深度不足,气象格局势必不够宏大。

第三,多元研究与"读者预设意识"兼具。对同一主题,我们可以从不同角度、不同方法、不同学科进行研究。对于防卫过当的罪量要素,我们当然可以局限在刑法学这单一学科内进行探讨,但如果考虑到体系思考而不仅仅是问题性思考,跨越不同学科进行研究或许更有优势。陈老师的这篇文章可谓多元学科研究的典范,其研究的气象与格局也不同凡响。

另外,最近经常提的一个词是"受众感",这是一个颇为重要但鲜被提出的写作意识。"受众感"体现在语言表达上,就是写作不能只图自己痛快,而应当有交流的意识,进行"读者友好型"的写作,尽量使用平实、具体、准确的文字,避免使用抽象、模糊、玄乎、有歧义的文字。在这一点上,我很佩服陈璇老师强大的语言表达能力,用"行云流水"形容也不为过。蔡桂生老师的语言表达也是一流的准确到位。

各位同人,因为时间所限,今晚的讨论到此结束。大家若对该主题感兴趣,可以参阅陈老师的专著和相关论文。

第五讲
违法性认识的理论与实践

主讲人:王　俊(苏州大学王健法学院副教授)

与谈人:王复春(中南财经政法大学刑事司法学院讲师)

主持人:李　明(北京市盈科律师事务所沈阳分所刑事部主任)

主持人·李　明

大家好,我是本期讲座主持人北京市盈科律师事务所沈阳分所的李明律师,欢迎各位来到全国青年刑法学者在线系列讲座的课堂。

今天是系列讲座的第五期。本期讲座我们有幸邀请到了王俊老师主讲,王复春老师与谈。王俊老师是苏州大学王健法学院副教授、硕士生导师、法学博士、博士后;王复春老师是北京大学—德国波恩大学联合培养博士、中南财经政法大学讲师、硕士生导师。

今天讲座的题目是《违法性认识的理论与实践》。违法性认识是大陆法系理论中的基本概念,也是我国刑法与实践发展中必将面临的问题。我国法院在案件审理中普遍采用“违法性认识不必要说”,确定了“不知法不免责”的刑法原则。然而违法性认识的司法实践表明,现有案例的机理与裁判结果极其不统一。不仅关于违法性认识的体系定位不统一,而且关于违法性认识的司法认定也有争议。近年来在司法实践中以违法性认识为重要辩点的案例有很多,其中天津赵某某非法持有枪支案、河南大学生掏鸟案大家比较熟悉,可见违法性认识的相关法律问题是极具探讨价值的。

下面就有请王俊老师为大家谈一谈违法性认识的理论与实践。

主讲人·王　俊

各位听众朋友，大家晚上好！

我今天所要讲的题目是《违法性认识的理论与实践》。这个问题是我承担的2018年度教育部人文社会科学研究青年项目的内容，也正是因为我承担了这样一个项目，所以我最近两三年以来就这个问题进行了较深入的思考和研究，也有一些自己的看法，想借这样一个机会来跟各位听众朋友进行交流。

一、问题的引出

（一）理论演变

首先来看一下我国刑法学界关于违法性认识研究的演变。在最初四要件体系一统刑法学江湖的年代，我国刑法学界基本上不涉及违法性认识理论的研究，这个现状直到德日的三阶层体系开始引入我国之后有了改变。

早年这方面极具代表性的成果是2005年在西南政法大学举行的“全国中青年刑法学者‘违法性认识’专题研讨会”。这次会议集中展现了我国刑法学界那个时候关于违法性认识最前沿的理论成果。

但非常可惜的是，在之后的十年里面，基本上就只有劳东燕教授在《中国法学》上发表了《责任主义与违法性认识问题》这样一篇文章。这篇文章指出，违法性认识的体系地位之争并没有必要，重要的是建构一种具体的制度技术。除了这篇文章之外，我国刑法学界就这个问题基本上处于一个学术空白的状态。

直到2015年，车浩教授在《清华法学》上发表了《法定犯时代的违法性认识错误》这篇文章，一方面再度激活了违法性认识的问题，另一方面也首次在法定犯时代下对司法实践提出了违法性认识错误的具体可避免性判断标准。随后2016年孙国祥老师在《中外法学》发表了《违法性认识错误的不可避免性及其认定》。这两篇文章都是立足于责任说的可避免性判断。

从这样的发展过程中,我们会有一个疑问,就是我国现在的情况是不是已经从违法性认识的体系性定位之争,转向了可避免性的判断?我不是很赞成这样的判断,理由在于我国刑法学界其实就体系定位还在争论中,其中一个非常具有代表性的成果是2016年薛智仁在《政大法学评论》发表的《禁止错误之法律效果——为故意理论辩护》,它对责任理论进行了法教义学上的全面批判,在此基础上赞成了故意理论。因此这样一篇文章就特别具有理论的冲击力。

2017年在浙江大学举行了第四届中德刑法学术研讨会,会议的主题是“信息时代的责任论”,其中的第二个议题就是“违法性认识与禁止错误”。在这次会议里面,中方关于违法性认识总共有4篇文章,但是其中3篇文章都不约而同地赞成了故意理论。因此从这次会议的报告来看,可以看出我国刑法学界的故意说与责任说的争论其实没有平息。

我们来总结一下刑法学界目前的基本共识,以及所存在的争论。刑法理论会认为基于责任主义的要求,必须主张违法性认识的必要说。车浩教授就明确指出,如果再坚持违法性认识不要说的观念,就必然会与现代法治要求的责任主义原则发生冲突。当这一冲突大面积存在时,甚至会严重危及整个法律秩序的正当性的基础。

我国刑法学界存在的争论,除了之前所说的故意说跟责任说的争论,还在于体系性地位之争到底有没有必要。这个问题上劳东燕教授与陈璇教授就有分歧。我认为违法性认识的故意说跟责任说对于处罚范围有很大的影响。因为按照责任理论,如果行为人缺乏了违法性认识,他依然成立故意犯罪,只有当这样一种错误认识欠缺可避免性时才能阻却责任。但是按照故意理论,只要行为人缺乏了违法性认识,他就不成立故意犯,除非有处罚过失犯的规定。如果赞成故意说的话,它的出罪范围较之于采取责任说明显会更宽,因此体系定位的问题是一个直接关系到处罚范围的重要问题。

（二）实践现状

我们接下来看一下刑事司法实践的现状。我收集了一些案例，可以很明显地发现辩护律师以违法性认识作为辩护事由的案件类型，主要集中在妨害社会主义管理秩序以及破坏社会主义市场经济秩序这样的两类罪名当中，基本上占到了可辩护案件总数的70%以上。从这样一个现状也可以看出，我国目前的违法性认识主要还是集中在法定犯领域进行展开，而不是一个自然犯领域。因此我下面的报告也主要是围绕法定犯展开对违法性认识的讨论。

接下来我们来看一下裁判年份。从裁判年份可以看出，在2013年之前，基本上不涉及辩护律师用违法性认识进行辩护，但是从2014年开始到2019年，这种辩护的数量开始逐年增加，而且增加的趋势越来越明显，基本上是翻倍增长。这样的趋势一方面表明在法定犯扩张的背景下，越来越多的行为人主观上确实会对自己行为的违法性有认识，另外一方面也反映了我国的刑事辩护律师开始越来越重视用违法性认识理论去为他的当事人争取责任的减免。这是一个比较好的发展趋势。

但是我也不得不指出，我国目前司法实践的现状是，法院基本上不承认违法性认识错误，还是坚持传统的知法推定、违法性认识不要说的观念。即便判决采取责任说也没有太大的实际意义，因为一旦可避免性把握得过于严格，最终的结论会和违法性认识不要说的观点趋于一致。基本上还是可以这样说，在我国目前的刑事司法实践里，我国的人民法院基本上还是认为违法性认识很难起到出罪的功能。

这种现状就很明显地带出一个问题：目前的刑法理论与刑事司法实践之间形成了一条“鸿沟”。应当说这里的刑法理论与刑事辩护律师其实属于同一阵营，而法院属于相反阵营。因为我们的刑法理论以及刑事辩护律师的主流观点，还是希望越来越多的行为人能够通过违法性认识来出罪。在这种情况之下，刑法理论跟刑事辩护可以形成合力，共同促进司法实践态度的转变，以更好地体现责任主义的基本原则。

(三)违法性认识的重要性

接下来谈一下违法性认识这个问题为什么这么重要。主要有两点理由。

第一点理由是目前的刑事立法不断扩张法定犯的范围。在十几年前储槐植老师就明确提出“法定犯时代已经到来”这个口号。在法定犯时代下,有个很明显的特征是抽象危险犯跟集体法益这两者会过于扩张处罚范围,但是这样对人权保障是不利的。因此法教义学也特别需要去建构适应法定犯时代的出罪机制。

目前的刑法理论基本上还停留在从客观方面提出方案的阶段。但是在我看来,这跟立法的总体方向存在抵触。在客观方面没有办法的情况下,我们应该怎么办?我个人认为可以把视角从客观方面转为主观方面,从犯罪的主观方面去建构一个法定犯时代的出罪机制。毫无疑问,在法定犯时代下,最贴近这个时代的主观方面的出罪机制就是违法性认识的问题。

第二点理由是我国的情况与德日存在差异,因此不能直接把德日的方案照搬过来解决这个问题。违法性认识问题必须结合我国现行的刑事立法跟刑事司法展开研究。因此中国刑法学者就特别需要在违法性认识问题上走出一条与德日不同的路。

为什么这么说?我是从刑事立法与刑事司法两个方面看待这个问题的。

从刑事立法方面看,我国《刑法》并没有明文拒绝故意说的立场,但是日本、德国刑法都明文拒绝故意说,比如说《日本刑法典》第 38 条第 3 款规定,即使不知道法律,也不能据此认为没有犯罪的故意,但可以根据情节减轻处罚。《德国刑法典》第 17 条规定了行为人行为时没有认识其违法行为,如该错误认识不可避免,则对其行为不负责任,如可以避免,则依据第 49 条第 1 款减轻处罚。

很明显,德国刑法采取了责任说的立场,日本刑法至少已经否认了故意说的立场,但问题是我国《刑法》没有类似的条款,所以不能直接借鉴德国、日本的通说，因为它们是以其相应的法律为背景提出的解决方案。我们只能是去解释我国《刑法》第 14 条关于故意的规定。我认为我国《刑法》还是规定了实质的故意概念，在这种情况之下还是跟故意说的立场更为相近。

在刑事司法上面，虽然现在刑法理论界有越来越多的学者赞成德日三阶层体系，这也是我的观点，但不可否认的是在我国刑事司法实践中采取的依然是四要件体系，也就是基本上不承认德日的责任阶层，也不承认存在所谓的超法规的责任阻却事由。因为在四要件体系之内，出罪事由都是法定的。

在这种情况之下就会有一个问题，如果说采取了故意理论，还可以跟犯罪主观方面的故意相衔接；但是要是采取责任理论，因为跟四要件格格不入，基本上就不可能存在一个超法规的责任阻却事由，除非你能说服司法实践大面积接受三阶层理论，这样可能才有空间。目前来讲，一个最经济的方案可能是采取故意理论，把违法性认识放在犯罪故意里面。

接下来的报告主要从四个方面展开：第一个方面对责任说进行法教义学的批判；第二个方面对故意说进行教义学上的证成；第三个方面运用案例对责任说跟故意说进行对比；第四个方面讨论未必不法认识的问题。

二、责任说及其批判

首先来看责任说的基本观点以及对它的批判。责任说的基本观点是区分故意与违法性认识，因为前者是对构成要件事实的认识，而后者是对法律规范的认知，违法性认识的不存在不会阻却故意，仅仅在对该错误不可避免的时候，阻却责任。

它有五个问题。第一个问题是责任说没有办法解释故意责任跟过失责任的差异。正如我们之前所说的那样，一个人具有违法性认识，另一个人缺乏违法性认识。在这种情况之下，具有违法性认识的行为人的责任和可谴责性明显高于不具有违法性认识的行为人。

这个问题上故意说恰恰有它的优势，责任说对此很难解释，因为责任说认为故意责任和过失责任的差异，可能就只剩下对构成要件事实的认知。但是离开了对法规范的态度，单纯的对构成要件事实的认知及认知可能性到底是否足以支撑过失责任和故意责任这样悬殊的差异？我个人认为存在疑问。

第二个问题是责任说对于容许构成要件错误（间接禁止错误）的解释矛盾。德国刑法将错误区分为构成要件错误与禁止错误，又将禁止错误区分为直接禁止错误与间接禁止错误。其中直接禁止错误是指对法规范的认识错误，主要讲的是违法性认识，间接禁止错误是对违法阻却事由的事实认识错误，典型场景是在假想防卫中也会排除行为人的故意。

但是这样一来就会有一个矛盾，如陈璇教授所认为的，同样都是既认识到行为具有法律侵害性，又对行为是否受到法规范禁止存在误解的情况，为何容许性构成要件的认识错误可以与构成要件事实错误相等，而违法性认识错误却永远只能被排除在过失犯的适用范围之外？这个质疑我是比较认同的。

第三个问题是责任说对于不作为犯的解释也有疑问。因为根据我们现在不作为犯的教义学，一般都认为保证人义务和作为义务两者是不可分割的，这两者都属于构成要件阶层。但是需要注意的是，不管根据我国的形式四分说还是根据德日的实质二分说，作为义务在很大程度上面还是来源于法律的明文规定。既然作为义务是来源于对法律的明文规定，又要对作为义务在主观上存在认知，这个前提是什么呢？必须对相关法律存在认知，才能认识到根据法律可能要承担这样的义务。

因此，在这种情况之下，在不作为犯里，法律的规范是直接形成作为义务的前提和基础，不可能抛开规范去单纯地讨论对作为义务的认知。因此我个人认为，在不作为犯的解释里，故意说也有它的优势。

第四个问题是，责任说难以区分规范性构成要件要素认识和违法性认识。规范性的构成要件要素需要法官的价值评价，主要还是来源于社会上的评价以及法律功能上的评价。但是不得不承认的是，许多规范性要素都来源于法律的规定，比如枪支这个概念。这样很难与违法性认识进行区分,因为规范性要素的认知本来就涉及法律的规定。

我结合天津大妈气枪案进行说明。在2016年8月到10月期间,赵春华在大街上摆设射击摊进行营利活动。后来公安机关在巡查中发现并将其抓获,当场查获涉案枪击9支,其中6支被鉴定为能够正常发射的以压缩气体为动力的枪支。

围绕天津大妈气枪案,刑法学界当时有许多理论争议,一个很重要的争论是在客观方面怎么认定枪支,就是说非法持有枪支罪中的枪支是按照《枪支管理法》认定,还是按照公安部的规定认定。在这方面学界与实务界存在差异,实务界认为要承认公安部规定的效力,因为即便它的具体标准可能会与枪支管理法有冲突,但是《枪支管理法》其实也授权公安部门可以进行具体的认定。我个人认为这个问题的关注点或许可以转为犯罪的主观方面。

二审法院对于赵春华的犯罪故意的认定其实也有一个比较详细的说明。二审法院认为,涉案枪支外形与制式枪支高度相似,以压缩气体为动力,能正常发射,具有一定的致伤力和危险性,且不能通过正常途径购买获得。赵春华对此有明知,其在此情况下擅自持有,即具备犯罪故意。

二审法院认为涉案枪支具有一定的致伤力和危险性其实是承认枪支是一种规范性要素,因此需要对枪支的社会意义,就是致伤力和危险性有认识。赵春华对于一个规范性构成要件要素当然存在主观上明知,在这种情况之下擅自持有枪支,当然就具备了犯罪故意。

但是对这个观点刑法学界多有批判,比如江溯教授就认为非法持有枪支的危险性必须达到《枪支管理法》规定的足以致人死亡或丧失知觉的程度,赵春华缺乏这一认知。因此只能成立构成要件错误,从而排除故意。

可见江溯教授与二审法院的观点其实都是把枪支作为规范性的构成要件要素,行为人主观上需要对规范性的构成要件要素的社会含义有认知。他们的观点差异源自对社会含义的认知的不同,二审法院认为只要具有一定的致伤力和危险性就够了,而江溯教授认为必须要有致人死亡和丧失知觉的可能,这里的差异是什么呢？很简单,因为他们在客观方面所选择的规范不一样，由此把问题也带到了主观要件当中。

由此也可以看出，其实我们在讨论规范性构成要件要素认知的时候，根本就撇不开对客观规范的选择和认识。如果选择了公安部的具体规定，在犯罪主观方面对规范性构成要件要素认知的要求就会和二审法院一模一样，认为具有致伤性、危险性，就具备犯罪故意；如果在客观上选择了《枪支管理法》，它规定必须足以致人死亡和丧失知觉，从而成立构成要件错误，排除故意。因此我们在讨论规范性要素认知的时候，始终撇不开规范的选择问题。

第五个问题是责任理论很难区分空白法规的认识与违法性认识，这可能比上一个问题更麻烦。为什么这么说？因为我国《刑法》条文中有大量违反相关法律法规的规定，我们通常又认为客观构成要件要素具有故意的规制机能，那么行为人当然需要在主观上对违反某某法规有认识，但这样一来似乎又采用了故意说的立场。

责任说对此必须要有所回应。它怎么说呢？它认为只要行为人对于能够满足空白刑法的相关事实有所认知，便具有该空白刑法的构成要件故意。至于行为人对于补充规范之内容与效力发生错误，就不能阻却构成要件故意。

我们以非法狩猎罪为例展开说明。这个罪名主要规定了禁猎区、禁猎期两个构成要件要素，但问题是如果只需要对一个相关事实有认识，比如说知道自己在哪一块区域，或者说知道自己在哪个期间狩猎，但是不知道法律规定的禁猎区和禁猎期，怎么可能成立非法狩猎罪的构成要件故意呢？通说可能也意识到了这个问题，就将其观点改为必须对表示属于禁止状态的标识等事实有认知。但不得不说这样的观点过于形式化。如果没有标识怎么办，故意就不能认定了么？

张明楷教授有个观点是说非法狩猎罪中故意的成立不要求行为人现实地认识了自己的行为违反了狩猎法规，但是要求行为人认识到自己是在禁猎区、禁猎期，或者使用了禁猎的工具、方法狩猎。这种处理方法好像解决了这个问题，但是它依然存在一个问题，即禁猎区与禁猎期是规定在狩猎法规里的，那我如果主观上都已经认识到了是在禁猎区、禁猎期进行狩猎，怎么可能又不知道自己违反了狩猎法规呢？

这里的逻辑关系应该是倒过来了，不是说先认识到了禁猎区跟禁猎期，然后才有可能会对违反狩猎法规有认识。应该是首先需要对狩猎法规有认识，才有可能认识到我是在禁猎期进行狩猎。我的观点是在空白刑法当中，规范的事实与评价是无法分割的。如果仅仅对规范的事实具有认知，根本就不可能唤起任何违法的意识。这种纯粹对于自然事实的认知对于犯罪故意的认定来讲，并没有任何意义。

三、故意说及其证成

在这一部分，我们先重新思考我国《刑法》第 14 条的规定，这应该是在我国选择故意说跟责任说的立场时最相关的规定。第 14 条是这样规定的，明知自己的行为会发生危害社会的结果，并且希望或者放任这种结果发生，因而构成犯罪的是故意犯罪。从这样一条规定当中，我们可以有两个推论，第一个推论是我国《刑法》明文规定对社会危害性的认识是故意的必备前提，因此不可能将这里的结果纯粹理解为一种事实意义上的结果，我国《刑法》的故意概念其实是一种实质故意概念，而不是一种形式的概念。

推论二，社会危害性认识不等于违法性认识，因为社会危害性认识按照德日的话语来说是一种法益侵害性认识，而法益侵害性认识是一种实质的违法性认识，但违法性认识我们通常是在形式违法层面讨论的。刑法学界一般都认为实质违法性与形式违法性概念是不一样的，因此从刑法条文的含义来讲，其实也不能直接说我国《刑法》要求对社会危害性有认识，就是对违法性认识有要求，我国《刑法》并不能直接得出故意说的结论。

但是我认为我国《刑法》的规定可以推导出故意说的成立，这要分自然犯和法定犯讨论。我个人认为，在自然犯里，一旦行为人具有构成要件事实的认知，他就会对行为的社会危害性具有认知，在这种情况之下就可以推定他具有违法性认识。

在法定犯里,关系应该是倒过来的,是违法性认识可以推定社会危害性认识。因为和之前在空白规范里讲的一样,行为人必须对一个规范存在认知,才有可能认识到他行为具有的社会危害性。换言之,我国《刑法》明文规定的社会危害性认识,在法定犯中需要桥梁,这个桥梁我个人认为是规范。因此我个人认为我国《刑法》第 14 条的规定需要经过推导才能证立故意说,而不能直接得出应该采用故意说的结论。

接下来的问题是什么呢?目前许多责任说的主张者对故意说的批评主要有三个。第一个是最常见的批评,认为在缺乏过失犯规定时,严格故意说会导致处罚的漏洞。但是我个人认为违法性认识不是只有直接故意一种形态,在行为人具有一个严重的不法怀疑而且没有履行自己义务却实施行为时,可以认为说他对一个法规范的违反具有一种放任的心态,他这个时候可以成为未必的违法性认识,从而成立间接故意,并不会直接降格为过失。

批评之二是公诉机关对于违法性认识的举证会非常困难,我个人认为还是不能以证明困难为由去违反责任主义的要求,我们可以通过一些刑事推定的方法,去证明违法性认识的存在。比如在法定犯中,很多情况下行为人都涉及特定行业,针对特定行业的行为人,他的不法认知其实往往并不是那么难确定,所以这个问题还是可以通过推定等一系列方法进行处理的,并不是无解的。

第三个批评也比较常见,是难以解释冲动犯罪。这个观点认为行为人在一瞬间不会去思考行为到底是不是违反了法律。这个问题其实在德国刑法学界已经展开了讨论,拿出了解决方案。他们认为无论是语言思考还是事物思考(以记忆为基础)均能够构成认识事物的方式,因此虽然说是瞬间的决定和选择,无法借助语言思考来进行,却完全能够通过事物思考来完成。因此我个人认为故意说对于冲动犯罪的行为人也是可以解释的,不会得出冲动犯罪行为就是无罪的结论。

四、故意说与责任说的对比运用

我们讲了那么多故意说和责任说，还是要对它们进行对比运用。在这个问题上我选择用陆勇案来为大家讲解。陆勇案很有意思，刑法学界对其提出了各种各样的处理意见，争议点包括假药销售行为、抽象危险、紧急避险、期待可能性等，基本上涵盖了构成要件阶层、违法性阶层与有责性阶层。

我们先简单说一下案情。陆勇因为患有白血病，需要服用瑞士进口的格列宁。但是因为国内的价格特别贵，他无法支付，所以他改为使用印度生产的一个效果相同的仿制药。但问题在于，他不仅自己吃，还帮病人代购药品，涉及销售假药的问题。

对于这个问题，我国刑法学界许多学者认为要区分行政法上的假药概念与刑法上的假药概念。我认为这个思路是对的，但问题是我国《刑法》第 141 条第 2 款明文规定了《刑法》中的假药采用的是《药品管理法》的概念。换言之，在法律没有修改之前，本案不可能通过解释假药这个概念出罪。此外，这个案件也无法通过对销售行为、抽象危险的解释及运用紧急避险理论等方式出罪。

我认为本案处理的关键其实应该是在行为的主观方面。对此，责任说的主张者一般是肯定故意的。比如孙国祥教授就是责任说的主张者，孙老师认为，尽管行为人不知道《药品管理法》，但不阻却其生产、销售假药罪的故意。

但是倘若这个时候按照责任说的思路来，相信很多人看电影时可能也有这种感觉。在销售假药时，行为人还是会或多或少去考虑行为的合法性的。他对合法性存在疑问还去做，这个时候还能说他不具有回避可能性吗？按照责任理论，这在陆勇案中还是没办法处理。

我个人认为，站在故意说的立场上，陆勇很难认识到他销售的药品属于刑法规范所规定的假药。虽然我们在客观方面可以说，《药品管理法》中的假药与《刑法》中的假药是两回事，但是其实行为人主观上可能根本就不知道我国《刑法》第 141 条的规定,这个规定和一般人的观念确实也不一样。

为什么不一样？因为在一般人的观念中,行政违法跟刑事犯罪之间有一条“鸿沟”,区分两者的关键是说是否会给社会带来严重的危害。但是在销售假药的相关案件当中,行为人一般都是出于治疗自己或他人疾病的一种正当目的,也就是说,在明知药品是真实有益的情况下,单纯的基于对药品监管秩序违法的认知,从整体上并不足以支撑起一个刑事不法认识。因此我认为,从故意说的立场出发,对陆勇案得出的结论会比较容易让人接受。

五、未必的不法认识

需要讨论的最后一个问题是未必的不法认识。这个问题很重要,因为通常认为严格故意说会导致处罚的漏洞,但是我个人认为不法认识也不一定必须表现为一种明确的认知,正如直接故意跟间接故意都属于故意的类型一样,违法性认识也存在未必的不法认识这种形态。但是目前刑法理论界确实对这个问题缺乏关注,涉及这个问题的时候往往都是“浅尝辄止”,大把精力都花到了对违法性认识的回避可能性的判断上。

但即便采取责任说,虽然说都会成立违法性认识,但是两者的可谴责性肯定是完全不一样的。因此其实刑法理论还是需要关注未必的不法认识与可避免性判断之间的关系究竟如何。

我自己对这个问题有一些想法,但是不一定很成熟。我认为,未必的不法认识其实可以参考可避免性的判断,但是需要进行一定的改变。比如第一,行为人需要处于一种高度的不法怀疑状态,因为如果只是一般的不法怀疑,还不能说他主观上具有认知,故意——哪怕是间接故意——只有在高度不法怀疑的情况下才能成立。第二,在这种状态下,行为人没有履行咨询义务。咨询义务的判断,也不是围绕可避免性判断展开的,而是为行为人的意志服务的。

换言之,我个人认为,判断高度不法怀疑的状态,其实是在认识层面上考察行为人是否对于违反法律具有主观上的认知；而是否履行咨询义务，则反映出行为人的意志层面究竟对于法规范的破坏是容忍还是排斥。正如故意理论需要认识因素和意志因素一样，在这里同样需要区分两者。

首先来看认识因素。

我个人认为，当涉及一个具体行业的时候，虽然也会考虑到行为的个人，但是原则上还是会进行客观的判断，从行为人所从事的领域来进行推定；而只有在主观上确实缺乏这种能力的情况之下，才有可能推翻这样的推定。

我以一个案例来说明即便采取故意说的主张也不会导致无罪的结论，不会导致处罚漏洞。在2012年六七月份，中轻公司在建的商铺因为销售情况不佳，便采取一种“租后返租”的销售模式，即中轻公司将整体商铺分割成小块后出租给客户，再与客户约定商铺由中轻公司的关联公司统一管理，由关联公司定期支付收益给客户，然后由中轻公司提供担保。被告以中轻公司的名义向绍兴的策划公司以及被告人杨秀琴签订了一个商铺代理销售合同，最后中轻公司、杨秀琴都吸收了大量资金。本案就涉及是否成立非法吸收公众存款罪这样的问题。

法院的判决是这样说的，作为非法律专业人士，杨秀琴可能对中轻公司采用“租后返租”出租商铺是否违法不能作出正确的判断，但这并不影响对其犯罪故意的认定。同时，在法律服务便捷且相关司法解释对中轻公司的该类行为明确规定为变相吸收公众存款的情况之下，杨秀琴对其与中轻公司行为的违法性认识错误，不能成为阻却其责任的理由。

可以发现这个判决其实是两段论，分别体现了责任说的观点。第一段是说她可能对行为是否违法不能作出判断，但是故意和违法性认识是没有关系的，在这种情况之下犯罪故意必然成立。第二段说因为法律服务特别便捷，她有条件知道法律，而且相关司法解释已经有明确规定，所以她具备回避可能性，不能阻却责任。

我的看法是，即便采取了故意说的观点，也不会像法院那样认为采取故意说就会否定故意，理由在于杨秀琴是中介代理商，她对于“租后返租”模式的违法性应当被推定有认识，至少应该肯定她存在不法的高度怀疑，从而会成立未必的不法认识。因而即便采取故意说，只要合理的解释未必的不法认识的范围，并不会放纵犯罪。

接下来讨论意志因素，也就是咨询义务的问题。

这里必须说明的是，可能消除的不法怀疑不仅限于未履行任何咨询义务，即便行为人进行了某种咨询，倘若这样的意见明显错误，或者行为人的咨询手段极其不充分，这个时候还需要行为人继续履行义务，否则就仍然可以认定为一个未必的不法认识。

在这个问题上存在的最大的争论是什么？是咨询相关律师、法学专家等法律界人士时，到底应该怎么认定。对此有肯定说、否定说以及折中说的争论。我个人认为这个案件其实也表现出了未必的不法认识和可避免性判断在咨询义务上的不同。因为按照可避免性判断，考察咨询义务是在考察行为人有没有回避可能性，但是很明显，相关律师跟法律专家并不代表权威的国家机关的立场，这个时候行为人还是具有回避可能性，因为他可以继续咨询权威的国家机关。

但如果我们讨论未必的不法认识，可能结论会不一样，因为它关注的焦点不是回避可能性问题，而是判断主观心理的意志问题，看行为人到底是放任还是排斥的心态。我个人认为普通公民其实并没有能力去辨识被咨询人的专业能力和咨询建议的可靠性。因此我不认同折中说区分专业能力的做法。一个受过法学教育的人还是应当被信赖的，在这一点上，行为人向专业人士进行咨询的，除非专业人士明显意识到他的错误，不能够认为他主观上对规范违反存在放任的心态，因此他主观上面缺乏了不法认识。如果我们采纳的是故意说，这种情况下他不会成立故意犯，如果有过失犯的规定，他将成立过失犯。

最后我们来探讨鹦鹉案的问题。鹦鹉案其实也很复杂，2016 年 4 月，王鹏将其孵化的两只小太阳鹦鹉以 500 元每只卖给了谢田福，经鉴定，两只鹦鹉是列入《濒危野生动植物国际贸易公约》附录中的。随后民警在其租住处还查获了45只珍贵、濒危的鹦鹉，其中有35只是小太阳鹦鹉，9只是和尚鹦鹉，1只是非洲灰鹦鹉。深圳市宝安区人民法院一审判决王鹏有期徒刑5年，深圳市中级人民法院二审改判为有期徒刑2年。

对这个案件，司法解释将驯养繁殖的物种也作为非法出售珍贵、濒危野生动物罪的保护对象，因此好多刑法学者都批评这个司法解释，认为这个司法解释不对。司法解释确实有问题，但问题是法院一直都在强调，现行司法解释是有效的，在现行司法解释有明文规定情况下，要求法院置司法解释于不顾是不现实的。我个人认为，至少在司法解释没有被废除或者修改之前，在解释论的立场中，很难从客观要件层面去寻求出罪的路径。

回到主观层面，二审法院明确认定王鹏承认他学过饲养野生动物的专业知识，对驯养鹦鹉的种类有很强的选择性，知道小太阳鹦鹉属于国家禁止买卖的保护动物，买卖要办理许可证而没有办理，因此存在犯罪故意。倘若按我们之前所说的，即便采取故意理论，如果要求违法性认识只需要对一般法规范违反有认识即可，那么王鹏这个行为确实还是如二审法院所认为的那样，可能会构成犯罪故意。

但一旦我们采取刑事违法性说的观点，就可以将出罪机制打通，因为王鹏自己也说了，他从来也没想过自己的行为触犯了刑法。买卖野生鹦鹉与家养的鹦鹉要同等处罚的司法解释的立场，确实很难被一般人所认知。因此在这种情况下，即便行为人明知他所买卖的鹦鹉受行政法规的保护，也很难认为行为人此时会存在刑事违法性的认知，因为在一般人的观念里，家养的鹦鹉和野生的鹦鹉还是不一样的，所以我个人认为这里的违法性认识还是可以被阻却的。

我的报告到这里就结束了。其实这次报告也是回应了车浩老师的这样一种主张，即希望通过这些研究，能够与学界已有的研究一起形成理论的合力，同时能够推动司法实践的一些改变，还请大家多批评指正。

主持人·李　明

感谢王俊老师的讲座，我们都感受到王俊老师准备充分、内容详实,充满了思考的智慧。王俊老师从刑法学界的共识及存在的争论展开课程,介绍了基于责任主义的要求,主张违法性认识必要说是刑法学界的基本共识,并介绍了体系性地位之争是否必要是目前学术界存在的主要争论,同时强调了故意说与责任说发展的两个阶段是我们学习过程中需要注意的问题。

之后王俊老师结合司法实践,以将违法性认识作为辩护事由的案件类型,及我国司法实践的现状,阐明了违法性认识问题的研究的重要性。之后王老师又对责任说与故意说展开讲解,并以陆勇案为例,说明一般人观念中行政违法与刑事违法性认知方面错位较为常见,司法认定的关键应该在于是否会给社会带来严重的危害。我相信大家都已经感受到了王老师满满的司法情怀,再次感谢王俊老师。

本次讲座的与谈人是中南财经政法大学的王复春老师,王老师的主要研究方向是刑法教义学及法律实证研究,下面有请王复春老师发表高见。

与谈人·王复春

尊敬的各位学界和实务界的老师、朋友,各位同学,大家晚上好!

感谢李明主任的主持和王俊老师的精彩的报告,王俊老师对违法性认识的体系性地位问题作了一个既富有理论性,又兼具实务色彩的完整的讲座。

违法性认识的议题虽小,却能折射出国家要求国民知法守法的规制与国民的个人自由之间的紧张关系这一宏大主题,关乎国家对少数在法治生活中负重前行的国民是否宽容的问题。当然,我们既不能鼓励大家都当法盲,又不能强迫每个人都成为法学家。如何在法盲和法学家之间来定义国民,国民如何自我定义,既是刑法学者的问题,也是每个国民必须自省的一个问题。因此,这一问题具有极其重要的时代意义。

接下来,我首先分享一下我个人的一些学习体会,然后对王俊老师关于违法性认识的理论与实践的主题报告提几点不成熟的商榷意见。谬误之处在所难免,请各位批评指正。

王俊老师讲座的主要内容是违法性认识的体系性地位问题。我认为可以概括为两点:第一,违法性认识属于故意的内容,基本观点是采故意说,弃责任说。第二,故意说能够妥当解决我国当前司法实务中的疑难案件。我们可以发现,这一报告主要是在法教义学层面解决违法性认识的体系性安排与技术性适用的微观问题。这一报告具有明显的亮点:问题意识明确,观点清晰,论证丰满。

一、问题意识明确

近年来,我国司法实践中出现了一系列关于违法性认识错误的案件,司法实务一律采取“违法性认识不要说”,在行为人主张“不知其行为属于犯罪”时,一律认定为犯罪成立。这种司法裁判在结论上与国民的正义直觉相冲突,凸显出违法性意识的实践难题。

针对这一难题,刑法理论并未作壁上观,而是给予了回应、反思甚至是批评。对违法性不要说的观点,进行了系统的理论清理。一方面,我国学者指出,“国民知法推定”是国家权威主义的体现,对公民个人权利与自由的保护显然不足。例如,据劳东燕教授考察,知法推定的发展与持续与18世纪前后国家权威的扩张与主权观念的兴起有非常大的关联。陈璇教授指出,不知法不免责的做法带来两个恶果,既侵犯公民的尊严与自由,也难以获得公众认同而无法实现一般预防效果。

另一方面,研究发现,通说否认成立犯罪需要具有违法性认识,具有特定的时代背景。例如,车浩教授指出,在我国过去的半个世纪中,中国社会经历了从无法可依到法定犯剧增的历史演变,知法推定的神话破产,如果再继续坚持违法性认识不要说的观念,必然与现代法治要求的责任主义原则相矛盾,可能危及整个法律秩序的正当性基础。

这里涉及一个问题,法定犯时代已经来临,为了应对风险社会的广泛社会风险,犯罪圈日益扩张,出现了大量的抽象危险犯。例如,最近向社会征求意见的《刑法修正案(十一)》之中增设了妨害安全驾驶、高空抛物等大量的抽象危险犯。王俊老师正是在刑法理论如何合理限定法定犯的处罚范围这一点找到了其问题意识。

王俊老师认为,为了应对法定犯的快速扩张,刑法理论通过客观要件限制处罚范围,难以奏效,激活违法性认识错误的故意说,能够有效实现法定犯的教义学限缩。显然,王俊老师的报告不仅关注了刑法理论上对法定犯时代处罚范围扩张的理论应对,同时也对司法实践中违法性认识错误的裁判规则给予了充分关注。

在报告中,他提到了赵春华非法持有枪支案和王鹏非法出售珍贵、濒危野生动物案。在前一案件中,赵春华虽未抗辩其不具有违法性认识,一、二审法院也未对违法性认识错误问题进行分析,理论上普遍认为赵春华陷入了不可避免的禁止性错误,不具有违法性认识可能性,但二审仍然对其作出有罪缓刑的处罚;在后一案件中,王鹏辩称其不知出售涉案鹦鹉的行为触犯刑法,然而法院仍然对其定罪并判处有期徒刑二年。显然,王俊老师的报告,是以回应法定犯的扩张问题为起点,以解决司法实务中的相关疑难案件为归宿的。

二、观点清晰、论证丰满

在我看来,王俊老师的报告在内容上有这样的特点,即观点清晰,论证丰满。关于违法性认识的相关问题,有必要先整体观察我国刑法学界的相关研究。据车浩教授分析,违法性认识作为中国刑法教义学的议题,可以分为三个层面:

第一个层面是违法性认识必要性之争,这一争议在理论上以对违法性认识不要说的扬弃为终点,刑法理论通说支持违法性认识必要说。

第二个层面是违法性认识的体系性地位问题。在四要件犯罪构成理论中,责任论被改造为空洞的刑事责任理论,无法为违法性意识提供理论归宿,因此许多学者将违法性认识作为故意的要素来理解。在采取了三阶层犯罪论体系的学者中,也有两种不同的立场。

第一种立场是故意说，即违法性认识是构成要件故意的内容，违法性认识错误可以排除故意的成立。例如，在我国刑法学界，陈兴良教授采取故意说，如果行为人无违法性认识，那就存在违法性错误，应该阻却故意的成立。此外，刘明祥教授、刘艳红教授、陈璇教授等人也主张故意说。

第二种立场是责任说，认为违法性认识属于责任要素，违法性认识错误不能排除故意，只能排除责任。例如，周光权教授主张责任说，认为违法性认识是故意与过失之外独立的责任要素，没有违法性认识的可能性，就不可能促使行为人产生反对动机，不能对其违法行为进行非难，虽然不能否定其成立犯罪故意，但可以阻却责任。此外，我国的蔡桂生教授、王钢教授都主张责任说。

第三个层面是违法性认识错误免责的技术性机制的研究。例如，孙国祥教授认为，对具有双重违法性质的犯罪的前置法存在认识错误的情形，国民对前置法的认识可能性较低，司法上应放宽违法性认识错误不可避免性的认定。显然，这类研究更有利于司法实务改变裁判思路，运用裁判技术果断接受违法性认识必要说。

显然，王俊老师的报告立足于第二个层面的体系性地位分析，同时又向第三个层面的技术性机制进行辐射。

一方面，关于违法性认识的体系性地位，王俊老师旗帜鲜明地采取故意说，否定责任说。他首先分析了责任说的弊端。

第一，对事实的认识和对违法性的认识在程度上并无不同，将违法性认识降格为一种能力、可能性的理由比较暧昧。第二，责任说在解释故意和过失的责难可能性问题上，不得不以违法性认识来说明故意责任重于过失的根据，这样一来故意的本质又必须是违法性认识。第三，将行为人对规范效力的意思剥离于故意之外，但脱离违法性认识无法说明故意的实质。第四，对为何容许构成要件错误排除故意，而禁止错误却排除责任缺乏清晰的说明，且造成故意判断的重复。第五，在不作为犯的场合，不作为犯的故意必须具有对作为义务的认识，也就是违法性认识。第六，责任说对于区分事实错误、违法性认识错误的界限缺乏明确的标准。主要体现在对规范性构成要件要素、空白构成要件两个方面。

同时，他又进一步分析了故意说的两点理由：

第一，在我国刑法中，故意说具有法律依据。对行为“危害社会”的认识是故意的核心要素之一。在自然犯中，社会危害性的认识可以推定违法性认识，在法定犯中，二者无法区分。第二，限制故意说以违法性认识可能性为中心，当具有违法性认识的可能性时，成立故意；但是，违法性认识可能性是过失的要素而非故意的要素。据此，王俊老师赞成严格故意说。

由以上的分析可以看出，王老师的论证是较为丰满的，既指出了责任说难以说明的，或者难以解决的问题，以及责任说可能面临的自相矛盾，又同时对故意说的成立理由作出了说明。就此而言，王老师的报告令人印象深刻。

另一方面，王老师的报告也对违法性认识错误的判断规则进行了分析。关于认识错误的区分，只有将违法性认识作为故意的要素，才能够解决并能够清晰、科学区分的事实认识错误与违法性认识错误。关于不确定的违法性认识，王俊老师认为，成立未必的不法认知需要两个条件：第一，行为人处于不法怀疑中；第二，行为人没有履行咨询义务。同时，也对不法怀疑、咨询义务的履行等问题提出了若干具体判断规则。

三、几点不成熟的质疑意见

第一，结论上，责任说与故意说并无不同，基于违法性认识错误都能够准导出无罪的结论。只不过，责任要素说与故意要素说基本对等，前者否定责任，后者否定故意（并继而无法推定责任）。限制责任说与限制故意说也基本对等，分别在欠缺违法性认识可能性的情况下否定责任与否定故意。如果说前二者与后二者有什么不同，那么只能说一个是免除责任，一个是责任不成立。

从法效果上来说，都是得出无罪结论，并没有很大区别。就这一点而言，在通说采取责任说的情况下，提倡故意说的实际意义可能有待进一步思考。换句话说，按照通说，采取限制责任说能够得出无罪的结论，只不过司法实践并未接受这种观点而已。如果提出故意说，理由虽然不同，但结论是否能够被司法机关接受，仍然存有一定的疑问。很可能的结局是，司法机关仍然难以接受无罪说，不管是基于责任说的无罪说还是基于故意说的无罪说。

第二，对不具有违法性认识，但具有违法性认识可能性的情形，如果刑法没有设置过失犯，就不能加以处罚，这会导致处罚漏洞。对此，王俊老师认为可以成立间接故意，从而在刑法没有设置相应的过失犯的情况下，避免出现处罚漏洞，但是这一观点可能违背故意的原理。

间接故意虽然认识程度可能低于直接故意，但其与直接故意的本质区别是意志层面，而非认识层面。因此，间接故意必须具有已然的认识，即便采取故意说，认为违法性认识是故意的内容，也必须认为，只有行为人已经认识到了构成要件事实所对应的客观情状，以及行为具有违法性的可能性，才能够肯定成立间接故意。

但是，行为人不具有违法性认识，不是没有认识到违法性的可能性，而是可能具有违法性认识。这里，违法性认识的可能性与对可能违法的认识是两个概念，不应混为一谈。因此，运用间接故意概念并不能解决这里可能出现的处罚漏洞问题。

第三，故意说具有明显的一些优点：

首先，故意说的出罪能力比限制责任说更强。在不具有违法性认识，而具有违法性认识可能性的时候，故意说直接否定犯罪成立，而限制责任说则肯定责任成立，从而肯定犯罪成立。陈璇教授指出，把违法性认识归于故意还是将之列为独立的责任要件，并非只涉及往哪儿摆的位置之争，而是事关违法性认识错误出罪能力大小这一实质性问题，故不可等闲视之。

其次，故意说对于事实认识错误与法律认识错误的处理更加容易坚持一贯性。就认识内容来说二者有一定的差异，但是二者都属于行为人的心理事实，且都是刑法评价的对象。此时，应当注意，虽然行为人对自己的行为是否违反刑法的性质的认识具有一定的评价性质，但是应当将行为人对自己行为的评价与国家对行为人主观进行的评价相区分,二者的依据、基准和判断方法都不同。据此,很难认为由于违法性认识具有评价性质,就把它作为具有评价性质的责任阶层。在这一点上,故意说具有一定优势。

再次,故意说能够很好地说明容许性构成要件错误问题。在假想防卫的场合,行为人对是否存在防卫前提产生了认识错误,按照责任说,对违法性阶层的错误属于违法性认识错误,应当排除责任,此时连过失犯罪也不能成立。但是,责任说一般却将这种错误作为阻却故意的错误来处理,从而产生了对正当化前提事实的错误排除故意、对能否被正当化的错误阻却责任,但二者区分的依据却不甚明确的难题。在这一点上,故意说也有优势。按照故意说,无论是事实认识错误还是违法性认识错误,都能够排除故意,此时只需要考虑是否成立过失犯罪即可。

但是,故意说也有一些缺陷:

第一,故意说认为,我国《刑法》第 14 条规定的犯罪故意概念肯定了犯罪故意的认识内容包括行为的违法性。但是,有相反的观点认为根据这一条恰好不能得出立法者肯定了故意说。对我国《刑法》第 14 条的明知自己的行为会发生危害社会的结果规定,蔡桂生教授指出,这显然是要求行为人明知其行为及行为结果的危害性,而没有要求行为人明知行为及结果的刑事违法性。能否认为要求行为人认识到社会危害性,就是要求其认识到刑事违法性,仍然存有一定的疑问。

第二,按照故意说可能会得出一些难以接受的结论。鉴于时间关系,这里仅举一例予以说明,对于“大义灭亲”“为民除害”等行为,行为人缺乏违法性的认识,认为自己的行为是合法的。如果认为对其可以否定犯罪故意,则可能导致一种不好的行为导向:如果没有认识到行为的违法性,则没有故意,进而不需要承担刑事责任,这可能会给一些行为人欺诈性的借口,留下了一个以不知法的借口规避刑事法律的通道。这对于发挥刑法的一般预防功能,也就是对国民的晓谕功能是极为不利的。

相反,肯定其具有犯罪故意,则是对其主观上蔑视生命态度的终极否定，刑法借助对其犯罪故意的肯认，对行为人的错误心理予以确定，从而间接肯定法益在人们心中值得保护的价值；与此同时，在行为人不可避免地产生了违法性认识错误时（行为人虽然本来可以避免违法性认识错误，本来可以产生反对动机，但却令人遗憾地没有产生），以免责的理由对其例外地不予以处罚，又进一步宣誓了刑法对国民自由的保障。这样的处理，也许更有利于在刑法规制机能与自由保障机能之间实现更好的协调和平衡。

第三，故意说认为，在当前我国司法机关一般采用四要件犯罪构成理论的形势下，其更容易为司法机关所接受。但是，四要件理论本身存在诸多问题，如成立要件一荣俱荣一损俱损、缺乏逻辑阶层性等，为解决违法性认识错误的难题，屈就四要件犯罪构成理论，放弃阶层犯罪论的理论追求，似有不妥。而且，在四要件犯罪构成理论中，裁判案件容易受到法感情的干扰，裁判者基于国家的立场，要求国民学法知法的立场是很难放弃的，这种情况下，故意说能否奏效仍然有不少疑问。

综上，理论上对于违法性认识在犯罪成立中的必要性已经达成了一致意见，只是对其体系性安排有不同意见，这种争议的背后，实际上是如何更好地引导实践、平衡刑法规制社会与责任主义原则的问题；同时，还要对司法实践中具体运用违法性认识来为相关行为人出罪或者从宽处理等问题，给出一定的技术性裁判规则。

当然，这已经超出了一场讲座能够实现的目标；但是，王俊老师的报告仍然具有很强的启发意义和实践指导意义。相信大家通过今天的报告，对违法性认识的理论和实践会有更深刻的理解，也会有各自独特的反思。诚恳地希望司法实务部门能够采纳或者至少部分参考学术界的这些建议，推进我国刑事法治的进一步完善。

本人的一个朴素感觉是，对于产生违性认识错误的案件，从被告人的立场来思考问题，要看他参与的是一个雪中求炭的活动还是一个锦上求花的活动。对在法治生活中负重前行的如赵春华这样的被告人，为生活本已疲于奔命而不知法，还是情有可原的，应对其尽可能不予以责难；对参与发达的经济交往的生活富足的被告人,他本来可以有更多条件、能力去知法守法,此时对其不应予以免责,也要尽可能减免处罚,因为他显然也不是法治的敌视者。

主持人·李 明

感谢王复春老师的精彩与谈,复春老师不仅对王俊老师的内容进行了全面的总结,而且提出了故意说存在的问题,更是站在了刑法谦抑性的角度,请求或者说呼吁在我们司法实践中,公权力应该对这些被告人从违法性认识这个角度,在量刑方面更多地从轻考虑,做到罪责刑相适应,让我们对违法性认识的理论与实践有了更加深刻的认识与理解。感谢王复春老师!

下面再次请王俊老师回到课堂,对与谈人的内容进行回应。

主讲人·王 俊

王复春老师的点评是非常精彩的,他对我的报告的概括也是清晰全面的,对故意说与责任说也提出了他自己的看法。他对于故意说有些批判,我需要作一个回应。

第一,复春老师认为限制责任说与限制故意说也基本对等,分别在欠缺违法性认识可能性的情况之下,否定责任与故意。我也认为限制责任说与限制故意说的结论基本相同,但是限制故意说将过失犯中的认识可能性的问题混入了故意中,我是不赞同的。我赞成的是严格故意说的观点,就这一点而言,它与责任说的差异还是比较明显的。在行为人缺乏违法性认识的时候,将直接排除故意。

第二,复春老师认为违法性认识的可能性与可能违法的认识是两个概念,不应该混为一谈,因此运用间接故意这个概念,并不能够解决出现的处罚漏洞的问题。但我个人认为运用间接故意这个概念,的确是发挥了限制出罪范围过宽的功能。

事实上，一方面，德国刑法学界的主流意见也承认未必的不法认识的存在，但是复春老师也说得对，未必的不法认识这个概念也不能够违背故意理论的构造，将过失的要素混入其中。因此作为未必的不法认识的前提，还是至少要确认行为人已经认识到自己可能已经违反法规范，我个人认为这一点在相关行业中是不难被确认的。

另一方面，即便存在未必的不法认识，但由于它仍然是故意的形态，因而只具有认识可能性的不可能仍然会成立故意犯。从这个角度来讲出罪范围还是会比故意说来得更宽，但这种情况也是我所期待的。

第三，复春老师认为根据我国《刑法》第 14 条的规定，要求行为人认识到其行为具有社会危害性，是否即要求其认识刑事违法性，存在疑问。这涉及如何理解我国《刑法》第 14 条的规定的问题。

我在报告中一直强调的是，我个人也认为我国《刑法》第 14 条其实并不能够直接得出故意说的结论，但是《刑法》第 14 条采取的实质故意的概念，却可以推导出故意说的结论。确实，在自然犯中有社会危害性认识，就可以推定他存在违法性认识，这个问题不大。在法定犯认识中，我认为社会危害性认识取决于行为人对刑事违法性的认识，因此要求其对社会危害性存在认识的前提和桥梁，必然会要求其对于规范有认识。

第四，复春老师说，按照故意说，对于“大义灭亲”的行为人会否定故意，这可能会导致一种不好的行为导向，而责任说可以回避这样的问题。但是在上述行为当中，其实即便采取故意说，也不会得出否定故意的结论。

一方面，陈兴良教授在他的《违法性认识研究》一文中，也涉及了“大义灭亲”的讨论，陈老师认为这只是一种行为动机，并不影响对行为性质的认识，对此我是同意的。因此即便采取故意理论，在这种情况之下也不影响故意的认定。

另一个方面，从语言思考与事物思考的区分来说，行为人当时可能并不会清楚告诉自己这是违法的，但是杀人行为所可能遭受的惩罚已经通过日常印象印在了行为人的记忆中。从事物思考这个角度来讲，他也不会缺乏一个违法性认识。

以上便是我对复春老师点评的回应,再次感谢复春老师。

主讲人·王　俊

Q:间接正犯中被利用者对行为性质的主观认识到什么程度会上升到共同犯罪中的从犯?

这个问题其实跟今天违法性认识的问题关联性不强,它是属于故意的内容,我对故意的研究并不深入,因此简要谈一下自己的想法,说得不对的请复春老师补充。

我认为这个问题其实要回到我国《刑法》第25条,是两人以上共同故意范围的认定问题。我个人不认为在间接正犯里从犯的认识会有特殊性,因此根据《刑法》第25条关于共同故意的规定,其实就可以对从犯的故意进行认定。这是我的看法,接下来请复春老师再补充。

与谈人·王复春

在间接正犯的场合下,利用者和被利用者之间,有可能构成共同犯罪,有可能不构成共同犯罪。比如说通过欺骗的场合,被欺骗者完全不知道他的行为涉嫌犯罪,比如医生为了杀人,将药物给了不知情的护士,护士由于过失将药物给了病人导致病人死亡。这种情况下护士出于过失,而医生出于故意,假如我们采取否定过失共同正犯的理论的话,护士是不可能与医生构成共同犯罪的。

如果要构成共同犯罪的话,被利用者至少在一定程度上要认识到部分构成要件,比如利用者出于杀人的故意,利用被利用者实施杀人行为,但是被利用者仅仅认识到他实施的是故意伤害行为,在这种情况下,我们认为他在故意伤害的范围内还是可以成立共同犯罪的,如果他的作用比较大的也可以成立主犯。

所以我认为，被利用者至少要认识到利用者所要利用的构成要件的一部分事实，才可以在这部分的构成要件内成立共同犯罪。这是我的理解，可能不一定正确，有错误之处请大家批评指正。

主持人·李　明

今天经过两个多小时的学习与交流，相信各位小伙伴对违法性认识的理论与实践方面的相关问题，应该有了较为系统的认知，相信今天的课程会对各位小伙伴在违法性认识方面的学习与实践起到较大的帮助作用。今天的讲座就到这里，我们下期再见。

第六讲
期待可能性的司法适用

主讲人:储陈城(安徽大学法学院副教授)

与谈人:李冠煜(华中科技大学法学院副教授)

主持人:肖兴利(北京市盈科律师事务所长沙分所刑事部执行主任)

主持人 · 肖兴利

屏幕前的各位朋友们,大家晚上好!欢迎各位来到全国青年刑法学者在线讲座的课堂。我是北京市盈科律师事务所刑辩学院副院长、北京市盈科律师事务所长沙分所刑事部执行主任肖兴利律师。非常荣幸能够担任本期讲座的主持人。今天是第六期讲座,本期的题目是《期待可能性的司法适用》。

期待可能性理论起源于德国、兴起于日本,在德日刑法的犯罪论体系中占有非常重要的地位,同时也为我国许多刑法学者所关注。虽然我国刑法理论界对于该学说一直争议不断,但我们注意到,在司法实务中已经有一些律师、法官和检察官在进行辩护、裁判和控诉的时候援引这一理论。因此今晚对于这个话题的探讨和分析非常具有实践价值。

今天我们有幸邀请到了主讲人储陈城老师。储老师是安徽大学法学院副教授、硕士生导师,东南大学法学博士,在日本留学期间师从早稻田大学的甲斐克则教授。储老师的研究方向是刑法与刑事诉讼法的解释学问题以及刑事法学实证问题,出版了《出罪机制保障论》等著作。

同时我们也有幸邀请到与谈嘉宾李冠煜老师。李老师是华中科技大学法学院副教授、博士生导师,北京师范大学与北海道大学联合培养法学博士。他的研究方向主要是量刑理论与环境刑法学,出版了《量刑基准的研究》《环境犯罪研究》等专著。

欢迎两位老师就期待可能性的司法适用这一主题为我们作精彩分享。希望今晚的讲座能引发理论界和实务界的共同关注,从而助益于我们的刑事司法实务。下面有请储教授。

主讲人·储陈城

一、期待可能性的理解和在德国、日本的发展

(一)期待可能性的理解

大家都知道刑法理论中的责任已经从心理责任论转向了规范责任论。那么什么是心理责任论？由于刑法中的犯罪原则上是故意犯,于是,责任便是在明知的情况下仍意图实施犯罪行为,这就是心理责任论。但是心理责任论在解释过失犯的责任时会遇到难题,因为过失犯罪的行为人并不是意欲实施犯罪。有的时候,即便有责任能力以及过失,但是也会因为一些理由而难以被谴责,比如遭遇到某种特殊情况、但又无法通过紧急避险来阻却违法,那么在责任阶段能否免责或者减轻责任？

德国癖马案之后,学说上改变观念,认为所谓责任不只是单纯的心理事实,而是在此基础上进一步进行可否期待行为人实施合法行为这一规范判断,癖马案也由此成为期待可能性理论的历史来源。

> 【案例1】马车车夫明知马有用尾巴下压缰绳并且将之牢牢地摁在自己身上的习性且这个毛病不时发作,虽然车夫将此事告诉了雇主,但是雇主仍然让其驾驶该马。车夫担心失去工作,也就继续驾驭该马,最终马旧癖发作导致他人受伤。

在该案中,德国帝国法院以“合乎规范之举止期待不可能性”为由(也就是说不能期待马车夫做出合乎规范的举止)宣判马车夫无罪。

法院的裁判理由是:“如果让所有的人放弃任何可能和可预见到的会引起违法结果的行为,才会让我们免于承担刑法上的过失责任,这显然是不合理的。因为我们身边无时无刻都存在着可能侵害他人财产、身体、生

命法益的行为,即使我们尽到了最大的小心谨慎,也可能无法彻底避免结果的发生。如果这样的行为都认定为过失犯,这是不合立法原意的。因此,要确定过失犯的成立,还必须附加一定的条件,行为人实施行为时,对于公共利益的注意和顾及,没有达到人们期待他必须达到的程度。”

我在这里举另一个案例来帮助大家理解这个裁判理由的意思,这是曾经发生在合肥的一个案件。

> 【案例 2】张三受李四委托在家照看李四三岁的小女儿,张三应允。在照看小孩的时候,张三突然接到电话,一个小时内要去机场接重要客户。张三便打电话告诉李四,李四称把孩子放在家里就好,自己一会儿返回家里。张三将门反锁后就下楼,下楼后便发现小孩已经从房间窗户摔下死亡。后来发现,小孩卧室内的上下床有一个小梯子,靠近窗户,而窗户没有关闭,小孩就是从梯子上爬到窗户上,摔下致死。

在这个案件中,认定张三构成过失致人死亡罪,其原因在于张三能够预见到小孩在家是不安全的,自己离开可能会使儿童的生命产生危险。当然,我们不能因为其预见到了,危害结果也发生了,就直接认定过失犯成立。根据新过失犯论,我们还需要考察张三是否履行了结果回避义务;而结果回避义务的履行要到何种程度才能免除或者减轻责任,则需要运用期待可能性理论进行评价。

针对本案,我们能够期待他尽到尽可能的谨慎义务,消除这些安全隐患,比如将窗户反锁到小孩无法打开的程度,将室内的煤气、危险物品处理好,或者将小孩带到邻居家中,或者带着小孩一起去接客户,等等。由于这些行为都不会超出一般人的期待程度,如果张三尽到了一般人所期待的义务,但是仍然发生了危害结果,比如张三已经履行了所有可能的危险消除义务,但是小孩在家突发疾病因无人送往医院救助死亡,在李四没有告知张三小孩的身体情况的前提下,则可以认为无法期待张三再去履行更进一步的危险消除义务。在本案中,显然张三没有尽可能地履行大家能对他期待的结果回避义务。因此，无法免除过失的责任。

尽管如此，我个人认为期待可能性理论仍然在本案中发挥着一些有利于张三的功能，比如张三曾打电话给李四，李四告知张三把小孩放在家里，自己稍后就会回来。李四的告知尽管无法消除张三的保证人地位，但是可以导致一般人对张三的期待可能性降低，这也就使得张三的责任减轻。通过这一起国内发生的实际案例，大家对于癖马案及其背后的裁判逻辑，可能会有更立体的认识。

（二）期待可能性在德国的现状

癖马案毕竟已经过去了120多年，作为期待可能性理论的发源国，目前德国对于这一理论又持何种态度呢？

德国刑法立法上体现期待可能性的主要是《德国刑法典》第35条，也就是阻却责任的紧急避险。众所周知，在我国紧急避险是违法阻却事由，但是《德国刑法典》第35条规定在发生生命权冲突的时候，为保护自己、亲属或者关系亲密的人的生命，在一定条件下，牺牲他人生命也可以免除责任。

但是，期待可能性理论有两个缺陷：一个是如金德霍伊泽尔教授所言的，这个阻却罪责的标准也许会过于模糊；另一个则是德国司法机关曾就期待可能性是否可以作为普遍免责依据问题发表的说明中所提到的，这有可能损害刑法的一般预防作用。

因此，第一，属于“个人和他人生命权的冲突”这样的问题，才会被认为可以适用期待可能性理论。第二，行为人精神上必须受到了强大的逼迫，否则也不能适用期待可能性理论。总之，德国刑法学者与实务部门都体现出严格控制期待可能性理论的适用而反对其任意扩张的趋势。

（三）期待可能性在日本的现状

由于期待可能性这个语词就是从日语直接照搬过来的，因此，日本对期待可能性的态度，对于我们适用这一理论，自然是一个非常重要的参照系。

由于在日本,规范责任论是责任论的主流学说,而期待可能性思想正是规范责任论的核心之所在,因此,期待可能性是日本刑法学界的通说。比如山中敬一教授认为,期待可能性是所有犯罪所共有的决定责任有无和程度大小的基准;同时,在防卫过当和避险过当予以减免刑罚的时候,期待可能性的减低也被认为是其中的根据。

日本学者认为,日本很多刑法规范中都有期待可能性的影子。比如日本《盗犯等防治法》第 1 条第 2 项规定了正当防卫的特殊情况:"因为恐惧、惊愕、兴奋或者惊慌而在现场杀伤侵害者,不予处罚。"这也被认为是基于没有期待可能性而作出的规定,这一规定也同样存在于《德国刑法典》第 33 条中。

分则中也有因期待可能性减少而减轻甚至免处刑罚的规定,比如在藏匿犯人或者隐灭证据中,如果是属于亲属关系,则免处刑罚(《日本刑法典》第 105 条);在盗窃类的犯罪中,如果是发生在亲属之间,则作为特例免处刑罚(《日本刑法典》第 257 条)。另外,犯人单纯地犯脱逃罪(《日本刑法典》第 97 条)以及自己堕胎罪(《日本刑法典》第 212 条),其法定刑都比较轻微,原因也是基于期待可能性的考虑。

那么日本司法审判实践对期待可能性是持何种态度和立场呢?其中最为典型的案子是第五柏岛丸案件,在这个案件中,第五柏岛丸号轮船因为承载了超过限定人数五倍的乘客,导致沉船,多数乘客死伤。最终船长虽然被认为构成业务上过失导致船舶倾覆罪和业务上过失致死罪的想象竞合犯,但是在量刑上,大审院利用期待可能性综合考虑到乘客不顾船员的制止登船、警察也不对乘客进行管理、船主不听船长的警告让多数人上船等事实,撤销了原审 6 个月禁锢的裁判,判决罚金 300 日元。

战后,日本的地方法院的判例中,也有很多采用了期待可能性理论,承认将欠缺期待可能性作为超法规的责任阻却事由,甚至因此作出无罪判决。比如,在最高裁判所的判例中,就有支持地方法院以不具有期待可能性而否定刑事责任的案例,并且明确指出把它"应理解为所谓的超法规的责任阻却事由"。(三友煤矿案,最判昭和 31 年 12 月 11 日刑集第 10

卷 12 号 1 605 页。）

当然，很多学者认为，日本的法院在战后大量适用期待可能性理论，主要是恢复经济重建时期缓和刑法的严酷性及帮助国民重建生活的权宜之举。要区分战后经济混乱时期与社会局势稳定之后的两个不同阶段。

期待可能性在日本司法审判中的适用频率的确并非持续走高，在昭和 33 年的时候，最高裁判所认为“即便承认期待可能性理论”，但是“如果没有法律所明确的责任阻却事由，则必须要出示能够否定罪责的充分论据”。（三菱煤矿事件判决，最判昭和 33 年 11 月 4 日刑集第 12 卷 15 号 3 439 页。）昭和 35 年以来，提到期待可能性的判例逐渐变少。当然，其中的根本原因是，随着刑事司法精细化，日本实务界普遍认为，该理论缺乏实体法上的根据，学说、判例中也没有“充分地给出其意义、理论构成和适用界限”（三菱煤矿案判决中垂水法官的补充意见），所以对于该理论的适用也举棋不定。

总而言之，通过上述的分析，学界认为，期待可能性在日本司法审判实务中逐渐减少适用，主要是基于两个原因，一是日本经济的恢复和社会稳定，无需再利用期待可能性。二是期待可能性的标准比较模糊。其中第二个原因和德国刑事司法审判中减少适用期待可能性的理由如出一辙。而第一个原因其实也可以解释为随着日本社会的繁荣稳定，如果在刑事司法审判中大量适用期待可能性理论可能会削弱刑法一般预防的效果。

二、我国学术界对期待可能性的态度

（一）第一次争议——要不要引入期待可能性理论

随着早期我国刑法学者对德日刑法理论的借鉴，期待可能性理论成为一个崭新的刑法学术概念，很多学者都希望将这一概念予以引入，但是也有学者认为，这一理论无需引入。因此就出现了期待可能性的第一次争议。

支持引入期待可能性理论的学者认为：

1. 从期待可能性理论的价值和合理性分析入手推导出引入期待可能性理论的必要性。该理论体现了刑法的人道性和谦抑性的价值。

2. 从期待可能性理论对我国的借鉴意义角度谈借鉴期待可能性理论的必要性。期待可能性理论有助于调和刑法与现实的关系,充分体现了对人性的尊重和关怀,也更能体现我国宽严相济刑事政策的精神,推动我国刑罚的轻缓化。

3. 直接论证引入期待可能性理论的必要性。对于处在弱势地位的人,司法机关不仅有必要表达出一定的同情与关怀,还有必要以一种理性的眼光,审视行为人的处境,考虑行为人的非难可能性及其大小。

而反对引入者则认为:

1. 中国存在可替代期待可能性作用的刑法理论:在阻却或减轻刑事责任的事由方面,我国刑法都作出了规定,如故意过失理论、不可抗力、意外事件、正当防卫、紧急避险等。即使有些事由我国刑法没有明确规定,司法实践中也会给予考虑。事实上,行为人的犯罪原因、行为动机等构成要件事实之外的因素在量刑中一直是给予考虑的。

2. 引进期待可能性理论容易导致理论和实践的混乱:期待可能性的地位、期待可能性的法律性质、期待可能性的判断标准等等问题都存在很大争议;而且,由于其所蕴含的滥用司法权危险,其在德国已经受到冷落;在日本,也有谨慎运用的趋势。

3. 中国不具备操作期待可能性的制度基础:期待可能性功能的发挥依赖于法官拥有较大的自由裁量权。但是,在我国,法律明确了最为客观和严格的定罪量刑的标准,最大限度地限制了法官的自由裁量权。在这种情况下,要给期待可能性一定的操作空间,就必然要在立法上进行调整。

4. 中国目前不具备引入期待可能性的观念基础:期待可能性理论背后所体现的价值是刑法的人道性与谦抑性价值。但是目前中国公众对刑罚的报应性情感很强,借助惩罚性的刑罚治理犯罪的观念在司法官员心中根深蒂固,引入期待可能性难以发挥功能。

对于到底要不要引入期待可能性理论的问题,我个人认为,期待可能性的内容并不是一个全新的问题，不管我们是不是承认期待可能性，它都是客观存在的，法律不强人所难是人所共知的基本内心确信，自然也就会影响到法律人的思维和法官的裁判。所以，尽管期待可能性这个名词是一个全新的概念，但是期待可能性对定罪和量刑的影响，在我国的立法、刑法理论以及司法实践中大量存在。

以规范层面的情形为例，《刑法》总则中，第 16 条规定的不可抗力的情形，也往往说明其不具有实施合法行为的期待可能性，体现了法律不能强人所难。第 28 条规定了胁从犯的情形，尽管对其并不是出罪而只是量刑的从减免，但量刑从减免的背后逻辑，就是考虑到行为人在被胁迫的场合下，期待其实施合法行为的可能性显著降低，从而责任程度显著减弱。

因此，我认为期待可能性不存在是否引入的问题，而是要将这样一个概念借鉴过来，帮助我们在犯罪论体系中，协调好行为人的行为与罪刑之间的关系。

（二）第二次争议——何种程度内适用期待可能性

近年来，对于期待可能性问题的争论，又呈现出一个新的态势，即期待可能性该在何种程度上予以适用。

其中一种观点是刘艳红教授所倡导的，期待可能性的功能应定位于调节性刑罚恕免事由。至于调节范围，宜限定在“问题的高峰和顶点”，即生命权冲突之时，亦即只在损害同等价值生命法益的紧急避险中有限度地使用这一理论。钱叶六教授则把这一理论的适用空间作了部分扩大，认为实践中可以考虑适用超法规的期待可能性事由的情形，主要限于牺牲他人生命保全自己生命的紧急避险、安乐死、执行上级的违法命令、本犯单纯妨害作证、近亲属妨害司法、单纯脱逃、妇女不堪忍受长期家庭暴力而杀夫、迫于生活困难而出卖子女以及妇女因生活所迫而重婚等一些特殊的案件。

另一种观点是王钰老师最近提出的：期待可能性理论含量很低，承载不了太多“期待”，早已逐渐退化成教义学上一个无足轻重的概念。期待可能性作为一个本来已经没落的学说，也不该被我国刑法教义学采纳。

总体来说，前者可以代表限缩期待可能性理论适用的观点，后者则代表了彻底废弃期待可能性适用的观点。

上述观点论证的依据主要包括：

1. 德国、日本刑事司法审判实践已经逐渐限缩适用期待可能性；

2. 期待可能性在风险社会会削弱一般预防效果，导致社会风险增加；

3. 期待可能性标准不清晰，可能会演变成一个口袋化的出罪事由；

4. 期待可能性的适用以违法和责任区分的阶层化犯罪论体系为前提，我国目前的平面化犯罪论体系无法给期待可能性提供准确的定位。

对于上述的论据，我将作如下回应：

第一，刚刚在前面提到，德国、日本刑事司法审判实践确实已经逐渐限缩期待可能性的适用，但是这并不能成为我国要限缩这一理论适用空间的理由。

从我国的刑事审判的大数据来看，进入 2000 年来，我国法院无罪判决无论从绝对数量还是从相对比例来看，都大致处于下行轨道。

表 1　2001—2018 年我国法院无罪判决情况

时间(年)	法院无罪判决人数 (单位：人)	法院无罪判决率 (单位：‱)
2001	6 597	88
2002	4 935	70
2003	4 835	65
2004	3 365	44
2005	2 162	26
2006	1 713	19
2007	1 417	15
2008	1 373	14
2009	1 206	12
2010	999	10

（续表）

时间(年)	法院无罪判决人数（单位:人）	法院无罪判决率（单位:‱）
2011	891	8
2012	727	6
2013	825	7.1
2014	778	6.6
2015	1 039	8.4
2016	1 076	8.8
2017	1 156	9
2018	819	5.7

相关数据显示，在我国，一旦刑事案件进入审判阶段，从辩护律师和被告人的角度而言，要想得到无罪裁判的结果，就异常困难。如果和刑辩律师深入交流会发现，无罪辩护往往是刑辩律师的痛楚。不敢作无罪辩护、无法作无罪辩护，已经成为刑事辩护领域中的常见现象。这说明，我国刑法中的相关出罪事由，在审判实践中难以发挥作用。

在日本也有所谓的0.01%的说法。日本刑事司法一向以近乎99.9%的高定罪率举世闻名，这就意味着，如果你在日本触犯刑法并被检方起诉，有99%以上的几率将会被定为有罪。因此，日本也有相关的律政剧，如最近大火的日剧《99.9：刑事专门律师》就是对这个问题的衍生思考。

但是，审前分流措施在日本刑事司法中发挥了巨大的出罪功能。以“精密司法”著称的日本刑事诉讼，由于检察机关有着极为强大的不起诉权力，因此相当部分存疑的刑事案件都在审前被有效过滤。真正能够到法庭的都是精挑细选之后的案件，由此造成了日本刑事诉讼极低的无罪判决率。

曾文科博士在《免除刑罚制度的比较考察》一文中指出，日本采取的是起诉便宜主义，在日本，许多该当免除刑罚的案件通过侦查阶段的微罪处分或起诉阶段的起诉犹豫得到了审前分流处理。而我国的不起诉率只有 9.5%,2018 年则仅为 7.7%。总而言之,日本已经有了很好的出罪运行机制,已经在起诉阶段作了充分的分流,继续在审判阶段适用相对模糊的期待可能性理论予以出罪,可能会过犹不及,但是在我国却并非如此。

第二,放开期待可能性的司法适用并不会导致一般预防效果的落空。

如果说期待可能性的适用会导致刑法一般预防效果的削弱的话,那我们就要废除刑法中所有带有期待可能性规定影子的规范。比如关于重婚罪的规定,对于因遭受自然灾害外流谋生而重婚的,因配偶外出长期下落不明、造成家庭困难又与他人结婚的,被拐卖后再婚的,因强迫、包办婚姻或者婚后受虐待外逃而又与他人结婚的,要一律以重婚罪论处。

但是,这些行为不认定为重婚罪,会导致他人纷纷效仿进行重婚吗?我想任何家庭和睦、生活幸福的人,都不会利用期待可能性去开启另外一段婚姻;而婚姻不幸福,生活难以为继,不管刑法如何压缩期待可能性的适用空间,如何惩治重婚罪,也拦不住一颗出轨的心。所以说,期待可能性的适用会导致刑法一般预防功能削弱,可能是一个伪命题。

第三,我们更应该担忧口袋化的入罪,而不是口袋化的出罪。

对于因期待可能性没有明确的标准,怕期待可能性成为口袋出罪事由的担忧,陈兴良教授在《但书出罪的法理考察》一文中曾经指出,根据罪刑法定的基本精神,入罪必须法定,出罪则无须法定,这也是世界各国刑法实践所一致赞同的。我们的现实是出罪太困难了,入罪太容易了,我们巴不得出罪能够露出一点点口袋化的倾向呢,怎么可能会因出罪的要素模糊化一点而心惊胆战呢?

刑法中的规范,基于语词的抽象性,都存在一定程度的模糊性。如果说只要是出罪事由的标准模糊就不能适用的话,那么《刑法》第 13 条的但书、第 37 条的免予刑事处罚的规定乃至于正当防卫、紧急避险都要废除不能再用。因为这些规定都或多或少地存在模糊之处。

即便是规范中有模糊之处,出罪事由或者免责事由也可以通过解释加以明确。比如被害人过错往往成为司法实践中时常运用的辩护或者裁判理由,但是这一概念以往也没有判断标准,而很多司法机关通过解释提出了被害人过错成立的要素：被害人先行实施了不当行为；被害人侵犯了被告人的正当法益或社会公共利益；先行不当行为与犯罪行为之间存在关联性；被告人在当时情况下无法律期待可能性。

最后，关于期待可能性是阶层化犯罪论中的责任要素，期待可能性在四要件的犯罪论体系中处境尴尬、根本无栖身之处的论断，我个人认为，且不论阶层化犯罪论已经逐渐在学术界占据重要位置，且在实务中有所显现，即便是在四要件当中，我们仍然可以通过期待可能性合理地调节定罪和量刑。这一论断我将在下一部分来具体和大家交流。

三、期待可能性在我国刑事司法过程中的具体适用与规律

回到我国的刑事司法实务，我们来看看在具体的刑事司法过程中，期待可能性到底呈现出一种什么样的图景，应该如何运用这一理论才能达到最好的辩护效果，或者说使得裁判说理更加合理。

（一）期待可能性理论适用于裁判案件的趋势

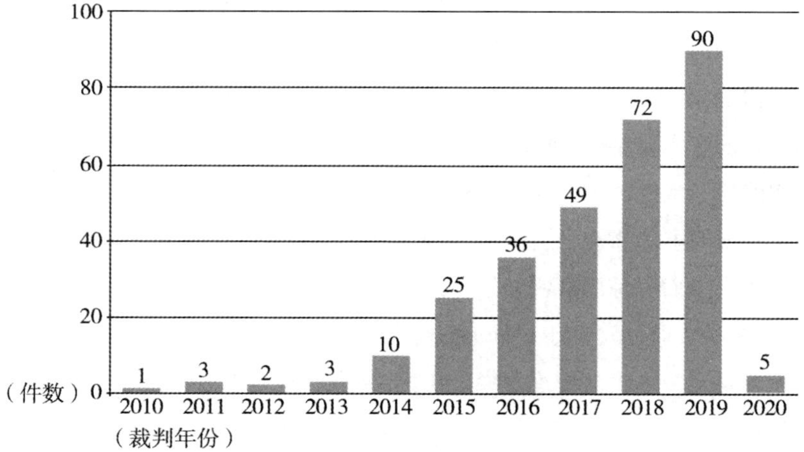

图 1　2010—2020 年期待可能性理论适用于裁判案件的趋势

期待可能性理论在中国司法实践中的运用呈现出多种多样的特征。

大量案件中，控辩审三方适用期待可能性理论的方式比较隐晦，比如使用常识常理常情、情节显著轻微、法秩序统一性、刑事政策、社会相当性等语词。为了便于识别，我们只统计分析了直接以“期待可能性”为理由的案件。从图标中的柱状图来看，期待可能性在刑事司法审判过程中，被控辩审三方适用得越来越多，而不是越来越少。

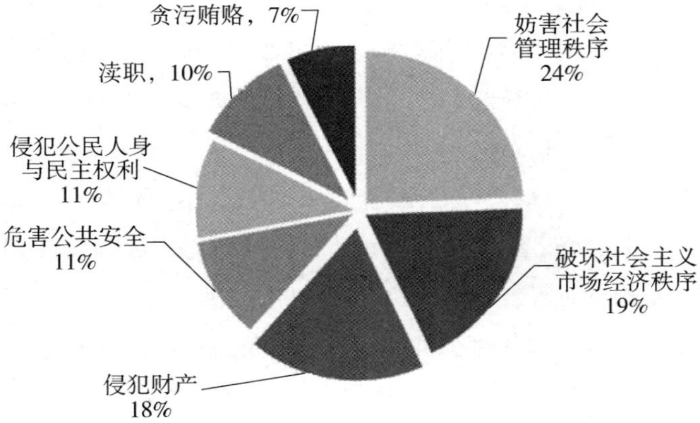

图 2　2010—2020 年期待可能性理论适用于裁判案件的罪名分布

而且，相关数据显示，无论是在法院适用期待可能性进行裁判的案件分布中，还是在辩护人以期待可能性进行辩护的案件分布中，刑法分则的十章罪名当中，有七章罪名审理过程中都曾出现过期待可能性理论的运用，而且分布相对均匀，并没有集中出现在某几个罪名的审判活动当中。这说明期待可能性未必是一个责任的例外要素，从数据来看，起码这一理论在我国的刑事司法实务中还是有着一定适用空间。

（二）具体罪名中期待可能性的适用规律

那么在具体的刑事裁判过程中，期待可能性是如何被运用的呢？这涉及期待可能性的适用标准问题。个人认为，对于司法裁判中已经存在的规律，理论界对就该问题进行总结并抽象化有着非常重要的指示作用，比如期待可能性理论的提出并非是理论界原创，而是来源于德国帝国法院的裁判案件。

在这里，限于时间关系，我目前的工作只是对我国刑事裁判实务中已经存在的案件进行梳理，还没有来得及进行理论抽象，暂时就以相对有借鉴价值和值得反思的案例为例，跟各位刑事实务同仁进行交流，以供参考。

1. 妨害公务罪中期待可能性辩护意见及效果

在妨害公务罪的辩护当中，期待可能性的利用成功率较高，在16起以该理论进行辩护的案件中，有4起成功出罪，样本案件中的成功率达到25%，加上检察院阶段不起诉的案件，此类案件样本中以期待可能性加以辩护的成功率会超过30%。

辩护人以不具有期待可能性进行辩护的具体情形包括：(1)依法执行公务的对方即被执行者实施的一般暴力、威胁行为，因为没有期待可能性，不能认定构成妨害公务罪，更不能将对依法执行公务的对方所实施的摆脱、挣脱行为认定为妨害公务罪。此类情形有10件。(2)执法人员执法不规范，致使行为人产生误解，因而无法期待行为人不实施反抗行为。此类情形包括4件。(3)其他情形，2件。

关于第一种辩护情形，成功率最高，所有法院基于期待可能性而对妨害公务罪作无罪处理的都在这种情况之列。但是，行为人反抗执法的暴力性程度影响到期待可能性的适用的成功率，如果暴力是积极地对向执法人员，则期待可能性适用空间小；如果是消极逃避，造成执法人员受伤，则适用期待可能性空间大。

另外，关于执法外观不规范导致被告人使用暴力手段来对抗，虽然暂时没有找到实际的案例来佐证运用期待可能性出罪的可能性，但是通过反推法院裁判思维，还是可以导出期待可能性在这种情况下有可适用的空间，也即因执法外观不规范遭被执法者的暴力反抗，还是会有让法院作出无罪裁判的可能性。

2. 包庇窝藏类犯罪期待可能性辩护意见及效果

在包庇、窝藏罪的辩护中，期待可能性的运用几乎全部都是基于包庇、窝藏者和被包庇、被窝藏者之间的特殊关系，主要是近亲属关系，进而提出没有期待可能性或者期待可能性较低。尽管法院都会采纳辩护意见，但是这种辩护意见的效果仅仅是减轻责任，而不是免除责任，换言之，亲亲相隐并不是免除责任的事由。笔者认为，即便双方不是近亲属关系，但是对其他足以影响被告人行为和思想的人，被告人的期待可能性也会相应地受到影响。

3. 盗窃（等侵财类）罪中期待可能性辩护意见及效果

（1）事后不可罚行为

比如在尹祖宏诈骗、盗窃一案中，就被告人尹祖宏骗取他人财物之后的处分赃物行为是否成立新的诈骗罪，法院认为，在现实生活中，财产犯罪的被告人在获得赃物以后，除了作为种类物的货币，对其他的特定物，一般都会将其转化为货币。这种对赃物的处分行为，在刑法上称为销赃。销赃行为在我国刑法中是一种掩饰、隐瞒犯罪所得及其收益的行为，刑法对此设立了专门罪名。

但我国刑法关于掩饰、隐瞒犯罪所得及其收益罪的规定，以行为人代为销售为行为特征。这就排除了财产犯罪的本犯构成该罪的可能性，换言之，本犯对其财产犯罪所得赃物进行销赃，并不构成掩饰、隐瞒犯罪所得及其收益罪，而是一种不可罚的事后行为。不可罚的事后行为之所以不可罚，主要是因为事后行为没有侵犯新的法益（缺乏违法性），也可能是因为事后行为缺乏期待可能性（缺乏有责性）。

本案尹祖宏将车卖给谭某1属于事后处分赃物行为，没有侵犯新的法益，不应当认定为诈骗罪。但是其将无权处分的财物售卖给谭某1，现在标的物由被害人练某1取回的情况下，合同无过错方谭某1有权要求被告人尹祖宏返还违法所得3万元。

（2）家庭贫寒、家庭境况不好

以此为由进行辩护，往往难以获得免责的辩护效果，但是，如果被告人家境确实困难，也有促使法院作出责任减轻的裁判的可能性。比如在张立艳诈骗罪一案中，辩护人提出被告人张立艳实施医保诈骗行为缺乏“期待可能性”，因为其按正常途径购药治疗，将无力负担除医保报销外的医药费，可能在十年前就已死亡；张立艳在规定点医院购买抗排异药品每年最高报销数额为人民币7万元，其在个人处购买药品及伪造的收据每年也报销医药费人民币7万元，故其行为没有造成医疗保险机构财产的损失，只是扰乱了医疗保险报销制度。最终法院作出从轻处罚判决的原因是："张立艳因治病急需而诈骗属'期待可能性'降低的情形。"

（3）财物处于易被侵犯状态，引起行为人的期待可能性降低

比如在被称为"惠州许霆案"的于某水盗窃罪一案中，法院认为：

> 综观本案前行为合法后行为违法的全过程，我们认为，被告人犯意的基础动因在于一念之间的贪欲。欲望人人都有，眼耳鼻舌身意，人有感知就会有欲望，所以欲望是人的本性，它来自基因和遗传，改变不了，因而是正常的。欲望本身也是有益于人类的，没有欲望人类可能早已灭绝。与此同时，人作为社会中的存在，欲望必须得到控制，必须被控制在合理范围之内。我们知道，许多犯罪尤其是财产犯罪的最初（甚至是唯一）动因就是贪欲，当然在极端情况下，如严重冻饿、危及生命时，可能还有其他动因，但是属于例外或极少数，这里不予以展开。对财产犯罪科以刑罚，目的就是通过报应和预防两种方式，将人的欲望控制在一个合理范围，不让欲望演变为贪欲而危及他人利益，以维持社会的正常交易秩序和人类正常的生活秩序。所以，从这个层面来说，必须对被告人处以刑罚，通过惩罚和警示，将被告人以及有类似想法和行为的人的贪欲限制在一个正常合理的范围之内，以防止犯罪行为的发生。……另一方面，我们同时认为，应当对被告人科以较轻的处罚。理由是：从主观来说，被告人的主观恶性是较轻的，在知道ATM机发生故障之前，被告人就是去存钱，是一个合法行为，没有任何犯罪意图。他是在取钱过程中，发现ATM机故障并且这一故障可以给他带来巨大利益的时候，因为贪欲而产生的犯意。也就是说，没有ATM机故障作为前提，被告人不会产生盗窃的犯意，因此，其主观恶性有限。同时，银行作为ATM机的管理者和拥有者，其对机器故障（错误吐钱）应当承担过错责任，这一过错虽然与被

告人的犯罪行为不构成因果关系,但可以作为对被告人从轻处罚的情节予以考虑。……对被告人个人生活状况等其他方面的考虑。被告人于某水的父母早已病亡,其与几个姊妹相依为命,生活困苦,不然,他也不会早早辍学外出打工谋生,以他的初小学历和人生经历,可以肯定,他对法律及其行为后果不会有高度清楚的认识,更不可能对这一法律界都存在争议的案件会自认为是盗窃犯罪。既然他不可能明确辨认自己的行为及其后果,我们也可以想象,对于一个穷孩子来说,几乎是从天而降的钱财对他意味着什么?!我们不能苛求每一个公民都具有同等的道德水平和觉悟。同时,被告人取了钱带回老家,除了给弟弟一些钱,剩下的也一直不敢乱花,这说明他对社会管理秩序还是心存畏惧,被抓获之后,被告人随即全部退清所有款项,我们觉得,这孩子仍心存良知。基于上述事实和理由,本院认为,对被告人判处刑罚并宣告缓刑的量刑幅度,是适当的,能够达到刑罚报应与教育预防的目的。被告人于某水犯盗窃罪,判处有期徒刑三年,缓刑三年,并处罚金人民币一万元。

4. 破坏社会主义市场经济秩序类犯罪期待可能性辩护意见及效果

在破坏社会主义市场经济秩序类犯罪的辩护当中,利用期待可能性理论进行辩护的情形主要包括:

(1)被告人文化水平有限,无法认知行为是犯罪行为,因此不具有期待可能性,或者期待可能性较低

这种情形占到所有案件的60%以上,之所以会出现这么高的比例,是因为这类犯罪多是法定犯,我们的刑法将进入法定犯时代,由于公民对于自然犯的认识程度较高,而对法定犯的了解程度较低,因此很多辩护人以被告人文化程度低、无法认识到自己的行为是犯罪行为为由,认为被告人的责任应降低或被阻却。

当然,这样的辩护理由与违法性认识之间存在竞合适用,违法性认识的有无和期待可能性之间有着一定的关联。因此,在实践中,辩护或者司法适用的逻辑是,由于违法性认识不存在或者淡薄,故难以期待行为人为

合乎规范的举止,因此责任阻却或者减轻。

比如杨杨、林汉填、钱溢超等非法经营罪一案。

【案例3】2018年2月至9月期间,被告人杨杨在未取得烟草专卖零售许可证的情况下,从被告人林汉填及“刘某”(身份不明)等人处购买Heets、Marlboro等品牌IQOS类型加热不燃烧烟草制品(俗称“烟弹”),合计价款113万余元,后通过微信途径加价销售给苏某、谢某等人。

辩护人请求法庭对被告人杨杨作出无罪判决,发表如下辩护意见:“不能仅仅因为烟弹含有烟草特征性成分的烟丝,就认定烟弹属于烟草制品,公安机关尚需鉴定才将烟弹确定为烟草,被告人在经营电子烟前很难知晓,也无法知道去哪鉴定,更无期待可能性知道烟弹即为烟草”。

再比如,在强迫交易案件中,这类辩护理由最为常见,如被告人的学历层次和法律意识决定了他对此类事件的刑事违法性不具备基本的认知,犯罪的期待可能性非常之小。这种辩护理由是将违法性认识和期待可能性之间进行了等同。利用违法性认识理论来进行辩护,更为贴切。但是,实际上,违法性认识在实践中的辩护效果甚至不如期待可能性。因此,无论是直接用违法性认识还是用期待可能性代替违法性认识,都很难收获好的辩护效果。

(2)整个社会环境或者行业环境不好,期待被告人严格地实施合法行为的可能性较低

这类情形占到所有案件的20%左右。比如邹佳杰、沈伟强等犯生产、销售伪劣产品罪一案。

【案例4】2013年2月至4月期间,被告人邹佳杰、沈伟强、吴波艳在事先预谋共同出资、平均分成的情况下,在桐乡市洲泉镇岑山村东原51号租房内,雇佣工人通过以少量真蚕丝包裹主要成分为聚酯纤维的化纤丝冒充填充物为100%的桑蚕丝加工生产“蚕丝被”,并在淘宝网店“桐乡古韵丝绸家纺直销店”进行宣传、销售。其中被查扣的

成品被中聚酯纤维含量80%以上,桑蚕丝含量不足20%,均不合格。

辩护人辩称:上诉人等在网上挂出100%真蚕丝至多是夸大宣传,其售价远低于与市场真品价格,其不具有生产、销售伪劣产品的主观故意,淘宝买家购买时知道或者应当知道所购商品不是100%真桑蚕丝;市场上其他人员从事着类似行为及活动,上诉人按市场形成的交易习惯开展经营,不具有刑法理论上的期待可能性,不应负刑事责任。

这样的辩护理由是以社会大环境为背景,由于实际的大环境不能取代应然的社会或者市场环境,如果法院采纳这种辩护理由,实际上是在鼓励不规范的社会运行规则或者市场交易规则。因此法院往往对这种辩护理由不会予以采纳,也建议辩护的时候不宜在这种语境中适用期待可能性。

限于时间关系,我今天只能和大家交流到这里。由于对于期待可能性问题,我也只是在这一两个月内才开始进行全面细致的梳理,对于这一理论在司法实践中的适用的了解,未必比各位前辈、同人更深入,只是借这次机会和大家进行交流。未来我国刑事司法中如何更好地利用这一理论,以达到定罪量刑的合理化,仍需要理论界和实务界人士共同努力、深入研究。我的汇报到此结束,还请各位多多批评指正。

主持人 · 肖兴利

首先,感谢储教授今天晚上的精彩分享。储教授以120年前的德国癖马案为例,介绍了期待可能性理论在德国的起源以及在德国立法和司法实务中的现状;同时,储教授也向我们介绍了期待可能性理论在传入日本之后成为日本的学界通说,指导日本的司法实践,并形成了一些有典型意义的判例。

之后,储教授结合期待可能性理论在我国学界引起争论的两个问题,即要不要引进期待可能性理论,以及在什么程度上适用期待可能性理论来指导司法实践作了探讨。储教授认为,鉴于我国刑事司法实务中出罪太难、无罪判决率极低，应该将期待可能性引入我国刑法理论，以更好地协调罪责刑的关系。最后，储教授结合具体罪名对适用期待可能性进行出罪辩护的理由和相关裁判规则进行了阐述。

储教授今天晚上的分享，既有高屋建瓴的理论剖析，又有来自审判和辩护实务的大数据统计；既全面阐述了我国理论界对于期待可能性理论的争论和探讨，又详细分析了我国司法实务中适用期待可能性的裁判规则。为我们广大律师朋友们在具体个案的辩护中正确运用理论学说开展有效辩护，提供了非常有价值的理论指导。

值得注意的是，根据储教授的统计，法官、检察官和律师在适用期待可能性理论作出裁判、审查及辩护的具体罪名上有一些交叉。比如在窝藏包庇罪、诈骗罪、盗窃罪等侵财类犯罪以及交通肇事罪等具体罪名上的辩护和裁判中，期待可能性理论均被适用，其中妨害公务罪的出罪辩护成功率竟然达到了30%。这些实证研究，为我们办理同类案件更好地达到出罪效果指明了方向、开拓了思路。

对于刚才储教授所分享的观点，李冠煜教授会有什么样的看法？尤其是关于期待可能性在我国刑法学者中引发的争论，李教授是怎样的态度？我们来听听他的高见。下面有请李教授作精彩的分享。

与谈人·李冠煜

其实刚才陈城老师主要分析的是期待可能性理论的中国化问题，那么我想从以下两个层面谈一下个人的浅见。

第一个是宏观层面的期待可能性理论与犯罪论体系的演变问题。

我国学者对完善犯罪论体系的代表性方案有三种，旨在将理论上的体系构想转换为实践中的适用逻辑，其中就包含了对期待可能性体系定位的思考，为引入期待可能性理论及其合理适用奠定体系基础，使其在犯罪论体系中能够有一席之地。

第一种进路认为，犯罪构成是不法与责任的有机整体、法律标志和法律标准,所以,应当采取形式上两阶层实际上三阶层的体系。这并不是将构成要件符合性与违法性完全一体化,而是在不法层面分别讨论构成要件符合性与违法阻却事由。这是张明楷教授的观点。按照这种观点,期待可能性属于消极的责任要素,但可能难以与目前的四要件体系对接,不利于司法人员快速掌握和全面推行。

第二种进路认为,即使不使用三阶层的话语系统,也可以建立与其构造相对应的犯罪论体系:犯罪客观要件—犯罪主观要件—犯罪排除要件。这不仅暗含了犯罪成立要件和犯罪排除要件两个层次,而且吸收了阶层式判断的方法论优势。这是周光权教授的观点。根据这种见解,期待可能性属于犯罪排除要件中的责任排除要件,不仅没有全盘照搬阶层式体系,而且在保留部分传统术语的同时又改革了四要件体系的评价方法,既克服了体系外考察排除犯罪事由的弊端,也提高了实务人员短期接受并熟练运用的可能性。

第三种进路认为,针对我国现有犯罪构成体系的不足,可以进行一些温和的改良,建立两层次的递进式体系,即将责任能力、故意、过失、错误、期待可能性等归入主观要件,将客体、实行行为、危害结果、因果关系、排除社会危害性事由等归入客观要件。这是黎宏教授的观点。按照这种主张,期待可能性也是一种犯罪构成主观要件。尽管它维持了通说的基本观念,但更多的是在进行技术性修补而非功能性改造,仍未区分犯罪成立判断和阻却事由判断的层次关系,难以根本改变当前体系的适用缺陷。

比较上述三种方案,我个人更加倾向于第二种,因为它使用我国实务人员较为熟悉的简化的"阶层论体系",有利于降低改革成本,并且兼顾了体系的逻辑性和实用性,贯通了体系的思考和问题的思考。尤其是可以在犯罪论体系内部、与犯罪成立的客观要件和主观要件相对应的意义上讨论正当防卫等违法,排除事由和期待可能性等责任排除事由。这就依次检验了通常的犯罪事实状态、可能出现的外在特殊情况、行为人个人的特殊情况,既符合思维规律,也契合司法实践。

第二个是微观层面的期待可能性理论与责任论的发展问题。

正如刚才陈城老师讲的,《刑法》第 16 条关于不可抗力的规定、第 20 条第 2 款关于防卫过当的规定、第 21 条第 2 款关于避险过当的规定以及第 305 条关于伪证罪的规定等都体现了期待可能性思想,虽然司法实践中直接运用期待可能性法理免责的判决较为罕见,但我国至少已在某种程度上承认了期待可能性对于责任认定的规范价值。而且,三阶层中的责任要件就是来源于刑罚目的。对行为人进行非难,就是为了促使行为人与其他人发动规范意识、不实施符合构成要件的违法行为。因此,应当采取规范责任论。

在规范责任论中,期待可能性是不可或缺的责任要素,其功能定位、类型划分对归责范围、程度具有决定作用。陈兴良教授将期待可能性定位为一般性罪责排除事由,认为它是罪责排除事由的具体表述,只在刑法总论中加以讨论。这种罪责排除事由的证明责任由辩方承担,可以实现思想上的经济性和诉讼上的便利性;而刘艳红教授反对将期待可能性作为一般性罪责判断指标,只宜将之作为起调节作用的刑法原则,在损害生命法益的紧急避险案件中作为刑罚恕免事由予以使用。张小虎教授则就我国社会现实与法治状况等认为应当将期待可能性的阻却事由限定在法定或有权解释的范围内。

以上三说均赞成期待可能性在犯罪主观方面占有一席之地,其作为罪责阻却事由发挥出罪功能。这表明,由于某些缺乏期待可能性的情形已被法定化,部分缺乏期待可能性的情形在作为义务(作为可能性)、注意义务(结果预见可能性和结果回避可能性)、违法性认识的判断中也被具体化。所以,无期待可能性只能阻却少数作为犯的故意罪过,也只有这种狭义的期待可能性,才能作为超法规的责任阻却事由。

但另一方面,也要注重机能责任论(或者说功能责任论)的发展。这种责任论主张,处罚并不仅仅取决于罪责,而且同样取决于预防的需要。通过罪责概念和预防必要性的双重限制,它提高了罪过认定的门槛,在反映刑事政策和刑法的目的性考量的同时,扩展了责任阻却事由体系。出于对刑法预防性转向的重视以及对侵犯超个人法益犯罪扩张性处罚的警惕，已经有学者主张引进机能责任论。

例如，车浩教授在最近发表的探讨疫情防控期间刑法应对的论文中就指出，当行为人抗拒防疫措施并造成传播后果之后，就符合了妨害传染病防治罪的不法，且具备了罪责。但是，除此之外，还要考虑对这种既非确诊也非疑似、而仅仅是瞒报自己身份或经历的行为人施加刑罚的预防效果。如果行为人因为逃避歧视或恐惧隔离而瞒报信息，就完全没有特殊预防必要性，可以减轻甚至免除责任。

不过，这并非意味着机能责任论能够完全取代规范责任论，毕竟责任的本质在于对违法行为的动机形成予以谴责，重在伦理评价，属于回顾性的范畴；预防的本质在于有效防止将来发生同样的犯罪行为，追求功利效果，属于展望性的范畴，这是两个不同的范畴。为了防止预防性考虑凌驾于传统罪责之上，充其量只能有限度地引进机能责任论，对于罪行严重的行为人，不能直接根据预防目的来决定是否构成犯罪；对于已经作过期待可能性判断的行为人，也不应再根据同样的资料进行预防必要性大小的重复判断。

例如，当行为人因为逃避歧视或恐惧隔离而瞒报信息时，可以认为无期待可能性，此时没有特殊预防必要性就只是无期待可能性的反射效果或反向验证。但是，当行为人确实出于生活所迫而滥伐林木时，可以认为无期待可能性；如事后通过积极补种而修复环境的，就能进一步认为缺乏特殊预防必要性；经过上述两个步骤的评价，应判定为对其无须进行主观归责。如此一来，也许可以处理好规范责任论和机能责任论、罪行轻重和犯罪预防之间的关系。

以上是我个人对期待可能性理论的认识，谢谢各位！

主持人·肖兴利

感谢李冠煜教授对期待可能性理论的司法适用这一主题分享了他的观点。

李教授刚刚从宏观层面即期待可能性理论在犯罪论体系中的定位，以及微观层面即期待可能性理论与责任论体系的关系出发，对于我国刑法是否应当引入期待可能性理论进行了回应。作为刑辩律师，我们非常高兴地看到两位老师的观点是高度一致的。他们都认为，鉴于我们国家司法实务中无罪辩护的裁判率非常低，而且我们刑法理论中关于出罪辩护的事由非常狭窄。因此我们应当将期待可能性理论纳入我国刑法理论的体系当中，使刑法在惩治犯罪的严厉性与保护人权的谦抑性之间找到平衡。

主讲人 · 储陈城

Q1：期待可能性如果没有底线或者标准，是否会违反罪刑法定原则？

我认为罪刑法定原则要回归到它的本身的功能上去理解，罪刑法定原则实际上是通过保障出罪来保障人权的，因为我们说法无明文规定不为罪，法无明文规定不处罚。但是在我们国家因为我们把罪刑法定原则作了一个正面的规定，说法律有规定的一定要定罪处罚，实际上会给我们的司法实务带来理解上的一个误区，认为我们国家罪刑法定原则跟国外的罪刑法定原则之间有很大的区别，我们的罪刑法定原则更加全面。换句话说，我们入罪需要法定，出罪同样需要法定。

这也就是为什么我刚刚提到，有学者会认为，因为期待可能性理论概念和标准的模糊性，会导致期待可能性成为一种口袋化的出罪事由。我觉得这种担忧是没有必要的，它显然不会违背罪刑法定原则。因为如果说一个出罪事由比较口袋化、没有明确的规定、标准相对模糊，那么它是有利于出罪的；而罪刑法定原则，如果它最基本的作用方向也是通过确保被告人能够依法获得无罪的判决，使得被告人的人权得以保障，那么两者的价值目标是一致的。

所以在我们的刑法理论中，有诸多的超法规的违法阻却事由和超法规的责任阻却事由。这些超法规的违法阻却事由和超法规的责任阻却事由,在我们刑法当中都没有明确的规定,也都没有相应的标准。如果依照出罪必须法定的理解来加以约束的话,这些事由都没有办法成为我们当事人违法或者责任阻却的依据。

主讲人・储陈城

Q2:我们国家运用期待可能性的法律依据有哪些?例如一些特别的防卫过当或避险过当案件中,能否以缺乏期待可能性作为出罪依据?

首先期待可能性本身是一个理论问题,除了刚刚李老师所说的有一些基于期待可能性理论思想已经在刑法当中有明确规定的条文之外,其他的通过期待可能性来进行免责或者减轻责任的情形,实际上都是依据期待可能性的法理推导出的。换句话说,期待可能性在司法实践中的运用大部分是没有明确的法律依据的。

那么正当防卫、紧急避险能不能用期待可能性理论进行出罪?正当防卫和紧急避险本身是违法阻却事由,我想如果真的有期待可能性运用的空间的话,防卫过当或者避险过当是可能的。为什么这两种情况应当减轻或者免除处罚?它的原理应当就是责任的减轻或者免除,导致在防卫过当或者避险过当的时候,可以获得量刑的从宽处理。这就是我的一个简单的回答,谢谢。

主持人・肖兴利

通过今天晚上的授课,我相信屏幕前的朋友们跟我一样,对于期待可能性的理论有了更深入的理解,尤其是对于期待可能性这一理论学说对我们辩护实务的指导,比如在哪些类罪的辩护中适用期待可能性理论能够获得更高的成功率,有了更深刻的认识。

第七讲
正犯与主犯的关系

主讲人：袁国何（复旦大学法学院副教授）
与谈人：丁胜明（西南政法大学法学院副教授）
主持人：付立庆（中国人民大学法学院教授、《法学家》编辑）

主持人 · 付立庆

大家好！第七期全国青年刑法学者在线讲座如期正式开始，我是主持人付立庆。

今天我们讨论的主题，是共同犯罪领域之中一个比较基础也比较前沿的问题——正犯与主犯的关系。应该说，中国《刑法》虽然在第 25 条到第 29 条有关于共同犯罪以及主犯、从犯、胁从犯、教唆犯的规定，但本身并没有关于“正犯”的直接规定。因此是否需要承认正犯的概念，本身或许就是个问题。在承认正犯概念的前提之下，正犯和主犯到底是什么关系？是否可以认为两者是不同层面的问题，正犯是就定罪而言的，主犯是就量刑而言的？还是说，两者关系不能简单地这样界定？如果认为两者存在着一定交叉的话，进一步的问题是，具体的关系是什么？是像一些学者所说的，正犯因为对于构成要件结果具有直接的因果性，因此都是主犯？从另外一个角度来说，可不可以说，主犯从实质客观说的角度来讲，对于最终的构成要件结果具有主要作用，因此也都是实质上的正犯？这些问题都值得进一步讨论。

今天我们的主讲人是复旦大学法学院的袁国何老师。国何本科和硕士就读于中国政法大学，博士期间师从北京大学的陈兴良教授，此外还在德国马普所进行过访问研究，对于共犯问题进行了长年的关注和深入的研究。相信今天他关于主犯和正犯关系的报告，会就这个问题给大家作一个深刻的讲述。

除了主讲人之外，今天的与谈人同样也是北京大学陈兴良教授的学生，西南政法大学法学院的丁胜明副教授。胜明老师和国何一样，是我们20世纪80年代出生的刑法学者里的佼佼者，他也在日本北海道大学有过访问研修的经历，对共犯的问题也是长年关注。下面有请主讲人袁国何老师。

主讲人·袁国何

今天我要讲的题目是《正犯与主犯的关系》。如刚刚付老师所说，这是一个基础性的、在一定程度上讲又是前沿性的问题，涉及很多在中国刑法中有规定的和没有规定的问题。概而言之，这个问题实际上是要讲，在区分制共同犯罪体系下，如何把握正犯和主犯之间的关系；它们是一种一一对应的关系，正犯就是主犯，还是说正犯和主犯未必对应，正犯可能成立从犯，共犯可能成立主犯。

之所以选择这个问题，是因为年初看到张明楷老师在《法学研究》发表的《共犯人关系的再思考》，他认为，刑法分则的规定实际上就是关于正犯的规定；《刑法》第26条的规定实际上就是关于共同正犯的规定，《刑法》第26条第3、4款的规定很好地体现了"部分行为全部责任"这一原则；《刑法》第29条规定的教唆犯包括两个部分，一部分是共谋共同正犯，一部分是单纯的教唆犯。日本刑法上的从犯就是指帮助犯，中国《刑法》第27条规定的从犯也可以认为是与正犯相对应的共犯人类型，其中还包括在共同犯罪中起次要作用的实行犯。在这个想法之下，正犯、共同正犯、教唆犯、帮助犯就能在我国刑法分则和总则中找到自己的根据；在量刑意义上，单独正犯、共同正犯就是主犯，教唆犯、帮助犯就是从犯。

这种想法促使我去思考，以前所讲的正犯、共犯的区分服务于定罪，主犯、从犯的区分服务于量刑的这种见解，是不是仍然妥当？较之于张明楷老师所提到的这种以共同正犯来解读《刑法》第26条的方案，孰优孰劣?

我今天的报告主要分成七个部分:第一部分先讲几个案例,引出问题;第二部分讲解把正犯解释为主犯、共犯归类为从犯的等同关系主张,由于我把共同正犯视为正犯的子类型,因此,张明楷老师的见解也被我放在这里来谈;第三部分讲的是等同关系说的理由及其中的问题;第四部分涉及的是可能影响到中国、德国、日本刑法理论中的这种等同关系说兴起的"正犯是行为事件的核心角色"这一论断,它的本来意义和在今天对它存在的一些误解;第五部分要讲的是在中国刑法的司法实务中,为什么要区分正犯与共犯,而不是仅仅区分主犯与从犯;第六部分想讲的是我自己的想法,在中国刑法区分主犯与从犯的前提下,应当如何理解正犯与主犯的关系;最后一部分是对前面几个案例的一个简单剖析。

一、问题的引出

首先我们来看一下近两年在中国司法实践中切实用到的所谓共谋共同正犯的一些案例。

> 【案例1】龙国明伙同周某、熊某到某小区盗窃画作,在盗窃过程中,龙国明始终只在别墅区外面等候接应,周某、熊某到竺某家中盗走了7幅画作,随后在小区被保安抓住。西湖区法院以龙国明等犯盗窃罪,判处龙国明有期徒刑7年6个月。龙国明提出上诉,理由是没有和周某等串谋,不构成共同犯罪。

当然,这里面有一些证据问题,杭州市中院先核查了事实,确认三人之间存在共谋,认为龙国明虽然没有直接接触被害人竺某和他的画作,没有亲手实施盗窃行为,但仍然可以成立共谋共同正犯。应当说,这个案件的分析没有太大问题。

另一个共谋共同正犯的案例,可能就会存在一些疑问。

> 【案例2】汪广杰牵头和莫伟健、陈晓江见面、串谋,由汪广杰将他人通过电信诈骗获得的赃款转到莫伟健的银行卡里,由莫伟健提现

并交给陈晓江。在这个安排之下，莫伟健去取了刘某被骗的20万元现金，并将取出的钱款交给陈晓江，陈晓江再交给汪广杰。在取款过程中，汪广杰始终不在取款现场，取款行为由莫伟健完成。新疆维吾尔自治区奎屯市人民法院一审认定，汪广杰等人帮助他人取款，构成诈骗罪，系从犯，判处汪广杰3年6个月有期徒刑。汪广杰提出上诉，理由和前面的龙国明相似。

新疆维吾尔自治区高级人民法院伊犁分院审理认为，汪广杰虽然没有取款行为，但莫伟健的取款行为是按照他策划商定的内容进行的，汪广杰构成共谋共同正犯。但是，这个界定存在巨大的问题。一般认为，按照司法解释，在事前通谋的情况下，帮助诈骗犯取款构成诈骗罪，但构成的是帮助犯；在肯定帮助犯的过程中，法院又认定汪广杰成立共谋共同正犯。一般认为，共谋共同正犯与帮助犯是互斥概念，伊犁分院同时肯定这二者，是存在疑问的。

无论如何，我们能够看到，司法实践的确在接纳用正犯与共犯的区分来定罪，在使用共谋共同正犯概念，同时也存在一些问题。

接下来，我要介绍的是两个在德国引起广泛讨论的案件，正是在这两个案件的讨论基础上，德国学者罗克辛提出了所谓的组织支配理论。

【案例3】第一个是艾希曼案。艾希曼是纳粹德国的官员，他在犹太人屠杀计划中扮演了非常重要的角色，他将大量的犹太人运送到集中营和灭绝营，这些人随后在集中营和灭绝营中被屠杀。1961年，艾希曼被以色列特工从阿根廷抓到耶路撒冷进行审判。艾希曼辩解说，他的角色是其他任何人都可以替代的。这个辩解没有被法院采纳。在德国刑法学界的讨论中，人们都认为艾希曼对最终计划富有重要责任，他被认为是正犯，而非帮助犯。

艾希曼案促使罗克辛思考：这种在屠杀计划中扮演重要角色的人如何被界定为正犯？正犯的标准究竟是什么？从这里出发，罗克辛提出了利用有组织的权力机构的意思支配类型，进而将希特勒、艾希曼等认定为正犯。

这个案件并不是德国司法实践中发生的,斯塔辛斯基案则发生在德国本土。

【案例 4】斯塔辛斯基是苏联克格勃的特种兵,在 1957 年和 1959 年先后接受命令前往西德杀害了异见政客雷贝特和班德拉。德国联邦法院认为,实施了暗杀行为的斯塔辛斯基是帮助犯,发布暗杀命令的克格勃官员才是所谓的办公桌上的正犯。

之所以如此,是因为德国判例在当时采用的是主观正犯标准,20 世纪 40 年代的溺婴案也是如此。主观正犯标准在 20 世纪 60 年代受到广泛批评,人们开始倾向于用客观标准界分正犯与共犯,这就必须思考为什么在客观标准之下仍然可以认定幕后者成立正犯。

二、等同关系说的主张

这些案件让我们看到一种普遍的想法:在案件中扮演重要角色的人,似乎就应当成立正犯进而适用正犯之刑;在犯罪中不起重要作用的人,则应认定为帮助犯或教唆犯,转而适用帮助犯、教唆犯之刑,即应当或者可以减轻处罚,这是一种正犯和主犯挂钩的现象。

我国传统司法实践中,最初不太区分正犯与共犯,只在量刑过程中区分主犯与从犯。从 20 世纪末开始,由于刑法理论的更新,人们开始思考,是不是可以先认定正犯与共犯,再在这个基础上认定主犯和从犯。由此,我们看到了另一种方案:在定罪阶段区分正犯与共犯,尤其要去认定教唆犯和帮助犯;在量刑阶段区分主犯与从犯,但不要过多考虑它们在分工中扮演何种角色。正犯、共犯与主犯、从犯并没有必然对应关系,而是交叉关系。在这种交叉关系理解下,我们解决了很多案件中的难题。

近年来,在中国刑法理论以及德国、日本刑法理论中都提出了一种要求:对正犯实施更严厉的惩罚,将更重要作用者认定为正犯。我将这种想法概括为等同关系说。需要说明的是,我把张明楷老师关于以共同正犯解读《刑法》第 26 条的主张理解为是这种等同关系说的新发展。

20 世纪末、21 世纪初开始，许多中国学者在解读我国《刑法》第 26、27、29 条时，倾向于把主犯的规定直接解释为正犯。例如，杨金彪老师认为，《刑法》第 26 条规定的主犯实际上就是正犯，教唆犯没有办法再找到客观标准而区分成主犯与从犯。由此，《刑法》第 26、27、29 条就规定了正犯、从犯、教唆犯三种并列的分工分类的共同犯罪人。他的思考切入点是谁可能在共同犯罪中起主要作用，在他看来，正犯是直接地侵害法益，教唆犯、帮助犯是间接地侵害法益，正犯的法益侵害性显然更强烈，正犯的作用才能是主要作用，教唆犯、帮助犯不可能起主要作用。这样，他提出了分工分类与作用分类合一的命题。

在国外，斯塔辛斯基案、艾希曼案反映出了正犯处罚的主犯化倾向。如果说这种倾向在这两个案件中还不够直观的话，德国刑法典修订过程中学者关于教唆犯、帮助犯的修订建议则相当直观。《德国刑法典》第 27 条规定的帮助犯在 1871 年就被规定了必减主义，帮助犯须减轻法定刑的 1/4 左右；1943 年，第三帝国将帮助犯的必减主义修改为得减主义；1975 年，又被修改回了必减主义。

在刑法修订过程中，许多德国学者还建议将教唆犯的同等处罚原则修改为得减主义。在 1871 年和 1943 年的《德国刑法典》中，教唆犯都被规定按照正犯之刑处罚；1968 年，许多学者提出，教唆犯是间接地诱发构成要件实现，通过其他人实现构成要件，教唆犯的作用没有正犯那么大，尽管可以说教唆犯在正犯的意思发起中发挥了重要作用，主观不法贡献的有余可以弥补客观不法贡献的不足，但这应该是一种例外情形，而非正常情形，因而应当为教唆犯规定得减主义。由此可见，德国刑法学者实际上想把正犯和共犯在法定刑上作出区分，可以说，德国有一种正犯处罚的主犯化倾向：正犯的处罚应当比共犯严重。

近年来，我国学者在论证正犯和主犯的合一过程中提出的一个很重要的论据是：正犯标准不再是形式化的，不再以形式的客观构成要件的实现作为标准来界分正犯与共犯；相反，组织支配理论、共谋共同正犯理论都应当被接纳。由此,在共同犯罪中发挥重要作用的人,可以被解释为正犯;在共同犯罪中没有起重要作用的人,可以被解释为共犯。

在德国和日本,也有同样的想法。正犯标准的实质化进程,从20世纪60年代开始突飞猛进,罗克辛所建构的行为支配理论兴起后,基本上再也看不到以纯粹的形式客观说界分正犯与共犯的主张。行为支配理论认为,只有构成要件实现中的支配性角色才是正犯,直接正犯通过自己的行动实现对构成要件的支配,间接正犯则通过意思支配而证成其正犯性,肯定共同正犯的理由则是功能性支配。

在功能性支配中,罗克辛虽然强调共同正犯要有共同的行为计划、共同的构成要件行为实施,但他认为并不需要亲自实施构成要件行为,只要在实行阶段发挥重要作用即可,在盗窃过程中在场外望风的人完全可以成立共同正犯。

在间接正犯中,罗克辛认为,组织头目可以凭借有组织的权力机构实现意思支配,具体而言,当组织头目有一个庞大的组织可以发布不法命令、组织成员众多以至于每个执行者都可以被其他人替代且组织本身具有法背离性时,黑社会性质组织、恐怖活动组织的头目就可以不依赖于具体执行者的意志而实现自己的犯罪计划,因为法外狂徒张三拒绝我的命令,没关系,李四可以接替他,我并不是一定要张三实行犯罪,李四、王五都可以。从最终的犯罪会得到实现这个角度来讲,罗克辛认为,这种情况下的组织头目应当成立间接正犯。

这种想法,与我国《刑法》第26条规定的"组织、领导犯罪集团进行犯罪活动"的主犯相当接近。我们都说,犯罪组织头目应当是核心角色,是有组织犯罪的中枢,这个中枢怎么能不成立正犯呢?从这个角度出发,罗克辛肯定了希特勒、艾希曼、斯塔辛斯基背后的克格勃官员的间接正犯性。在这种间接正犯中,你就会发现,罗克辛不再是用客观的构成要件行为概念来界分正犯与共犯,而是以谁在犯罪中发挥支配性功能、支配性作用为标准。这一点,在共同正犯中也得到了贯彻。

在日本,刑法理论早期广泛拒绝共谋共同正犯,但司法实务很早就在练马事件中肯定了共谋共同正犯，尽管《日本刑法典》对共同正犯的规定是“共同实行犯罪者”，但日本法官认为在共同犯罪中起重要作用的人也可以成立共谋共同正犯。在日本刑法学理中，重要作用说成为了区分共同正犯与共犯的核心标准。

我国学者在21世纪开始广泛接受罗克辛的行为支配理论，近年来，陈毅坚等老师提出，《刑法》第26条的“组织、领导犯罪集团进行犯罪活动”的共同犯罪人，实质上是组织支配型间接正犯。此外，也有学者认为，这种组织头目可以成立共同正犯或凭借强制的间接正犯。无论如何，不难发现：人们倾向于将在共同犯罪中居于幕后的组织头目认定为正犯，实现正犯和主犯的等同。

张明楷老师还提出，实行行为者未必是共同正犯，起次要作用的构成要件部分行为者可以成立从犯。在日本，也有学者提出类似的主张。这种想法就会更加彻底地将正犯与共犯的标准变成重要作用者和非重要作用者。

以上，是对等同关系说现象的一个阐释。

三、等同关系说的问题

实际上，等同关系说的想法有两个基本的维度：第一个维度是去解释什么人才可能在共同犯罪中发挥重要作用、主要作用，通过作用的规范化解释而认为只有实行者的作用才是重要作用，进而将主犯解释为正犯；第二个维度则是正犯标准的实质化理解，认为只有在共同犯罪中发挥支配性作用、支配性功能、重要作用的人才是正犯，这种正犯的处罚自然应当比共犯严重，这是它的两条路径。这两条路径是不是行得通？

（一）作用的规范化解释之问题

第一，我们来看作用的规范化解释。在作用的规范化解释下，直接造成法益侵害的正犯比间接造成法益侵害的教唆犯、帮助犯作用更大，如果我们坚持直接造成法益侵害者比间接造成法益侵害者作用更大的话，就会认为直接正犯的处罚应当比间接正犯更重，但很难认为通过强制或欺骗而支配他人实施犯罪的人之处罚应当更轻。如果检索刑法学理与司法实践的话,几乎不会找到赞同者,甚至有人认为应当更严厉地处罚间接正犯。

第二,在作用的规范化解释下,支持教唆犯处罚更轻的一项理由在于正犯是直接实现构成要件,教唆犯则只是作用于正犯的意思,物理性的作用比精神性的作用更强。如果坚持这个逻辑的话,就应该认为物理性的帮助犯之处罚应当重于教唆犯、精神性的帮助犯,然而,既有的学理和司法实务也不支持这样的看法;相反,人们普遍认为教唆犯是比帮助犯更严重的犯罪参与形式。

第三,德国刑法典修订过程中并没有采纳1968年学者所提出的《刑法典替代草案》的教唆犯得减主义立场,仍坚持教唆犯与正犯同等处罚,立法说明指出:教唆犯虽然在构成要件行为方面不够贴近,但它是构成要件实施的“首倡者”,这种精神上的“首倡”能够弥补教唆犯在客观上不够贴近构成要件行为这一点。教唆犯的这种“首倡”仍然是在客观的构成要件贡献方面展开的,而不是因为他使正犯堕入有罪责之中。因此,不存在反对者所批判的行为人刑法的问题;相反,仍然是行为刑法的展开。

(二)正犯的实质化理解之问题

正犯的实质化理解,也存在诸多问题。

其一,如果以重要作用说界分正犯与共犯,就势必破坏构成要件的定型性,而这一点恰恰是区分制共同犯罪体系的最重要功能,是确保罪刑法定原则实现的最重要基础。一般认为,刑法分则是以单独正犯既遂模式为立法模型的,这里的正犯是一个限制的正犯概念,例如,《刑法》第232条规定的故意杀人是指直接杀死被害人,而不包括教唆、帮助他人杀人。

齐默尔分析指出,以限制的正犯概念为基础,德国刑法总则关于教唆犯、帮助犯的规定是一种刑罚扩张事由,更是一种构成要件扩张事由,正是基于刑法总则关于教唆犯、帮助犯的规定,教唆者、帮助者才能得到处罚。区分正犯与共犯的重要功能在于,任何不符合正犯、教唆犯、帮助犯的构成要件类型者,即便导致了构成要件结果实现,也不能作为犯罪处罚。

对于这种区分不同犯罪人类型进而满足构成要件定型性要求的做法，功能的单一正犯体系甚至也表示认同，基纳普菲尔赞同在奥地利刑法中区分直接正犯、诱发正犯与援助正犯，之所以要做这种区分，是为了满足法治国要求。如果以重要作用说为标准界分正犯和共犯，就没有办法维持限制的正犯概念，因为一个在外面放风的人即便没有实施杀人行为，也有可能被认定为是杀人的正犯，这与构成要件定型性所强调的形式化特征，是背道而驰的。

日本学者统计，在日本司法实务认定的广义共犯中，共同正犯占到98.3%，教唆犯和帮助犯分别仅占0.2%和1.5%。显然，有很多可能不符合正犯的构成要件类型的人，被认定成了共同正犯。日本学者甚至说，《日本刑法典》第61条关于教唆犯的规定，几乎没有发挥任何作用。

其二，重要作用和次要作用是一组相对的概念，这就可能让人们在认定一个人是重要作用者的同时，轻易地认定另一个人是次要作用者，就有可能使得人们不注意定罪中应当强调的类型性判断。我们刚刚讲到，区分正犯和共犯最重要的功能其实是满足罪刑法定的类型化、定型性要求，进而将罪与非罪区分开来，而不仅仅是将不同的行为人区分开来。我们举几个例子来感受一下，如果不能很好地坚持以构成要件定型性标准区分正犯与共犯可能带来的后果。

【案例5】A决定到某个地方去杀死仇人C，于是，他携带凶器在路边打车，出租车司机B随后把A载到了目的地，A在目的地把被害人杀死。

这就是所谓的中立帮助犯的问题。对于中立的帮助犯，要在帮助犯中来讨论它，因为它不符合正犯、教唆犯的构成要件要求，只能在帮助犯的构成要件分析中加以展开。如果在帮助犯的构成要件中展开讨论，就有可能会通过分析而否定司机B的帮助犯；但是，如果专注于区分作用大小的话，就很可能认为A在共同犯罪中起主要作用，B在共同犯罪中起次要作用，进而将B认定为应当更轻处罚的从犯。

然而,其实不应该这样。先肯定某人构成共同犯罪,才能进一步讨论他在共同犯罪中发挥何种作用;而判断某人是不是构成共同犯罪,需要先对不同的行为人类型展开不同的构成要件检验,区分制共同犯罪理论区分正犯与共犯的最重要功能其实是这一点。

【案例 6】A 决定杀死仇人 C,并把这个消息告诉了 B,B 得知后说,杀人的动静太大,肯定会被公安机关积极追捕,因为命案必破,建议 A 把 C 打成轻伤就可以了,C 很可能顾及各种社会影响就不报案了。A 就听取了 B 的建议,把 C 打成了轻伤。

在这个案件中,首先要分析 B 所扮演的角色是构成要件行为支配者,还是非支配者。显然,他不是支配构成要件的正犯。接着,我们要追问,他是教唆犯吗?但如果我们按照教唆犯来分析的话,可能发现他不是那种通常所讲的让人无犯意到有犯意的教唆者,他其实是让 B 从杀人犯意转变成伤害犯意的人,这就可能是所谓的减等教唆,而减等教唆不符合让人实施更严重犯罪的类型化要求,不构成教唆犯。接着,我们需要检验 B 是否构成帮助犯,这可能需要考虑 B 是降低风险而非替代风险,最终决定 B 是否构成帮助犯。如果只是着眼于作用的重要与否的话,就可能认为 B 是在共同犯罪中发挥次要作用的人,因为 A 才是起主要作用者,就很容易肯定 B 成立教唆犯或帮助犯。

可见,重要作用说可能会导致刑罚处罚的扩大化。

其三,如果认为共同正犯有别于正犯的话,就很难坚持共犯从属性。从共谋到实行之间总有一定的时间距离,这就会影响到对犯罪的追究起始时点。例如,我和两个人共谋,我给他们制定了详细的方案,让他们明晚去实施犯罪,可是,今晚就有人因行政违法被抓并供出了这件事,问题在于,另外两人分担的实行行为还没有开始,而我在共同犯罪中要发挥的全部功能已经发挥完毕了,我本来也不会去现场,也不会遥控指挥。但是,我们不能说,一旦共谋完成就可以将三个人作为共同犯罪来处罚。

张明楷老师提出,在共同正犯领域不坚持共犯从属性,而强调共同引起法益侵害结果，只有当构成要件部分行为者开始实施的时候，才能肯定共同正犯。可是，这种界分和共犯从属性之间没有太大差别，还是需要去区分谁是实行者，谁是非实行者，这种区分仍是必要的，组织、策划者仍是从属于实行者的。

如果说这一点在简单的共同犯罪中还不显著的话，一旦将全部类型的共同犯罪人放进来，就会发现非常明显的共犯从属性意味。例如，B、C、D 三人去实施犯罪，A 是一个单纯的教唆犯，B 制定了详细的方案、策略，规划了整个犯罪过程并提供了必要的物质要素，让 C 和 D 去实行犯罪，C 和 D 在实行过程中又得到了 E 的帮助。

这时候，即便我们认为 B、C、D 都是共同正犯，也不能说不再需要实行者概念，因为我们要思考教唆犯 A 在何时可以被处罚？是在 B、C、D 开始共谋时，还是 C 和 D 去实行时？此时，一定要找到 C 和 D 的实行行为时点，这个时点是教唆犯 A 被处罚的时点，我们没有办法真正逃避实行者和非实行者的这样一个定位，既然还要坚持说共犯从属于正犯，就一定要说只有 C 和 D 才是这里的正犯，只有通过自己的行动或者支配他人的意思，或者与他人共同实施而支配构成要件行为者才是共犯从属性意义上的“正犯”。

可见，将共同正犯分离出正犯范畴的想法，是不可行的；不能将共同正犯和正犯作为互斥的、并列的概念，而必须将共同正犯认定为正犯的下位概念。

其四，如果将我国《刑法》第 26 条理解为共同正犯规定，就难以解释为什么起次要作用的构成要件部分行为者也奉行“部分行为全部责任”原则。张明楷老师认为，共同正犯的“部分行为全部责任”原则很好地被体现在《刑法》第 26 条第 3、4 款中，他还认为构成要件部分行为者如果在共同犯罪中起次要作用则成立从犯；但是，这样就难以说明这些起次要作用的部分实行者也要奉行“部分行为全部责任”的原因，而他们因为存在实行行为也难以认为其从属于其他的实行行为者，不能适用共犯从属性原理。

例如,A、B两人分别实施构成要件行为,A是重要作用者,B是次要作用者,如果B是从犯但其先实施的话,他在实施时被警察抓获,这时就可以处罚为B提供帮助的人以及A,即便A还没有按照计划去实施自己承担的那部分构成要件行为。显然,作为从犯的B并不从属于作为共同正犯的A;相反,为B提供帮助的人从属于B。

由此可见,如果认为《刑法》第26条是关于共同正犯的规定,就很难再主张起次要作用的构成要件部分行为者是从犯也适用"部分行为全部责任"原理。

四、正犯核心角色定位的祛魅

接下来要思考的是,为什么在中国、德国、日本刑法中都有将正犯与主犯挂钩的想法。吴光侠法官曾经在《主犯论》中表示,我们在界定主犯时可以借用德日刑法中的正犯概念和标准,中国刑法中的主犯在德国、日本刑法中被称为正犯,当然,他在具体分析时没有严格坚持这一点。但是,我们的确可以发现,德国、日本存在着要求正犯处罚比共犯严厉的想法。为什么?以及为什么人们会想将主要作用者解释为正犯、次要作用者解释为共犯?

在我看来,等同关系说的想法可能在很大程度上受到了罗克辛提出的正犯和共犯理论的方法论出发点的影响。罗克辛在1963年撰写了他的教授资格论文《正犯性与行为支配》,他提出了"正犯系行为事件的核心角色"作为正犯理论的方法论出发点,他认为正犯标准既应该反映出事物本质中存在的本体性差异,也应该有立法者对这种本体性差异的确认。"正犯系行为事件的核心角色"就是这样一种立法者确认的事物本质,应当以它为出发点发展正犯标准。

在柏林墙射击案中,罗克辛指出,只有认定为间接正犯,才能在法律上很好地评价国防委员会委员的地位,如果将他们认定为教唆犯则会使他们降低为事件的边缘角色,没有表现出他们是真正决策者这一点。类似地,在共同正犯中,罗克辛解释道,所有不使确定的预备行为成为共同实行人的努力，都面临这样的想法：人们不允许将“集团的首领”作为单纯的教唆犯加以惩罚。中国学者在认定正犯与共犯的界分标准时，也在很大程度上受到了这种影响。

人们普遍很难接受希特勒竟然不是屠杀犹太人的核心角色，人们极尽所能地要把他认定为正犯。可是，这种想法是不是和罗克辛自己所讲的核心角色的本来定位吻合？这实际上是有疑问的。

“核心角色”有两重含义：第一重含义是指空间意义上的中心，空间上的中心者才是核心角色，在共同犯罪中就是指实行者，非实行者从属于实行者，是围绕实行者的边缘角色；第二重含义则是评价意义上的重要性，核心角色是发挥了重要作用的、因而应当严厉处罚的人。

问题是，罗克辛自己在讲“正犯是行为事件的核心角色”时，他讲的究竟是什么？细加分析就会发现，罗克辛的“正犯是行为事件的核心角色”这一命题中的“正犯”就是指“实行者”。刚刚我们说到，罗克辛认为正犯标准的方法论出发点要在立法中确认，当时有效的《德国刑法典》第 46 条对正犯的表述就是“实行者”，罗克辛表示：我们可以从立法者的表述中明显地感受到，实行者是事件的核心角色，实行者是立法者认定的中心，教唆犯、帮助者是立法者认定的边缘人物，从属于实行者。由此可见，“正犯系行为事件的核心角色”这一命题，不过是共犯从属性的反面表达。

如果说这种分析具有立法的局限性的话，罗克辛在教科书和后来完善的教授资格论文中更加明确地强调：正犯系行为事件的核心角色虽然是一个前法律标准，存在于事物本质之中，核心角色并不是一个可以推导出具体界分的概念。换言之，我们对正犯和共犯的具体界分标准不能从核心角色定位中推导得出，他更进一步表示，所有以重要性学说、以刑事需罚性为标准来区分正犯与共犯的做法，都应当被拒绝，因为立法本来就为正犯与教唆犯规定了相同的刑罚，之前甚至为帮助犯规定了与正犯相同的最高刑。因此，不能说只有将某人认定为正犯才能实现更严厉的处罚。

五、区分正犯与共犯的功能

我刚刚讲了很多理由，表示不应当以重要性学说来区分正犯与共犯。

这就可能带来一个问题：既然如此，是不是可以直接不区分正犯与共犯，只在量刑阶段区分主犯与从犯即可？可是，如果这样的话，就会遇到我们前面所讲的问题，可能会扩张刑法的处罚范围，使得刑法的处罚变得不恰当。前面我们讲到，共犯规定是一种构成要件扩张事由，凡是不符合教唆犯、帮助犯的构成要件类型性要求的，即使其与构成要件结果的实现之间有因果关联，也不能处罚。

我们这里再举几个例子。例如，A 打算去某地携带枪支抢夺 C 的财物，B 知道后劝说 A 不要携带枪支，徒手实施抢夺即可；A 听从了 B 的劝说，徒手抢夺了 C 的财物。这也是一个需要在减等教唆中检讨的事例，我们不能说 A 构成教唆犯，因为减等教唆不符合教唆犯的构成要件要求。

又如，教唆他人帮助犯罪但没有教唆成功的情形，我国《刑法》第 29 条对教唆犯的规定是“教唆他人犯罪”，这里的“犯罪”是指实行犯罪还是参与犯罪？在日本，刑法典规定的教唆犯包括教唆他人实行犯罪和教唆他人教唆犯罪，教唆他人帮助犯罪则没有被规定；对于从犯，日本刑法规定的是“帮助正犯者”，并规定教唆从犯的以从犯论处，而没有规定帮助从犯者等。

因此，如果只是教唆他人实施帮助行为，在我国《刑法》意义上是不是能够被处罚，应当作为教唆犯还是作为帮助犯处罚，不是不证自明的；在教唆他人实施帮助行为且教唆失败的情形中，则更需要加以检讨，教唆犯、帮助犯的构成要件类型恰恰就是它展开的一个有效的场域。

再如，帮助他人实施帮助行为、帮助他人实施教唆行为，能否予以处罚，都是需要在教唆犯或帮助犯的构成要件中加以展开的，而不能仅考察其是不是与构成要件结果的实现之间具有因果力，以及这种因果力的大小如何。

正是在这样一些极端案件中，能够很好地凸显出明确区分正犯和共犯的必要性。简单来说，正犯与共犯区分的功能在于确保罪刑法定原则的实现，而不在于为量刑提供参考。《德国刑法典》《日本刑法典》为帮助犯规定以必减主义，只不过是立法者的选择而已，而不是共犯的本来属性的必然要求。实际上，1810年《拿破仑刑法典》、1851年《普鲁士刑法典》和今天的《法国刑法典》都规定共犯与正犯同等处罚，1871年《德国刑法典》才选择了帮助犯得减主义。

我国《刑法》没有明确规定教唆犯、帮助犯应当或可以减轻处罚，即便对从犯的规定也是“应当从轻、减轻处罚或者免除处罚”而不是“应当减轻处罚或者免除处罚”。因此，我们区分正犯与共犯的界分不具有刑罚裁量的指导功能，也就不必在界分正犯与共犯时过度实质化。适当的实质化是必要的，否则就连间接正犯也无法处罚。但是，还是应当强调对构成要件行为的支配，而不仅仅是在构成要件中间发挥重要作用。

六、正犯与主犯的应然关系

坦白地说，张明楷老师在《共犯人关系的再思考》中的想法，在量刑方面，我其实是赞同的。

张老师认为，单独正犯规定在刑法分则中，直接按照刑法分则之刑处罚即可，对此，我表示认同，不是因为直接行为人一定会起主要作用，而是因为刑法分则本来就以单独正犯为模型，单独正犯实现了刑法分则规定的全部的客观构成要件与主观构成要件，当然没有理由再将单独正犯按《刑法》第27条从轻、减轻处罚或免除处罚。这是由分则立法模式决定的。我们不能说，一个人接受他人教唆或得到他人帮助，他的不法和未受教唆、帮助的单独犯罪有差别，被教唆、被帮助的单独正犯也实现了完整的不法。

在有多人实施构成要件行为的领域，就需要在共同正犯中区分出主犯与从犯；此外，对单独正犯或共同正犯的教唆犯、帮助犯，也需要区分主犯与从犯。在司法实践中，很多案件不区分主犯与从犯，认为各共同犯罪人所起的作用相当，均成立主犯。可是怎么会所有犯罪人都起“主要作用”？在我看来，这是因为认定主犯时是以单独正犯为靶子进行判断的，当共同犯罪人所起的作用和单独实现该罪的构成要件相当时，就应当将其认定为主犯。

例如,张三、李四、王五一起实施盗窃行为,张三、李四各偷了 1 万元钱,王五只偷了 8 000 元钱,他们都符合盗窃数额较大的要求,不能因为王五只偷了 8 000 元就认为他是从犯,除非三人的总额达到了数额巨大的要求,而王五既没有独立达到数额巨大的要求,在贡献上也逊于另外两人。

需要注意的是,1997 年《刑法》没有单独为主犯规定处罚原则,实际上就是按照刑法分则规定的法定刑处罚。因此,在认定主犯时需要以单独正犯为参考系。1979 年《刑法》规定主犯“从重处罚”,从犯“比照主犯从轻、减轻处罚或者免除处罚”,此时,主犯与从犯当然是相对性的概念,主犯的处罚比单独正犯还重。

但是,1997 年《刑法》没有为主犯规定单独的处罚原则,从犯的处罚原则也不是“比照主犯”从轻、减轻或免除处罚,实际上就是比照单独正犯从轻、减轻或免除处罚。在认定主犯与从犯时,应当重视现行刑法的这种特点。因此,如果一个共同犯罪人在共同犯罪中也单独地实现了完整的构成要件时,就不应当将其认定为从犯。

对于帮助犯,可以认为帮助犯原则上发挥次要作用,但不能过于绝对,在望风的情形中望风者完全可能是主犯,实际上等同关系说也是赞成这一点的。对于教唆犯,也可以说教唆犯原则上发挥次要作用,但也不能绝对化,特别是考虑到教唆犯在主观构成要件上的贡献可以弥补他在客观构成要件实现上的不足这一点。一个单纯提起犯意的人,可以不将其认定为主犯。

在主犯与从犯的认定中,要考虑共同犯罪人对构成要件行为的贡献、对构成要件结果的掌控以及对主观构成要件的贡献。但是,在认定主犯与从犯时,不要考虑责任因素,因为责任因素不是共同犯罪所特有的,它应该在主犯与从犯认定之后在其他量刑情节中加以考量。

七、解题

最后,我们对最初的几个案例作简要分析。

在斯塔辛斯基案中，斯塔辛斯基在构成要件层面亲自实施了构成要件行为，是单独正犯；在量刑层面，他不可能成立从犯，直接按照刑法分则的法定刑处罚。

在艾希曼案中，艾希曼没有亲自实施构成要件行为，也没有强迫或欺骗他人实施，如果认同组织支配的话，可以将其认定为正犯。但是，在我看来，组织支配理论恐怕是一个很有问题的想法，它在很大程度上为了实现"核心角色"定位而扭曲了正犯标准。因此，在我看来，艾希曼成立教唆犯即可；在量刑阶段，他是组织、领导犯罪集团进行犯罪活动的主犯。

对于龙国明案，龙国明仅在场外望风，在构成要件层面应成立帮助犯；但是，在量刑阶段，可以根据客观情况去判断他的望风行为是不是起到了主要作用，进而将其认定为主犯或从犯。

在汪广杰案中，显然不能同时肯定汪广杰成立共同正犯与帮助犯，这种想法实际上是不注重在构成要件层面的区分导致的，这种教唆他人实施帮助行为恐怕难以成立教唆犯，而宜认定为帮助犯，但需要进行详尽的说理。

以上，是我对正犯与主犯关系的一个思考。

与谈人 · 丁胜明

非常感谢国何的讲解，对德国、日本以及中国的主犯正犯的相关问题做了一个非常详细的讲解和梳理，也提出了自己的基本观点，维持我们传统的分工分类法和作用分类法的二元分类。关于这个问题，我跟国何的观点是完全一致的。我的基本立场就是认为没有必要将正犯解释为主犯，或者说没有必要将主犯解释为正犯。这个问题我准备从下面几个方面来展开。

一、为什么要将正犯解释为主犯

关于主犯和正犯关系的争论，在刑法学界已经持续了很多年。我国刑法学早期都认为,共同犯罪人的分类有两种标准:一是分工分类法,二是作用分类法。至少我在本科阶段学习时,教科书是这样写的,老师也是这样教的。在这种分类法之下,主犯和实行犯是存在交叉但并不相同的概念。

主犯和正犯关系的争论,是德日刑法理论涌入我国之后出现的。之所以出现争论,是因为德日刑法中不存在主犯的概念,流行的理论对正犯的定义是在犯罪进程中起支配作用的核心人物,而在犯罪进程中起支配作用的核心人物,显然是指在犯罪进程中的作用较大,因此德日刑法理论界定的正犯实际上等同于主犯。简单来说,德日刑法理论中的正犯就是主犯,主犯就是正犯。

因此,所谓主犯和正犯关系的讨论,或者目前的主犯正犯化的思潮,是要抛弃传统理论对共犯人分类的理解,走向德日理论对共犯人分类的理解。问题是我们为什么要这样做?传统理论不好吗?德日理论更好吗?只有德日理论比我们的更好,我们才有理由抛弃自己的传统,去学习他们的东西。

在当前刑法研究的大环境下,鄙视传统理论,将德日理论奉为上宾是一种时髦;我个人也认为,德日刑法理论中确实存在非常多的优秀思想和理论,值得我们认真研究和学习。但是,这只是一种宏观的判断,就具体问题而言,必须进行个别的分析。因此,在共犯人分类的问题上,我们必须具体地讨论,德日刑法的共犯人分类理论是不是真的比我们好,如果是真的好,到底好在哪里。

刑法理论是要解决定罪和量刑问题,任何一个在定罪和量刑上没有意义的问题,在刑法上都是没有意义的。任何一个可以更好地处理定罪和量刑问题的理论,都是值得研究和学习的理论。所以,哪一种理论可以更好、更妥当地解决定罪和量刑问题,是我们选择传统的分工和作用分类法、还是选择德日共犯人分类法的基本依据。尽管对共犯人分类法的问题产生了如此之多、纷繁复杂的理论争议,我们完全可以绕开那些纯粹字面游戏的部分,绕开那些抽象的逻辑推理的部分,直捣黄龙,直面案例,从案例的解决思路上考察哪一种共犯人分类法更加可取。

二、没有必要将正犯解释为主犯

国内支持正犯主犯等同说的旗手是张明楷教授，下文以其列举的几个例子为依托，对正犯主犯等同说的观点进行考察。

（一）

形式的客观说虽然有一定的优点，但也有明显的缺陷。这是因为，所谓正犯与共犯的区分，事实上主要讨论共同正犯与共犯的区分。直接正犯与间接正犯是直接或通过支配他人实施构成要件行为的人，其与教唆犯、帮助犯比较容易区分；而共同正犯不一定实施构成要件行为，却要以正犯论处，故需要与共犯相区别。

> 【案例 1】乙从身后抱住被害人丙，使丙不能反抗，甲用刀刺伤丙的腹部。根据形式的客观说，乙没有实施故意伤害罪的构成要件行为，故不成立故意伤害罪的共同正犯。这一结论明显不当。
>
> 【案例 2】甲、乙计划通过贩卖假名牌商品实施诈骗，甲负责伪造假名牌商品，乙负责贩卖。在这样的场合，认定只有乙是诈骗罪的正犯、甲是其教唆犯或者帮助犯，是不当的。

请注意，这里张明楷教授引用的例子是日本刑法学者西田典之和桥爪隆的著作《刑法总论》中的案例。显然，西田典之和桥爪隆教授认为，这两个案例不认定为正犯，而是认定为帮助犯是不当的。

为什么他们认为不当呢？原因很简单，因为如果认定为帮助犯，根据《日本刑法典》第 62 条：（1）帮助正犯的，是从犯。（2）教唆从犯的，处从犯之刑。第 63 条：从犯之刑，比照正犯之刑减轻。也就是说，如果认定为帮助犯，则必须减轻处罚，可是，第一个案例中抱住被害人的乙和第二个案例中伪造名牌商品的甲，显然发挥了重要的作用，如果减轻处罚是不合理的。因此，西田典之和桥爪隆教授认为认定为帮助犯是不妥当的，需要将其认定为正犯。德国刑法和日本刑法关于共同犯罪人分类的规定基本相同,在德国刑法语境下,也能得出同样的结论。

可是,这里所谓的不当,只不过是说根据德国和日本的刑法典的规定会得出不当的结论;但是,在中国刑法语境中,认定其构成帮助犯没有任何不当。因为我国刑法并没有规定帮助犯需要减轻处罚,根据我国传统的分工分类和作用分类法的理解,帮助犯如果在共同犯罪中起重要的作用,完全可以认定为主犯。也就是说,在将第一个案例中抱住被害人的乙和第二个案例中伪造名牌商品的甲认定为帮助犯的同时,又可以将其认定为主犯,不需要减轻处罚。既然如此,那么德国和日本学者面临的问题,在我国就并不存在。

德国和日本的问题,是因为其特有的刑法规定导致的,也就是把帮助犯和量刑挂钩、认定为帮助犯就必须减轻处罚导致的,而我国并不存在这样的规定。总之,德日刑法将正犯等同于主犯,是要解决其特有的问题,而这个问题在我国并不存在,那么,我们凭什么要去引进这个理论呢?

而且,需要注意的是,张明楷教授提出:"共同正犯不一定实施构成要件行为,却要以正犯论处,故需要与共犯相区别。"这是根据实质客观说得出的结论,而不是实质客观说得以成立的理由,这种表述明显是在进行循环论证。

(二)

张明楷教授指出:"对共同正犯与共犯的区分采取实质标准说,完全符合我国刑法的规定。因为在许多犯罪中,作出某种决定、提出某种方案,对于犯罪的实现起到了十分重要的作用。"为此,张明楷教授举了下面两个例子。

【案例3】在现实生活中,将国有资产低价折股或者低价出售的具体行为,完全可能由普通工作人员实施,但如果没有主管人员的决定,普通工作人员不可能实施该行为。这清楚地说明,就徇私舞弊低价折股、出售国有资产罪的实现而言,作出决定比具体实施所起的作用更大。

【案例 4】诈骗罪的成立要求行为人实施欺骗行为；但并不是任何虚构事实、隐瞒真相的行为都能成为诈骗罪中的欺骗行为，即使能够成为欺骗行为也未必能够得逞。于是，谎言的设计者、话术的编撰者，虽然没有亲自对他人实施欺骗行为；但实施欺骗行为的人利用其设计的谎言、编撰的话术实施欺骗行为就容易得逞。在这种场合，前者对诈骗成功所起的作用完全可能大于后者。在电信诈骗案中，那些直接给受骗者打电话的人，虽然实施的是构成要件行为，但与其背后诈骗方案或者话术的设计者相比，所起的作用要小得多

我完全赞同张明楷教授对上述案件的分析，换句话说，第 3 个例子中作出决定的人，第 4 个例子中设计诈骗方案的人，起的作用非常大。但是，这并不意味着应当将其认定为正犯。在分工分类法看来，上述人属于教唆犯或者帮助犯，在作用分类法看来，上述人属于主犯，这并没有任何问题。为什么要将上述人认定为正犯呢？其意义何在呢？

（三）

张明楷教授认为："从帮助的角度来说，形式的客观说也不符合我国刑法分则的规定。最为明显的是，刑法分则规定部分帮助行为按正犯处罚，就是因为在部分犯罪中，帮助行为所起的作用非常重要。即使在刑法没有明文规定的场合，有些表面上的帮助行为，实际上对构成要件的实现起到了至关重要的作用。"为此，张明楷教授举了一个例子：

【案例 5】甲想实施合同诈骗行为，但其事前起草的合同不能使对方产生错误认识，因而未能得逞。于是，甲请乙为自己精心设计了用于诈骗的合同，甲利用该合同使对方当事人产生错误认识从而处分了财产。在这样的场合，倘若仅认定乙是共犯或者从犯，明显不合适。

张明楷教授认为，将乙认定为共犯或者从犯，明显不合适。对于这个案例，我也赞同，将乙认定为从犯不合适，因为乙的作用很大，应当认定为主犯。但是，认定为共犯有什么不合适呢？认定为共犯会带来什么不合适的后果呢？唯一的可能是根据德日的刑法规定，认定为帮助犯，就要减轻

处罚,但这个案子显然不能对乙减轻处罚,因此不合适。但是,这是德日刑法的规定,不是我国刑法的规定。在我国刑法语境下,将其认定为帮助犯的同时认定为主犯,没有任何不合适。

(四)

其他例子也基本上没有什么区别。比如:

【案例6】甲制作了用于敲诈勒索的信件,乙将该信件交付给被害人。

【案例7】甲乙二人计划毒杀被害人,甲巧妙地调制了看似药品的粉末状毒药,乙用毒药替换了被害人饮用的感冒药。

【案例8】甲乙二人计划使被害人落入坑中使其摔伤,甲挖了坑,乙诱导被害人落入坑中使其摔伤。

张明楷教授认为,在上述三例中,如果只认定乙是正犯,甲是帮助犯从而从宽处罚,无论如何都是不合理的。

在上述三个例子中,将甲从宽处理肯定不合适,但将甲认定为帮助犯没有任何不合适,因为我国的帮助犯不意味着需要从宽处罚。

总而言之,我国刑法中帮助犯和从犯是两个不同的概念,两者之间没有必然的联系,德国和日本刑法需要解决的问题,在我国并不存在。

三、将正犯解释为主犯带来的问题

正犯主犯化的本质是解除构成要件行为在共犯人分类中的地位,以作用为核心区分正犯和共犯,于是,是否实施构成要件行为,在共犯人的分类中的作用就被边缘化甚至被抹杀了。但是,共同犯罪也是犯罪,不可能不考虑构成要件行为。将构成要件行为从共犯人分类的认定中排除出去,必然导致一些必须依托构成要件行为的问题无法得到认定,其中最典型的是关于犯罪形态的问题。

张明楷教授认为正犯等于主犯,同时采取共犯从属性说。根据共犯从属性说,如果正犯还没有着手,共犯就不可能既遂或者未遂。但是,着手的概念和构成要件行为密不可分，只有实施了侵犯法益的构成要件行为，才能评价为着手。可是如果混淆正犯和主犯的界限，则难以认定共同犯罪的着手。比如：

【案例 9】乙从身后抱住被害人丙，使丙不能反抗，甲用刀刺伤丙的腹部。

这个案件，如果认定乙是正犯，那么乙抱住丙的时候，是否就是故意杀人罪的着手呢？但是，该案中用刀捅人的伤害行为还没有开始，怎么能认定是着手呢？也许这个案子还不够明显，我们把该案案情稍微改一下，乙先将丙用绳子绑住，关在地下室，过了一天，甲来到地下室将丙杀死。从作用上来看，抱住和用绳子绑住对于案件发生的作用完全一样，只不过是杀人的具体时间间隔不同，因此，既然抱住丙的乙是正犯，那么绑住丙的乙也肯定是正犯。那么，是否应该将乙绑住丙的时间认定为着手时间呢？如果后来甲放弃了杀人，乙也属于故意杀人的未遂吗？这显然难以令人接受。

【案例 10】甲、乙计划通过贩卖假名牌商品实施诈骗，甲负责伪造假名牌商品，乙负责贩卖。

同理，在这个案件中，不可能认为，负责制造假冒商品的甲，其伪造行为就属于诈骗罪的着手了。

张明楷教授显然也认识到了这一点。他指出，在诈骗罪中，设计诈骗方案或者话术的行为，还不可能被评价为构成要件行为。这是因为倘若将这种行为评价为构成要件行为，那么，只要行为人设计了诈骗方案或者话术，即使没有人根据该方案或者话术实施欺骗行为，对设计者至少也要以诈骗未遂论处，这显然不妥。

但是，问题依然没有解决，即到底应该以谁的行为为标准认定着手呢？张明楷教授一方面认为实施刑法分则的构成要件行为的人就是正犯，设计诈骗话术的人没有实施构成要件行为，一方面又认为其是共同正犯，至少在概念上，将这种人挂在正犯的名头之下，是存在问题的。

张明楷教授对此问题的解释是，这种人是共同正犯，而共同正犯“是与单独正犯相并列的正犯形式的一种样态”,或者说,共同正犯是一种不同于正犯的独立参与类型。于是,共同正犯虽然也挂着正犯的概念,但和单独正犯有区别,共同犯罪的着手,仍然要着眼于实施了构成要件行为的人。既然如此,那就说明,只有实施了构成要件行为的人才能被视为真正的正犯,而没有实施构成要件行为的人,和真正的正犯是有区别的。既然如此,那就没有必要将其挂在共同正犯的名头之下,否则只会造成概念的混淆。而且,这种解释是缺乏目的导向的。

换句话说,即便承认共谋共同正犯、将部分重要的帮助行为强行解释为共同正犯,也仍然需要区分实施了构成要件行为的典型正犯和共谋共同正犯、典型正犯和共同正犯;否则,就无法确定以谁的行为作为着手的标准。

可见,有没有实施构成要件行为,在共同犯罪中的性质还是不一样的,在共同犯罪人的分类上,不可能不考虑谁实施了构成要件行为的问题。

四、我国刑法关于共同犯罪的规定比德日刑法更加先进

第一,采取分工分类和作用分类的双层分类,一个解决定罪问题,一个解决量刑问题,在思维逻辑上更清晰,特别是有利于处理犯罪形态的认定问题。这一点前文已述,不再重复。

第二,根据德国日本的刑法规定,教唆犯必须按照正犯同等处罚,帮助犯则必须减轻处罚。但是,分工上的教唆犯,其作用可能是次要的,分工上的帮助犯,其作用也可能是主要的;反过来,即便是实施了构成要件行为的人,其作用也可能是次要的。因此,不能将分工和作用挂钩。在德国和日本,教唆犯必须按照正犯同等处罚,封闭了从宽处理的空间,从罪刑相适应的角度来说是不合适的;帮助犯必须减轻处罚,于是必须把大量的物理帮助犯和心理帮助犯解释为正犯,从而避免减轻处罚,这实际上是因为立法的不合理导致的解释学的扭曲。

诚然,作为解释学,只能在立法的规定之下展开,因而德日刑法理论为了实现量刑的合理化,将主犯解释为正犯的动机是可以理解和体谅的,然而,这是一种不好的立法体例带来的扭曲的解释学。我国的立法不

存在德日刑法的这种问题，既然如此，明知这种立法是错误的，根源于这种立法的解释学是扭曲的，为什么我们还要抛弃我们本来逻辑顺畅的理论，去接纳德日的扭曲的解释结构呢？这种“学习”的态度是缺乏目的导向的，因而是不理性的。

总而言之，第一，德日刑法的规定导致了德日共犯认定的特有问题，因此需要将主犯解释为正犯，而我国不存在德日刑法的那种问题，不需要将主犯解释为正犯。第二，我国的刑法规定比德日的共犯规定更加合理，能够逻辑顺畅地解决共犯的定罪和量刑问题。基于上述两点原因，我们没有必要将主犯解释为正犯，这个是我的一个基本的结论。

主持人·付立庆

我先提一个问题，实际上也是胜明他评论过程之中的一个比较关键的论点，我想就这个论点听一听国何的意见。在胜明老师看来，帮助犯因为在分工上并没有实施实行行为，所以被评价为帮助犯，但另外一方面，在作用上又起到主要的作用，因此完全可以被评价为主犯，从而可以解决张老师在论文中所提到的那些问题。在中国刑法理论中，也确实有一些学者主张帮助犯可以成为主犯。这里边帮助犯是不是《刑法》第 27 条所说的“在共同犯罪中起辅助作用”？换句话说，中国刑法之中有没有明确的关于帮助犯的规定？它和第 27 条之间是什么关系？如果你认为帮助犯是一个法律明确规定的一种共同犯罪人类型的话，它就是规定在第 27 条之中的话，那就已然不存在再将帮助犯解释为主犯的空间。关于这个问题你是怎么看的？

主讲人·袁国何

谢谢付老师！刚刚丁胜明老师所讲的很多观点我都是赞同的，包括帮助犯在主犯与从犯的分类上没有确定性的归属这一点。在我看来，没有必要太过实质化地去认定正犯与共犯,由于要承认间接正犯就势必要对正犯理论予以一定的实质化,但不必实质化到将所有重要作用者都解释为正犯。

比如说,我刚刚举到的盗窃或杀人、抢劫时有人在室外望风的案件,望风者完全可以被评价为帮助犯,因为他既没有直接以自己的行动来支配构成要件行为,也没有通过强制或欺骗来对他人予以意思支配,进而支配他人的构成要件行为,也没有在共同行为计划之下与他人共同实施构成要件行为。这样的人,就应当认定为帮助犯。至于说他成立主犯还是从犯,我刚刚说帮助犯一般情形下都是从犯,但并不是说帮助犯一定是从犯,帮助犯其实也是规定在《刑法》第 27 条之中。

我一直都觉得,在我国,建构区分制共同犯罪体系最大的问题在于,很难找到法律明确规定的正犯和帮助犯的概念。在我看来,《刑法》第 27 条中的"次要作用、辅助作用"其实是同义反复,都是相对于《刑法》第 26 条中的"主要作用"而言的,它们是相互定义的,"辅助作用"不是指在共同犯罪中间扮演帮助者角色所起的作用;否则,就很难避免构成要件层面上的过度实质化。丁胜明老师讲道,中国《刑法》的规定,在很大程度上,可以避免在德国或日本刑法理论中势必要出现的将帮助犯解释为正犯的需求。

如果我们认同区分制共同犯罪理论,就一定要去找我国《刑法》总则关于正犯、帮助犯的规定在哪里。我最近在思考,是不是可以从《刑法》第 25 条中去寻找出路,但从《刑法》第 25 条找出路可能也会存在一定的问题,它可能使得刑法分则规定的限制的正犯概念经由《刑法》第 25 条又变成扩张的正犯概念。对此,我还没有特别成熟的想法。

Q1:按照袁老师的观点,在维持犯罪参与行为定型性的基础上,区分主犯与从犯,由此可以实现正确的定罪与量刑。那么按照单一制的犯罪参与体系,特别是在功能的单一正犯体系之下,也可以实现形式上区分直接正犯也就是实行犯,诱发正犯也就是教唆犯,援助正犯也就是帮助犯,并且在量刑阶段根据行为作用的实际大小,各处不同刑罚,也就是区分主从犯。这与我国刑法规定也并不冲突。这是不是意味着区分制在我国刑法教义学下的这种解释适用及否认正犯与共犯在量刑大小上的必然的位阶关系的情况下，与单一制的犯罪参与体系已经没有太大区别了？

对于这个问题，其实我之前也作了一些探讨，我去年专门讨论了功能的单一正犯体系的应然定位。这位同学说得很对，如果我们区分正犯与共犯、区分不同的行为人类型，又不将行为人类型与作用类型挂钩，看起来就和功能的单一正犯体系非常相像。但是，能不能说我国《刑法》就能用功能单一正犯体系来解释，则仍然是有疑问的。

为什么这样说？因为功能的单一正犯体系有一个非常大的问题，就是它不承认共犯从属性。当它不承认共犯从属性时，它在既遂情形中很容易满足构成要件的定型性要求；但是，在未遂情形中，很难说功能的单一正犯体系有巨大的理论优势。奥地利学者在分析诱发正犯的未遂时，试图只在直接正犯着手时才追究诱发正犯的刑事责任，但这种做法实际上在很大程度上就已经走向了共犯从属性。有学者解释到，只有当直接正犯着手时，才能对构成要件实现产生实质性的法益侵害危险。它只不过是把共犯从属性原理用一个朴素的语言讲出来而已。如果我们承认这一点的话，就势必认为基纳普菲尔所讲的量的从属性与质的从属性之间没有本质差异。如果这样的话，我们就能够进一步说，其实，不是区分制靠近了功能的单一正犯体系，而是功能的单一正犯体系靠近了区分制。

进一步分析会发现，对于身份犯、亲手犯等情形，功能的单一正犯体系更是无能为力，比如，基纳普菲尔在他的著作中专门加了一个脚注，他说，关于特别犯的问题，还需要进一步的思考。为什么说特别犯的问题还需要进一步的思考呢？因为我们一般认为正犯就一定要具备构成要件身份的，只有具备身份的人才能构成正犯。在区分制共同犯罪体系中，教唆者、帮助者从属于正犯的不法，有身份的正犯可以将不法传导给他；可是，在功能单一正犯体系之下很难这样做，因为诱发正犯和援助正犯是从自己的行为中独立地获得不法的。比如说，我教唆一个人去实施贪污行为，我的确诱发了构成要件结果的实现，但我又不满足构成要件中至关重要的身份要求。对此,功能的单一正犯体系是没有办法解释的。

更为重要的是,李斯特在建构单一正犯体系时反对的是什么？他反对的就是在共同犯罪人中进行类型性区分这一点,在他看来,之所以不要区分,是因为区分太复杂,而且区分是没有用的,区分半天也区分不清楚。李斯特最后说,自1851年《普鲁士刑法典》采共犯从属性以来,共犯的理论的黑暗达到了顶点。我们可以看到,李斯特明确反对区分,而功能的单一正犯体系为了满足法治国原则却必须区分。

在这个意义上讲,我认为,功能的单一正犯体系是在向区分制不断靠拢,而不是区分制在向功能的单一正犯体系靠拢。功能的单一正犯体系不如扯下遮羞布,直接承认共犯从属性原则。

Q2:中国传统刑法理论实际上在分工分类法里面,除了实行、教唆和帮助之外,还有"组织犯"的概念。这个问题就是:怎么样来理解组织犯？它到底是正犯、主犯,还是其他形态？

实际上,我的博士论文写的就是《共犯体系中的组织犯》,今年,我也对组织犯相关的组织支配理论展开了系统性的梳理。在我看来,《刑法》第26条第1款的规定是非常具有实质化功能、非常好用的一个规定,它决定了我们没有必要为了从重处罚而把组织者认定为正犯。

在这一点上,我和丁胜明老师的观点是高度类似的,即在定罪的层面维持构成要件行为实施者系正犯这个命题就可以了。当然,我认为,"构成要件行为实施者"是可以作一定的实质化解释的,比如说,通过欺骗或强制而让他人来实施,也应该解释为是自己在实施,这实际上是把他人的体素为自己的心素所用。

在此基础上,我认为,直接将组织犯认定为共犯就可以了,没有必要像德国刑法理论那样,为了要把他们评价为核心角色,或者为了将他们按照正犯之刑处罚,而费尽全力将组织头目解释到正犯之中。

实际上,德国刑法所讲的组织支配理论和中国刑法所讲的组织、领导犯罪集团进行犯罪活动是有一定差别的。比如说,罗克辛在讲组织支配理论时,强调要有直接行为人的可替换性。因此,人一定要很多,六个人凑在一起还不是一个组织支配可以成立的类型。但是,我国《刑法》第 26 条第 2 款规定,三人以上就可以构成犯罪集团,对于那些三人以上但人数很少的情形,罗克辛也会认为是共犯,而非正犯。

中国刑法其实是比较好处理的,我们想对组织头目进行从重处罚的想法,在立法上得到了很好的落实。在刑法的规定中,你能看到我们一直都是严厉打击有组织犯罪的,比如,首要分子不能够适用缓刑,组织头目是确定的主犯。在这个量刑上确定的结论之下,没有必要把组织犯认定为正犯,直接认定为共犯就行了。

马克昌先生和陈兴良老师都在自己对组织犯的分析中讲,组织犯的一个特征是非实行行为性,就是他实施的是非实行行为,而实行行为者才是正犯。因此,组织犯就是共犯。我在写博士论文的时候曾经试图论证组织犯是正犯,后来跟陈老师进行讨论,陈老师说,将组织犯认定为正犯很有可能是国外理论的一个探讨,在他们的法律体系下可能必须这样做。刚刚,丁胜明老师很好地分析了日本刑法的规定,我们可以从这些立法的类型性差别中,找到适合本国立法的一个共同犯罪体系。

这是我的回答,不知道丁老师是不是认同这一点。

与谈人 · 丁胜明

我补充一点。

应该是从六七年前开始,钱叶六老师、江溯老师、刘明祥老师、张明楷老师都对这个问题作了一些非常深入的探讨。我有一点感想,就是我们现在对于主犯正犯关系的争论非常激烈,但是争论的目的不是为了永远争论下去,而是要达成一些共识,然后由共识去指导我们的司法或者是立法,包括理论研究。我觉得通过目前这些研究至少可以达成这样一个共识,就是作用和分工是不同的,这就是客观事实,文科的研究也是要建立在客观事实的基础之上,不能忽略分工和作用是两个不同的范畴这样一个客观事实。

在这个客观事实的基础上,可以看到德国刑法、日本刑法对于教唆犯同等处罚、对于帮助犯采取必减主义是存在问题的。所以德国、日本的刑法之所以认为共犯理论是一个最混乱、最黑暗的篇章,可能很大的原因在于它的分类法本身不科学、不合理。

我国传统上的分类没什么太大的问题。但是刚才国何师兄也讲了组织犯的问题,我觉得组织犯在传统理论上可能把它按照分工分类法来分,这可能是有问题的。我的一个理解是组织犯属于作用分类法的分类,属于主犯的一种类型,不是分工分类法的一个类型。

总而言之,问题出在德国刑法、日本刑法的立法规定上,不是出在我国刑法的规定上,也不是出在我国的传统理论上。所以我们没有必要去削足适履,没有必要邯郸学步,去把我国本来一个逻辑顺畅的理论搞得非常复杂。这是我的基本观点。

主持人 · 付立庆

袁国何老师就正犯与主犯的问题作了非常详细、非常清晰的阐述,尤其他的德国刑法的功底在这个过程之中非常充分地展示出来。胜明老师也结合日本刑法的规定,尤其阐述了我们在跟国外学者进行交流的过程之中,在解释中国刑法的过程之中,要紧密结合中国刑法本身的规定,而不能不加选择地借鉴。

今天的讲座到此为止,谢谢大家。

第八讲
竞合论中的法益同一性判断

主讲人:王彦强(南京师范大学法学院副教授)
与谈人:郭　研(西北政法大学讲师)
主持人:付玉明(西北政法大学教授,《法律科学(西北政法大学学报)》编辑)

主持人·付玉明

尊敬的各位专家学者、亲爱的各位老师同学,大家晚上好!

我是来自西北政法大学的付玉明,非常荣幸受邀担任今晚在线讲座的主持人。众所周知,2020年新春一场突如其来的新冠疫情,暂时阻隔了法律人在现实空间的聚会和交流,但是移动互联时代的科技手段却为我们搭建了学术交流的新型平台。在疫情之下诞生的种类繁多的名家讲座和在线论坛中,最受刑事法学界关注的就是由北京大学法学院车浩教授和北京市盈科律师事务所全国刑事法律专业委员会赵春雨主任联袂发起的"全国青年刑法学者在线讲座"。两位发起人关心学术公益,甘心奉献,精心为"80后"青年刑法学者搭建发声平台,推动学术创新,意义非凡,值得关注。

今晚是系列讲座的第八讲,主题是"竞合论中的法益同一性判断",主讲人是来自南京师范大学法学院的王彦强教授,与谈人是来自西北政法大学的郭研博士。

主讲报告人王彦强教授,本科、硕士均出身于西北政法大学,硕士阶段师从于王政勋教授,博士阶段师从于南京师范大学的蔡道通教授,而王政勋和蔡道通两位老师又同时都曾求学于北京大学陈兴良教授门下。因此,从学缘结构和学术特色上说,王彦强教授既具有西北刑法厚重沉实的研究风格,又兼具北大刑法锐意创新的学术特色。实际上,王彦强教授是我的硕士同班同学，所以我对他的底细比较了解。王彦强教授可以说是资深的新锐学者，年龄小却成名早，很早以前就在“犯罪成立罪量因素”和“竞合理论”等领域不断推出新的研究成果，为学界所熟知，目前更是成功跻身于“80后”代表性刑法学者行列。

与谈人郭研博士，本科、硕士也同样出身于西北政法大学，博士毕业于吉林大学法学院。郭研老师目前就职于西北政法大学，是法学界长安青年骨干学者，曾赴德国马普所访学研究。郭研老师主持过司法部、中国法学会多项省部级课题，在刑民交错、经济犯罪、财产犯罪等多个领域有着非常独到的研究，撰写并发表过多篇学术论文。

因此今晚的学术报告，可以说是两位西北政法大学校友之间的学术对话。长期以来，中国刑法学界被认为有三大疑难问题，而“罪数理论和竞合理论”即是其中之一，可见问题之难，研究之必要，所以我们非常期待两位老师的精彩报告。首先有请王彦强教授开讲。

主讲人·王彦强

感谢付老师的介绍、感谢郭研师妹与谈，当然更要感谢车浩老师、盈科所赵主任搭建的平台，谢谢台前幕后的各位同学、工作人员的辛勤付出。我今天给大家分享的题目是《竞合论中的法益同一性判断》。

今天的讲座，我将从四个方面讲这个问题：首先要作一些必要的说明；然后从法益的性质和内容，也就是质的方面来谈一谈法益的同一性判断，包括单一法益情况下的同一性判断和复合法益下的同一性判断两个方面；最后，从法益的保护程度，也就是量的角度来谈谈法益的同一性判断问题。

一、竞合论的体系问题

首先，就选题和讲座所涉及的竞合论体系问题作一些必要的说明。

在选题方面，我们经常称竞合论或者罪数论，可能我们更熟悉的称谓是罪数论。因为我国的罪数或者竞合理论，实际上最早来源于我们对民国时期刑法学和日本刑法学的借鉴，在日本刑法中多用罪数论这一称谓。近些年，随着德国刑法理论的引入，竞合论的称谓变得时髦，甚至有学者认为应当直接用竞合论来代替罪数论。我个人相对保守一点，我觉得不管是竞合论还是罪数论，实际上都是要解决一个罪数不典型的问题，它们要解决的问题是一样的。所以，在这里我对竞合论和罪数论作同样的理解和使用。

在竞合论或者罪数论中，存在着多种多样的竞合或者罪数形态，这些形态很乱，非常复杂，但有以下三个基本的形态是公认的：法条竞合、想象竞合和实质竞合。法条竞合，是行为人实施一行为实际上只构成一罪——只不过由于刑法的复杂规定，貌似触犯了数罪——只需按该罪处罚即可。打个比方，我有一双 40 码的脚，而刑法给我提供了一双 40 码的鞋、一双 48 码的鞋和一双 52 码的鞋。我当然选择最适合我的 40 码的鞋就可以了，不可能再把 48 码、52 码的都穿上；如果刑法并没有给我提供一双 40 码的鞋，穿一双 48 码或者 52 码的鞋也可以，总比光着脚好。所以，法条竞合是一行为一罪一罚，是典型的一罪。想象竞合，则是一行为触犯了数罪而一罚，也就是说行为侵害了数法益、构成数罪，只不过由于只有一个行为而予以一罚。实质竞合，就是数罪并罚，数行为数罪并罚。

在竞合的这三种基本形态中，我们会发现区分的标准一个是行为数，一个是罪数。而关于罪数的判断，实际上就是今天的主题——法益的同一性判断。在一行为的情况下，法益是否同一就变成了法条竞合和想象竞合区分的实质标准。所以从某种意义上讲，所谓法益的同一性判断，实际上讲的就是想象竞合和法条竞合如何判断、如何区分的问题。

法益的同一性判断，从行为认定的角度，就是行为人实施的行为所侵犯的法益是否超过了一个罪的保护法益的范围；从罪名判断的角度，就是行为所涉嫌的数个罪名之间，是否为保护同一法益所设定。

近些年，学界产生的一些观点，比如，有人提出想象竞合应当数罪并罚，不管你是一行为还是数行为，只要侵犯了数罪就应该数罪并罚；也有人提出法条竞合应当从一重罪处罚；还有学者提出所谓大竞合的观点，即不必严格区分法条竞合和想象竞合，一律从一重罪处罚。大家会发现这些观点的提出，实际上会使得我们这次讲座的选题变得没有意义了，因为这些观点实际上就认为法条竞合和想象竞合没有区分的必要。

之所以会有学者提出上述这些观点，我个人认为是因为我们刑法典里没有关于竞合的明文规定。在此情况下，提出这些观点完全是可能的。那么，法无明文规定到底是优势还是劣势呢？有的学者认为是优势，这样我们就可以不受法条的限制，按照我们认为理想的竞合状态去建构竞合体系。但我觉得这种观点值得商榷。因为竞合论的研究还是刑法教义学、解释学研究，既然如此，就应该“带着镣铐跳舞”，镣铐就是刑法规定。如果没有镣铐怎么跳舞？或者说，你跳出来的舞，自己可能认为是非常优美的，但在别人看来未必，甚至可能认为是群魔乱舞。所以说，我认为竞合论中这些混乱的产生，恐怕都与我们的刑法没有关于竞合的明文规定有关。所以，从立法论的角度看，我觉得法律应该对竞合论有一个明确的规定。当然，我觉得这种状态已经有所改观，那就是《刑法修正案(九)》。

《刑法修正案(九)》修正的内容很多，就竞合条款的修改，包括 2 个数罪并罚条款的修正和 8 个从一重罪处断条款的增设，从而形成了 12 个从一重罪处罚条款、6 个特别规定条款和 10 个数罪并罚条款三足鼎立的局面。大家会发现，从一重罪处罚条款、从特别规定条款和数罪并罚条款，刚好对应想象竞合、法条竞合和实质竞合。换言之，在分则已经形成类型化、规模化的三种不同处断条款的情况下，基本可以判断我们的刑法典已经确立了“区分制”的竞合体系，也就是说，最起码法条竞合、想象竞合和实质竞合是要区分的。所以，我们来讨论法益的同一性判断问题还是非常有意义的。

有了这些铺垫后，我们便进入主题，关于法益的同一性判断或者法条竞合和想象竞合的区别，首先要看法益的内容、法益的性质，然后要看法益保护的程度。前者我称之为质的方面的法益同一性判断，后者我称之为量的方面的法益同一性判断。对于前者，我将区分侵犯单一法益之罪和侵犯复合法益之罪来予以说明。

二、质的方面的法益同一性判断：侵犯单一法益之罪

关于犯罪保护的法益是否同一，有一个基本的判断标准，即其“或主体不同，或者法益的种类不同，两者必居其一”。主体不同比较好理解。而所谓种类不同，就是说属于同种法益的犯罪之间，往往具有法益的同一性，例如我国学者提出：“一个保护公法益的法条，和一个保护个人法益即私法益的法条之间，是不可能形成法条竞合关系的，也就是说不可能具有法律的同一性。”

那么，这个标准准确吗？也就是说，一方面，保护同类法益的两个犯罪之间，就一定具有法益的同一性吗？另一方面，保护不同种类法益的两个犯罪之间就一定不具有法益的同一性吗？我觉得都值得思考。

一方面，属于同种法益或者同类法益的犯罪之间，它们保护的具体法益一定是同一的吗？我给大家举几个例子，比如，生产、销售伪劣商品罪中的消费者合法权益。《刑法》第 140 条到第 148 条规定了若干生产、销售伪劣商品类犯罪。一般认为这些犯罪既保护市场竞争秩序，也保护消费者合法权益。这里只讨论消费者的合法权益，《刑法》第 140 条到第 148 条的这些生产、销售伪劣商品类犯罪，保护的消费者合法权益的具体内容是一样的吗？如果仔细看法条会发现是不一样的。比如，第 140 条的生产、销售伪劣产品罪，强调销售金额 5 万元以上的构成本罪，显然在其构成要件要素的表述中，消费者的合法权益指的是消费者购买这些伪劣产品花了多少钱，或者说被骗了多少钱，是这个意义上的财产损失。但在生产、销售假药、劣药、不符合安全标准的食品、有毒有害食品犯罪中，你会发现其构成要件要素根本不关注消费者买这些东西花了多少钱，而是关注消费者使用这些东西导致的健康权益的损害，这里保护的消费者合法权益是消费者的健康权。所以，只要认真分析这些犯罪的构成要件的内容，就会发现它们保护的消费者合法权益的具体内容是不同的，尽管它们保护的都是同类法益——消费者合法权益。

我们再举个更熟悉的例子——故意杀人罪和故意伤害罪。一般认

为，故意杀人罪保护的是生命权，故意伤害罪保护的是健康权。如此，两者作为危害人身权利犯罪，保护的法益是不一样。这里就有个问题，如果行为人基于杀人的故意而造成了重伤害的结果，该如何处理？德国学说认为，这种情况下应该构成杀人罪的未遂和故意重伤罪的想象竞合。究其原因，恐怕正是因为故意杀人罪和故意伤害罪保护的法益是不同的，对于行为人基于杀人的故意而造成重伤害的情形，如果仅认定为故意杀人罪的未遂，不能体现行为对健康权的实际侵犯；而如果仅认定为故意伤害罪的既遂，又体现不了行为对生命权的危险。所以，同时宣告故意杀人罪未遂和故意伤害罪的成立，构成想象竞合，如此方能完整评价行为的不法全貌。但在我们国家情况并非如此。我们通说也认为故意杀人罪保护生命权法益，故意伤害罪保护健康权法益，但遇到"基于杀人的故意而造成重伤害的结果"这种情形，认为构成杀人罪与伤害罪的想象竞合的观点，几乎没有。

我们可以看下面这样一个案例，这是中国裁判文书网的真实案例——肖某某故意杀人案。案件很简单：

> 【案例1：肖某某故意杀人案】肖某某雇凶杀人，但两个被害人一个重伤，一个轻伤，都没有死亡，法院认为肖某某的行为构成故意杀人罪的未遂。

这应该是实务中认定此类案件的通常的做法，可如此认定的话，与我们坚持认为故意杀人罪和伤害罪，一个保护生命权，一个保护健康权，二者法益不同的观点，是有冲突的。因为既然法益不同一，如何可能通过故意杀人罪的未遂来体现行为对健康权的损害呢？所以说，这种观点和立场，恐怕有自相矛盾的地方。要解决这个矛盾，可以退一步，即不要再细分，认为故意杀人罪和伤害罪保护的都是身体权，比如我国台湾地区的黄荣坚教授就提出过这种立场。这样的话，故意杀人罪和伤害罪就具有法益的同一性，此时认定为一罪，就是合理的了。

以上分析表明，即便两个犯罪保护的是同类法益，它们保护的具体法益内容也未必一样,二者未必具有法益的同一性。

另一方面,如果两个犯罪保护的不是同一类法益,这两个犯罪之间的法益一定不同一吗?一个保护社会法益的犯罪和一个保护个人法益的犯罪之间,法益一定不同一吗?我觉得也未必。这是因为所谓的超个人法益、社会法益,往往都具有一个特征——还原性。

基于个人本位或者个人主义的法益观,国家法益、社会法益并不是高人一等的法益,它是为保护个人法益服务的。有的国家法益、社会法益是保护个人法益的前提条件、社会基础;而有的国家法益,尤其是社会法益,可以直接还原为个人法益。比如,毒品犯罪中的"国民健康",难道不就是指每一个毒品受害人真真切切的健康吗?再比如,交通肇事罪与过失致人死亡罪、过失致人重伤罪中,交通肇事罪是一个过失的危害公共安全犯罪,它以导致实害结果发生为成立条件,而交通肇事罪危害公共安全的实害结果,正是具体的人员伤亡或重大财产损失。说交通肇事罪保护的公共安全法益是必须还原为具体人的死亡或者重伤,才能体现出来的。所以,当发生了一个交通肇事行为,我们只需要认定交通肇事罪一罪即可,不可能在此基础上同时认为构成过失致人死亡或者过失致人重伤罪。

再比如,放火、爆炸、决水、投放危害物质等危害公共安全犯罪,它们保护的是公共安全,即不特定或者多数人的生命、健康或者财产。但当公共安全表现为不特定人的生命、健康权利时,这些犯罪和故意杀人、故意伤害罪之间是什么关系?如果行为人并不想杀害特定人,仅仅想报复社会而放了一把火,如果没有导致具体的人的伤亡,仅仅产生了对他人生命健康或财产的具体危险,即放火罪具体危险犯的公共安全法益的表征,此时仅以放火罪一罪处理即可。而如果行为人不是为了杀害特定的人而实施放火行为,但把人烧死了或把人烧成了重伤,此时,放火行为对公共安全的实害结果就体现为该具体的死亡或者重伤结果,故同样以放火罪一罪处断即可。但是如果行为人为了杀害特定的对象而实施放火行为,那么这个时候该怎么处理?我们来看一个真实案例,梁某某放火案。

【案例2:梁某某放火案】梁某某因为保健品问题与王某3结

怨，想报复王某3，于是他就用汽油对王某3和陈某1等共同居住的房间放火，引起火灾，导致陈某1被烧死，王某3被烧伤后送医抢救无效死亡，还有8 000多元财产损失，法院判决认定梁某某仅构成放火罪一罪，判处死刑、剥夺政治权利终身。

这个案例就是我刚才所说的行为人为杀害特定对象而实施放火行为。在这个案例里，行为人杀害特定对象是可以评价为故意杀人罪的，而他实施的放火行为导致了特定对象以外的不特定或多数人的生命健康或者财产损失，这是可以评价为放火罪中的公共安全法益损害的。所以，我认为只有同时认定为放火罪和故意杀人罪才能完整地评价他的行为。所以，我觉得这个案件恐怕应当认为行为人的行为既构成放火罪，又构成故意杀人罪，但从一重罪处罚，也就是说成立想象竞合。

以上例证表明，即便所涉嫌的两个犯罪不是保护同类法益的犯罪，但由于社会法益具有直接的还原关系，可以还原为个人法益，其可以和个人法益之间具有法益的同一性。

小结一下：我们需要根据具体犯罪法益的具体内容来判断它们的法益是否同一。只有当法益的内容同质而且重合时才具有法益同一性。保护同类法益的犯罪之间，具体内容可能是不同的；而保护不同种法益的犯罪之间，却有可能基于上述还原关系而存在所谓法益的同一性。

三、质的方面的法益同一性判断：侵犯复合法益之罪

其一，在保护复合法益的犯罪中，要特别注意其保护的次要法益。

有种观点认为，既然一个保护公法益的法条和保护个人法益的法条之间不具有法益同一性，不可能形成法条竞合关系，那么侵犯个人法益的诈骗罪和侵犯社会法益的合同诈骗罪、金融诈骗犯罪之间不是法条竞合关系，而是想象竞合。我觉得这种观点恰恰忽略了金融诈骗犯罪、合同诈骗罪保护的是复合法益。金融诈骗犯罪、合同诈骗罪在保护金融管理秩序或者市场经济秩序的同时，也保护被害人的财产，这一点是毫无疑问的。这个财产法益和诈骗罪的财产法益是具有同一性的。如果对一个金

融诈骗行为或者合同诈骗行为，在宣告成立合同诈骗罪、金融诈骗犯罪的同时，又成立普通诈骗罪，对其造成的财产法益损害就进行了重复评价，这是应当被禁止的。所以说，在保护复合法益的犯罪中，必须重视该犯罪保护的次要法益，这个次要法益完全有可能跟其他犯罪所保护的法益之间形成同一性。

其二，必须把次要法益和附随法益区分开来，如果错误地把附随法益当作次要法益，恐怕会不断扩大法益同一性判断的范围。

附随法益是行为人在实施某一犯罪行为时，附带侵害到的某一法益，但附随侵害或者实际侵害到的法益，并不一定是该罪所保护的法益。比如破坏电力设备罪，我们说任何破坏电力设备的行为也一定会导致电力设备的财产损失，但似乎没有人主张破坏电力设备罪也保护电力设备所涉及的财产法益，所以，对于破坏电力设备罪而言，财产法益不是必要的次要法益，只是附随法益。所以，必须区分次要法益和附随法益，不能把附随法益当成次要法益。

再举一类案件，即我们刑法中的“盗窃、窃取类”犯罪。通过检索可以发现我国刑法中使用盗窃、窃取等称谓的罪名，大体可以分以下几类：

第一类是类似贪污罪这样的犯罪，显然贪污罪的保护法益是财产法益，他和盗窃罪保护的法益是完全同一的。当然，保护同一法益，并不意味着二者就一定是法条竞合关系，根据我个人的观点，贪污罪应当理解为最狭义的国家工作人员的职务侵占罪，所以他和盗窃罪之间的行为方式完全不同，即便他们都是保护财产法益的犯罪，也不具有法条竞合关系（实为互斥关系）。

第二类是窃取国家秘密情报、个人信息、商业秘密、档案、公文证件或印章、武装部队专用标识等犯罪，刑法规定此类犯罪，显然不是为了保护此类犯罪所涉对象的财产法益，而是为了标识内容的特殊意义。换言之，这些东西和普通财物之间的关系类似于书证和物证的关系。在盗窃国家秘密案件中，当该国家秘密的载体本身经济价值特别高时，如果只认定为窃取国家秘密罪，就体现不了行为对经济价值的侵害，所以必须同时认定成立盗窃罪，即成立窃取国家秘密罪与盗窃罪的想象竞合犯。

第三类是盗窃枪支、弹药、爆炸物或者危险物质，以及盗伐林木罪。这些犯罪的对象与第二类不同，如果第二类对象与普通财物的关系，可以比作书证和物证的关系的话，这一类对象与普通财物之间仅仅是特别物与一般物的关系。盗窃枪支的行为当然会侵犯枪支的所有权或者占有，但我国盗窃罪保护的财产法益，不仅仅是所谓的占有，其还强调必须有一定的经济价值和财产损失。但是，在盗窃枪支、弹药、爆炸物罪的构成要件描述中，是看不见立法者有关经济价值的任何描述的，立法者强调的是枪支有多少把、弹药有多少颗，并没有保护枪支弹药本身所涉及的经济财产价值的体现。所以，我认为盗窃枪支、弹药、爆炸物罪，并不像盗窃罪一样保护了枪支、弹药、爆炸物所涉及的经济财产法益。所以，当行为人盗窃的枪支是限量版的、特别昂贵时，在宣告成立盗窃枪支罪的同时，恐怕还必须宣告构成一般的盗窃罪，才能体现行为对公共安全和财产法益的同时侵害，即同时宣告成立两罪，以从一重处罚的想象竞合来处理；而对于盗伐林木罪与盗窃罪，似乎也可以作出相同理解，但我觉得还有些不同，我们一会再讲。

总结一下：在涉及保护复合法益的犯罪时，要注意其中的次要法益。当然也不能把附随法益当作次要法益，这样的话可能把想象竞合误当成法条竞合。

四、量的方面的法益同一性判断

我认为，法益的同一性判断不仅有质的方面，还有量的方面，也就是说需要从法益保护的程度角度来进行法益的同一性判断。我们可以举几个例子：

日本刑法理论认为，特别公务员暴行凌虐罪和强制猥亵、强奸罪之间是想象性的关系，而这个罪与暴行罪、胁迫罪之间却是吸收关系。为什么特别公务员暴行凌虐罪和同为侵犯人身法益的强奸罪、强制猥亵罪、暴行罪、胁迫罪之间的竞合关系不一样呢？一个很重要的原因就是强制猥亵罪、强奸罪、暴行罪和胁迫罪的法定刑不一样。特别公务员暴行凌虐罪的法定刑是7年以下惩役,强制猥亵罪是6个月到10年惩役,强奸罪是3年以上惩役,而暴行罪和胁迫罪都是两年以下惩役。所以,当特别公务员以暴行、胁迫的方式来凌虐时,你只需要宣告成立暴行凌虐罪就可以了;但如果行为人以强制猥亵甚至强奸的方式来实施暴行凌虐的时候,仅以特别公务员暴行凌虐罪来处理,就不可能实现对法益侵害的完整评价,不能实现完整评价的重要原因就是公务员暴行凌虐罪的法定刑是“限高”的,这表明其对法益的保护范围和程度是不周延的。

我们国家也存在同样的例子,最典型就是暴力干涉婚姻自由罪。《刑法》第257条规定的暴力干涉婚姻自由罪,法定刑为2年以下有期徒刑,致人死亡的处2年以上7年以下有期徒刑。所以,刑法理论一般认为暴力干涉婚姻自由中的暴力,仅限于轻微暴力,不能是重暴力。但难道行为人不可能以故意杀人、故意重伤的方式来实施干涉婚姻自由的行为吗?我觉得是完全可以的。当行为人以故意重伤、故意杀人的方式来暴力干涉婚姻自由时,如果认为只构成故意杀人罪、伤害罪一罪,体现不了对婚姻自由法益的保护;而如果认为只构成暴力干涉婚姻自由罪一罪,又体现不了对健康权、生命权的保护。所以,必须同时宣告这两个罪的成立的想象竞合才能完整的评价该行为。

举一个真实的案例——代某某故意杀人案。

【案例3:代某某故意杀人案】行为人跟妻子闹矛盾,妻子要离婚,他不想离但妻子死活也不答应,于是他就拿着打火机、汽油去找妻子。亲朋好友最后劝阻、制止了他的杀人行为。法院认为,行为人因家庭纠纷泼洒汽油,严重危及他人生命安全,构成故意杀人罪,判处有期徒刑3年6个月。

在这个案例中,法院没有考虑行为人是否属于干涉婚姻自由的问题,倘若行为人的行为也构成暴力干涉婚姻自由罪的话,我想只有同时成立暴力干涉婚姻自由罪与故意杀人罪未遂的想象竞合犯,才能体现行为对生命法益和婚姻自由法益的侵害全貌(行为人对暴力干涉婚姻自由罪没有提起告诉的除外)。

以上例证表明,当刑法以“限高”模式规定法定刑时,这表明该犯罪保护的法益是有限度的,也就是说保护法益的范围是不周延的,如果行为人已超出这个范围的方式实施行为,仅此一罪不能完整评价行为的不法全貌。我觉得这种限高模式在中国刑法中可能更为重要。如果说在日本刑法中,限高模式还是比较普遍的现象的话,在中国刑法中,限高模式是比较少的,我们常见的是那种节节攀升式的法定刑配置模式。在此背景下,立法者采取限高模式,更能说明其在保护法益范围上的限制态度,这一点我觉得值得特别注意。所以,量的方面的法益同一性判断,必须要有充足的“证据”证明某一个犯罪保护法益的范围是有限度的、不周延的。这种证据之一就是刚才我说的限高的法定性配置。还有一种可能就是,当两个犯罪采用的用来描述法益侵害程度的标准,即罪量因素,是不一样的时候,也可能表明其中一个犯罪对法益的保护限度不周延、有限度。

举一个例子,就是我刚才提到的盗伐林木罪。《刑法》第 345 条规定,盗伐林木,数量较大的,处 3 年以下有期徒刑;数量巨大的,处 3 年以上 7 年以下有期徒刑;数量特别巨大的,处 7 年以上有期徒刑。盗伐林木罪保护的法益首先是生态法益,而数量也的确首先体现的是对生态法益的侵害程度。如此,似乎与盗窃枪支等罪一样,盗伐林木罪也不保护林木的财产法益,但与《刑法》第 345 条第 2 款滥伐林木罪相比,情况可能就不同了。比较盗伐林木罪与滥伐林木罪,可以发现盗伐罪比滥伐罪法定刑更重,入罪标准更低,表明立法者认为盗伐罪比滥伐罪的社会危害性更大,如果二者都只是保护生态法益的犯罪的话,立法者不应当有这样的不同设置。唯一合理的解释就是,盗伐罪比滥伐罪多了一个对他人林木财产法益的保护。所以,盗伐林木罪既保护生态法益,也保护林木的财产法益。因此,“数量”就不仅仅只是生态法益侵害程度的表征,也同时是林木财产法益侵害程度的表征。

如此一来,盗伐林木罪与盗窃罪就都包含对财物(林木)财产法益的保护。不同的是,盗窃罪是用数额来表征财产法益的侵害程度;而盗伐林木罪则是用数量(体积)。因此,二者体现的法益侵害程度就可能不同,即盗伐的林木可能数量巨大、特别巨大,但林木价值低廉;或者盗伐的林木数量较大,但林木的财产价值不菲,已经达到了盗窃罪数额巨大或者特别巨大的标准。

我们可以举两个真实的案例,一个是王某某盗伐林木案。

【案例 4:王某某的盗伐林木案】王某某盗伐了 9 株桢楠树,然后卖给他人获利 8 000 余元。这些树立木蓄积为 3.2532 立方米。法院以盗伐林木罪,判处被告人有期徒刑 1 年 6 个月。

本案中,行为人的行为属于盗伐林木,刚达到数量较大标准,法院判处了 1 年 6 个月有期徒刑。但按照我的观点,本案中,还需要考察被伐树木的经济价值,从违法所得 8 000 余元看,这些树木的经济价值完全有可能在 8 000 元以上,甚至达到万元以上,如果确实如此,以盗窃罪处理的话,刑罚可能在 2 年甚至 3 年有期徒刑。如此,仅仅以盗伐林木罪一罪判处 1 年 6 个月徒刑,是没有办法完整评价行为以财产价值计算出来的财产法益侵害的,而如果仅宣告盗窃罪一罪,又无法体现行为对生态法益的侵害,所以,按照我的观点,应当同时宣告成立盗窃罪与盗伐林木罪的想象竞合犯。

另外一个是仲某某盗伐林木案。

【案例 5:仲某某盗伐林木案】2016 年,被告人以非法占有目的,三次盗伐林木,共计 49 余立方米,后卖掉这些林木违法所得 19 500 元。法院认为,被告人以非法占有为目的,擅自将他人位于保护区域内的林木加以砍伐,构成盗伐林木罪,且林木累计达 49 立方米,属于数量巨大,维持了盗伐林木罪 4 年 6 个月有期徒刑的判决。

本案中,盗伐林木的数量达到了巨大的标准,即应适用盗伐林木罪 3 年以上有期徒刑的法定刑档。而从违法所得 19 500 元推测,林木的经济价值是很难达到盗窃罪数额巨大标准的,即按照经济价值判断,本案仅属于盗窃罪数额较大(即应判处3年以下有期徒刑)的程度。简言之,以数量计算体现出的财产法益侵害程度要高于以数额计算体现出来的财产法益侵害程度。因此,只需要宣告行为人成立盗伐林木罪一罪,就可以完整评价其行为对生态法益和财产法益的侵害事实全貌,此时盗窃罪为盗伐林木罪所包含。

通过对这两个案例的分析,我们可以简单地总结一下盗伐林木罪和盗窃罪之间的竞合关系:如果行为人盗伐的林木体积已经达到了数量巨大或者特别巨大的标准,而林木的经济价值非常低廉,此时只宣告盗伐林木罪一罪,即既可表现对生态的保护,也可以体现对财产价值的保护。如果盗伐的林木体积仅仅达到数量较大标准,但林木价值不菲,达到了盗窃罪数额巨大甚至特别巨大标准,此时应按盗伐林木罪和盗窃罪的想象竞合来处理。

当然,这种量的判断也可能存在疑问,第一个疑问是这种量的判断有违背禁止重复评价原则之嫌。不管是暴力干涉婚姻自由和故意杀人罪,还是盗伐林木罪和盗窃罪,认定是想象竞合,同时宣告两罪成立,必然导致在轻罪范围内对同一法益的重复评价。因此,可能值得我们思考的是,为了实现更充分的评价,在一定程度上牺牲禁止重复评价标准,是不是绝对不可以？禁止重复评价原则和充分全面评价原则是否存在价值位阶上的顺位关系？

另一个问题是,量的判断标准可不可以用于诈骗罪与金融诈骗犯罪、合同诈骗罪的竞合关系？我觉得是不可以的。正因为量的判断标准和禁止重复评价原则之间存在着一定抵触,所以,我认为必须严格限制,即前面所说的必须有充分证据证明保护法益的不周延,这个证据,一是看有没有限高的法定刑配置;二是看是否通过不同的罪量因素体现法益范围的不一致。显然,这两方面的证据在诈骗罪和金融诈骗犯罪、合同诈骗罪中都不存在。所以,我认为量的判断不能适用于诈骗罪与金融诈骗犯罪、合同诈骗罪之间,诈骗罪和金融诈骗犯罪、合同诈骗罪是典型的法条竞合特别关系,应该适用特别法优于普通法的原则。

最后作个总结，法益的同一性判断是区分法条竞合和想象竞合的实质标准。法益的同一性判断包括质和量两个方面，前者是根据法益的种类、性质和具体内容来判断是否是同一法益；后者则是在前者的基础上，结合法益保护的程度来判断法益是否同一。当然，学者的称谓可能不同，例如张明楷教授将前者称为法益同一性，而将后者称为不法的包容性。

今天的内容就简单地给大家分享到这里，谢谢大家。

主持人·付玉明

感谢王彦强教授的精彩报告。他从"单一法益情况下的法益同一性判断""复合法益情况下的法益同一性判断""罪量对法益同一性判断的影响"三个方面展开对竞合论的阐述，层层递进，条理清晰，深入浅出，但是具体观点是否合理和妥当，我们有请郭研老师进行与谈讨论。

与谈人·郭　研

感谢主持人付老师！感谢王老师！很高兴有这样一个机会和大家见面，也感谢我们本次会议的主办方车浩老师和赵春雨律师，为我们提供这样一个平台和大众进行互动和交流。我与谈的关键词是"通说"。

一、我国通说的犯罪竞合理论

首先我们回顾一下我国通说的犯罪竞合理论。

犯罪竞合的问题很难，刚刚王老师讲的比较快，所以我的与谈作为一个补充来丰富一下讲座的内容。犯罪竞合的问题充分体现了定罪和量刑的交织。

首先需要进行前提性说明的是我们国家所讨论的竞合和其他国家或地区并不一致。比如德国的犯罪竞合包括真正的竞合和不真正的竞合，其中真正的竞合包括想象竞合和实质竞合，不真正的竞合指的是我们所说的法条竞合，他们所称的实质竞合，在行为复数的情况下，讨论的是数罪并罚。

所以，刚刚王老师首先提到了竞合的三种情况：想象竞合、实质竞合和法条竞合。实际上我认为在我们国家现行的立法体制下，并不存在这种想象竞合和法条竞合的立法，但是我们存在实质竞合的立法，只不过立法中没有把它叫作竞合，其在 1979 年《刑法》中规定在第 64—66 条，在 1997 年《刑法》中规定在第 69—71 条，归属于《刑法》总则第 4 章刑罚的具体运用第 4 节中。理论上，我们讨论的是法条竞合和想象竞合，而不包括实质竞合。实质竞合是在行为复数情况下所讨论的数罪并罚，我们也没有单独把这个行为复数的问题，也就是说数罪并罚的问题，拿到竞合论中来讨论。我们所讨论竞合论是基于一个行为触犯数罪名的情况，这也是我们通说的观点。那么回顾一下法条竞合的概念，我们通常的观点认为法条竞合，是指一个行为同时符合了数个法条规定的犯罪构成。但是从数个法条之间的逻辑关系来看，只能适用其中一条法条，当然地排除适用其他法条的情形。法条竞合是指数个法条之间具有竞合的关系，而不是犯罪的竞合。也就是说是由于立法本身的规定，产生了这样的竞合的现象。

二、竞合体系

第二个内容要回顾一下竞合体系。

竞合论最初到底想要解决什么样的问题？我们所讨论的竞合论的源头是德国刑法，竞合体系是德国刑法学者研究出来的，他们为什么要研究这个呢？这源于实践中的两个困惑：第一，当同一个行为人实现了数罪名时，裁判者是否要将所有罪名都写在判决书中？第二，对行为人科处刑罚的上、下限如何判断？我们刚刚提到的数罪并罚的立法规定，其实已经解决了第二个问题的一部分。那么对于问题一，即裁判者是否要将所有的罪名都写在判决书中，这是一个实践中的问题。刑事判决不仅仅需要告诉行为人“你会被判多少刑”，同时判决书也对其他人有一般预防的效果,就是要告诉其他人这个人到底做错了什么,这个行为为什么他不能做。所以对行为人应当定什么样的罪理应明确。

总结起来,德国的竞合体系的核心原则有两个:第一个原则是禁止重复评价,刚刚王老师也反复提到了;第二个叫作全面评价原则,我认为在区分法条竞合和想象竞合的时候,全面评价原则可以作为一个标准。法条竞合中任何一个法条都可以对行为进行全面评价,而想象竞合是任何一个法条都无法全面评价行为人的行为。

精细化的德国刑法学主张要区分竞合的情况,这其中法条竞合在德国法中称为不真正竞合,并不需要写入判决,因为这是行为侵害一个法益而触犯数罪名的情况,只要数罪名被确定了,这些罪名一定能够完整地评价行为人的行为,也能够周延地评价行为人行为的不法和罪责。但想象竞合必须写在判决中,因为这是一个行为侵犯了数法益,写其中任何一个罪名都不足以周延地评价行为人的行为。

所以在想象竞合的情况下,要将行为人的所触犯的罪名在判决书中一一列出。到这里我们似乎知道了在德国的裁判文书里,一旦出现行为人触犯数罪名的表述,那么他就是想象竞合,于是我抱着试试看的态度,查阅了我们的裁判文书,检索了北大法宝的司法案例部分,并有三个发现:第一,我们的裁判文书不仅仅写了想象竞合,也写了法条竞合。也就是说我们的裁判文书中,两个内容没有进行区分。第二,我们不仅写了成立想象竞合的情况,还写了不成立想象竞合的情况。第三,我们不仅写了成立法条竞合的情况,有的案例还出现了在成立法条竞合的情况下要从一重罪处罚的判定。对于第二个现象,即判决不仅写了成立想象竞合,还写了不成为想象竞合的情形而言,其中存在的这样一个问题,比如2019年上海市某区法院的判决,“盗窃信用卡并使用属于法定的一罪,其与冒用型信用卡诈骗罪也不存在想象竞合关系,确定对前者的适用,便应绝对排斥对后者适用的可能性”。我们先不管它是不是法定的一罪,法官在写裁判文书的时候,我不清楚他为什么要强调不是想象竞合,如果说不是想象竞合的话,你完全不需要写这样一句话。这是为了与同想象竞合相对的概念进行区分吗？但实际上，裁判者也并没有这个意思，"盗窃信用卡并使用的构成盗窃罪"的立法实际上是法律拟制，不涉及竞合的讨论。此外，想象竞合在我们的刑法通说中，是隶属于裁判的一罪的，裁判的一罪与实质的一罪和法定的一罪是并列的，各有其固定的内容。所以我认为这种"不存在想象竞合"的写法是不合理的，也是不合适的。第三种我发现的情况则更加危险。江苏省苏州市中级人民法院的判决中写道："依据法条竞合的原则，对上诉人钟某盗窃消防栓铜芯的行为应择一重罪即以危险方法危害公共安全罪定罪处刑，故上诉人的该上诉理由，苏州市中级人民法院不予采纳。原审人民法院的判决定性正确，量刑适当，审判程序合法。"可以看出行为人实施了盗窃消防栓铜芯的行为，是因为铜芯是能够变卖的，是有一定价值的。本案裁判理由中认为根据法条竞合的原则，我们要择一重罪处断。那么我想请问一下大家，根据这个案例，盗窃罪和以危险方法危害公共安全罪是不是法条竞合关系？很明显，不管是从刚刚王老师的观点，从保护法益的同一性角度，还是从我们通说的观点来判断，它们并不是法条竞合关系。按照通说，法条竞合三个特征中的第三个特征，要求所触犯的法条之间本身存在交叉或者包容的关系。很明显这两个法条是没有任何包容或者交叉关系的，所以，这并不是一个构成法条竞合的案例。为什么裁判者会得出要从一重罪的结论？这是因为他错误地理解了法条竞合和想象竞合，这是一个非常典型的想象竞合的案例。

需要思考的是，为什么我们的裁判文书会出现这样的问题？

我们都知道，通说认为，法条适用的法律适用原则有两个：第一个叫作特别法优于普通法，第二个叫作重法优于轻法。特别法优于普通法不需要强调。即重法优于轻法在什么时候能够适用？其前提是存在法条竞合的情况。

相似地，我相信在大多数的教科书中一定都有过这样一个案例，就是行为人盗窃了大街上的井盖，其行为构成盗窃罪和破坏交通设施罪的想象竞合，这是一个非常典型的想象竞合。

当然,我的重点并不是在这里区分法条竞合和想象竞合,而是为了提出另外一个问题,即为什么我们司法实践中会出现以刑定罪的现象?最近,有很多刑法学者在研究这个方向,以刑定罪论有一定的市场。但是我想说在涉及法条竞合和想象竞合的情况下,首先还是要作一个基本概念的区分,然后再去适用相应的刑罚,这样有一个逻辑的先后顺序。

接下来,对于“重法优于轻法”这个通说认定的处断原则,到底应该怎么理解?通说认为,如果遵循“特别法优于普通法”而适用特别法,出现了明显轻纵犯罪的时候,那么我们要根据罪责刑相适应的原则,适用“重法优于轻法”。张明楷老师也认为,同一法律的特别法条的法定刑明显低于普通法条的法定刑的时候,要适用重法优于轻法。于是我的问题是:什么叫作明显会轻纵罪犯?什么叫做明显低于?我认为这本身就没有客观的衡量标准。

再者,结合我们国家的立法来看,我们国家的行政犯的法定刑普遍都会低于自然犯。比如刚刚王老师反复提到的合同诈骗罪与金融诈骗类犯罪,和《刑法》第266条的普通诈骗罪比起来,立法上的法定刑与司法解释确立的入罪门槛中的定量标准,本身就更低,这是一个立法论的问题,我想刑法解释是不能妥善解决的。

三、法益的同一性

最后一点与谈的内容回到今天的主题,核心词叫作法益的同一性。

王老师主张的法益的同一性有没有什么样的缺陷?其实我本人是赞同该理论的,并且在这个标准的判断中,王老师进行了非常详细的细化,并且可以说十几年来他的所有的发表的文章集中在这个领域的这个问题的讨论,也形成了自己的学术品格和学术标签。

但是,我们仍要来鸡蛋里挑骨头,检讨下下它到底有什么样的缺陷。德国通说并没有采取法益同一性理论,它区分真正竞合和不真正竞合的标准是基于这个罪名的不法及罪责内涵。也就说只要无法通过其中任何一个罪名充分评价行为人行为的不法、罪责的时候,就应当成立真正的竞合。

王老师采取法益同一性作为区分法条竞合和想象竞合的实质标准，只涵盖了不法层面的讨论，而无罪责的评价。一言以蔽之，他认为法益具有同一性的是法条竞合，法益不具有同一性的是想象竞合。不知道大家还记不记得王老师在讲座中举的第一个例子，王老师介绍道德国法中认为当行为人具有杀人的故意，但没有将被害人杀死，而是造成了故意伤害的后果的时候，应成立故意杀人和故意伤害的想象竞合，这充分评价了行为人的不法和罪责。这个例子如果用法益同一性理论来判断的话，只有在认为生命法益、健康法益不具有法益同一性时才会得出想象竞合的结论，否则成立法益同一的法条竞合。

我们再举一个明显的法益同一的例子，即在伤害内部的竞合。比如行为人以伤害的故意砍了被害人 32 斧，就是想让他重伤，但只造成了一个轻伤的结果。那么在这种情况下，怎么来评价？按照德国通说，一个行为造成的轻伤的结果和行为人重伤的故意，认定为想象竞合可以充分评价行为人不法和罪责的内涵。但按照法益同一理论，此时则因健康权的法益具有同一性而成立法条竞合，是不能够得到想象竞合的结论的。我想这可能是法益同一理论的一个缺陷。

再谈谈我国大陆的立法和司法实践。

我刚刚举的这个例子非常极端，是我读书的时候王政勋老师讲给我们的，王老师又是当年他的老师讲给他的。20 世纪 90 年代的时候，这个案例在司法实践中到底是怎么裁判的呢？

当时检察院以故意杀人罪未遂提起公诉，王老师的老师作为辩护人以故意伤害（轻伤）进行辩护。其理由很简单，从罪责层面来入手，行为人砍了被害人 32 斧并击中头部，却只造成了被害人轻伤的结果，这只能说明行为人所实施的砍人的行为，每一斧都掌握好了分寸，每一斧都掌握好了力度。他但凡有一点点杀人的故意，都不可能 32 斧还没有造成死亡或重伤，而只是轻伤。所以最后这个案子定的是故意伤害（轻伤）的既遂。其实在我们的司法实践中，也不会把这种情况归结于竞合论去解决。

最后我简单提一个和王老师不太一致的观点。他认为贪污罪和盗窃罪不存在法条竞合的关系,而我的观点相反。贪污罪与盗窃罪的法条存在交叉关系,这是法条竞合的典型特征之一。再者,现在的贪污行为在1979年《刑法》中是放在普通的侵犯财产罪中讨论的。当时的刑法分则一共只有八章,其中贪污贿赂犯罪并没有成为独立的一章。1997年《刑法》制定的时候,当时的立法者认为贪污贿赂行为不仅仅侵犯了财产权,还侵犯了国家工作人员职务行为的廉洁性等,所以才独立成章。如果按照法益的个数来评价行为的危害,那么很明显贪污罪的法定刑应当明显高于普通的财产犯罪,但是立法并没有作这样的选择。所以,我认为立法有自己的价值判断在里面。但是,由于贪污罪是从侵犯财产罪中抽离出来的,所以就像合同诈骗罪和诈骗罪一样,二者天然存在法条竞合关系。

这其中包括两种情况:一是当行为人贪污数额没有达到起刑点时,能否构成普通财产犯罪;二是当行为人贪污数额达到起刑点时,如何定罪。第二种情况应适用特别法,行为人构成贪污罪,这一点在实务和理论上几乎没有争议。但对于第一种情况,有学者认为当数额未达贪污罪起刑点点时,如果行为人采取侵吞、窃取、骗取的手段,同时构成普通的财产犯罪的,此时要认定为普通的财产犯罪。而我认为,此种情况下不能认定为普通财产犯罪。首先,这种情况不涉及竞合论的讨论,不成立法条竞合。成立竞合的前提是行为同时成立几个犯罪,而未达到贪污罪数额的行为还未成立贪污罪,在这种情况下它不构成竞合。其次,能不能说既然不存在竞合问题,那么行为人应构成盗窃罪,不构成贪污罪,进而直接得出行为人构成普通财产犯罪的结论呢?我认为不能,这会造成刑罚的不均衡,违背罪责刑相适应原则。根据2016年4月18号生效的最高人民法院、最高人民检察院《关于办理贪污贿赂刑事案件适用法律若干问题的解释》,贪污罪的起刑点从过去的5 000元变成了3万元,所以在没有达到3万元的情况下,如果认定成立普通的财产犯罪的话,会出现行为人A以盗窃的方式贪污2.9万元成立盗窃罪,处3年以下有期徒刑;行为人B以盗窃的方式贪污19.9万元成立贪污罪,处3年以下有期徒刑。这会产生错误的示范作用,亦告诉行为人,如果你贪污的话,就应该多贪污一点,反正无论你多贪污还是少贪污，最后的处刑都是一样的。这种结论是不合理的。所以，当行为人贪污的数额没有达到贪污罪的起刑点时不构成犯罪，而不是定普通的财产犯罪。

最后，我想说的是我们的刑法理论还需要回归到我们的刑法立法本身，比如刚刚王老师反复提到的合同诈骗罪和诈骗罪的竞合到底是哪一种竞合，我认为当然是法条竞合。如果认为合同诈骗的起刑点明显高于诈骗罪的起刑点，而在竞合时优先考虑刑罚，以刑定罪的话，大多数特别法的立法将没有存在的必要。这并不是我们可以怎么样去绞尽脑汁地解释刑法，而是我们的立法本身造成的，或者说立法及司法解释造成的对立，还是应该回到立法中去解决。

以上是我的观点，这也是我第一次公开地通过这种网络的方式和大家交流，有很多不足的地方，还请大家批评指正。

主讲人 · 王彦强

Q1：放火罪为什么不能是保护复合法益（公共安全、财产和生命法益）的犯罪？如果可以这样认定，则前例只定放火罪即可，不用和故意杀人罪想象竞合。此外，怎么确定一个犯罪的保护法益？如果两个犯罪都会造成多重的危害后果，怎么确定哪一个犯罪是侵犯单一法益犯罪，哪一个犯罪是侵犯复合法益犯罪？

首先，我觉得不能把放火罪看成是保护公共安全和财产、生命复合法益的犯罪，因为公共安全本身最后还是会被还原为财产法益或者生命、健康法益的。如果认为放火罪保护公共安全和生命、财产的复合法益，那么公共安全到底指什么？其实质内容是什么？所以，放火罪恐怕不能理解为保护复合法益的犯罪。

其次，如何判断犯罪所保护的法益？我觉得首先要看这个犯罪所处的分则位置，因为一般认为分则是按照保护法益的类型进行划分的，所以根据犯罪在分则中的位置，就大致可以确定其保护法益的范围。在此基础上,再看这个犯罪具体的构成要件要素,通过构成要件要素的描述,来判断其法益保护的内容。

当然,这只是一个简单的判断方法,对于具体的犯罪到底保护什么法益,不同的人有不同的观点,这是很正常的事。比如这两年讨论特别热烈的一个问题,就是受贿罪或者贿赂犯罪保护的法益到底是什么?不同学者都有不同的主张,这表明每一个犯罪保护的法益是什么,的的确确不是一目了然的。

Q2:暴力干涉婚姻自由罪是亲告罪,而故意伤害罪不是。那么法官可以在公诉案件中宣告行为人构成亲告犯罪吗?

的确,我在分析暴力干涉婚姻自由罪和故意杀人、故意伤害罪之间的竞合关系的时候,没有考虑暴力干涉婚姻自由是亲告罪的问题。也就是说,我仅仅是从这两个罪之间的关系来讨论其竞合关系的。在实践中,肯定存在以故意杀人、故意伤害的方式暴力干涉他人婚姻自由的事情。一旦发生这样的事实,就会涉及暴力干涉婚姻自由罪和故意杀人罪、故意伤害罪之间到底是什么关系的问题。当然考虑到暴力干涉婚姻自由罪是亲告罪,比如在我刚才举的那个案例中,如果妻子并没有提出告诉,那法院在作出判决时,自然不用考虑暴力干涉婚姻自由罪的问题。

但另一方面,司法实践中还有一个误解,就是将亲告罪的告诉与自诉直接等同,认为告诉才处理,就是让你去法院提起自诉,这是有问题的。实际上,告诉才处理仅仅只是追究刑事责任的一个程序性的条件。至于是被害人以自诉的方式向法院提起诉讼来追究刑事责任,还是要求公安机关启动侦查程序,然后走公诉程序追究责任,二者在理论上讲是完全可以的。所以告诉和自诉不是等同的,否则将不能理解有些国家和地区的做法。比如,日本的刑事诉讼不允许自诉,所有犯罪都必须以公诉的方式追究责任,但这并不妨碍日本刑法中将强奸罪等规定为亲告罪。再比如我国台湾地区“刑事诉讼法”规定所有的刑事案件原则上都可以以公诉或自诉的方式进行,这也不妨碍我国台湾地区“刑法”规定一些犯罪是告诉才处理的犯罪。所以告诉并不等于自诉。

Q3：既然法益的判断离不开客观构成要件，那么为什么以法益作为法条竞合和想象竞合的区分标准，而不是以客观构成要件作为区分标准？

在讲座开始的时候，我就一直强调，法益的同一性是法条竞合和想象竞合区分的实质标准，但不是唯一标准。比如贪污罪和盗窃罪，我的观点是他们都保护财产法益，具有法益的同一性，但二者之间却不具有法条竞合关系。这是因为在司法解释提高贪污罪入罪门槛的背景下，我认为应当对贪污罪作缩限解释，将贪污罪理解为国家工作人员的职务侵占罪，这样一来，其与盗窃行为就是完全不同的两种行为类型，即便保护同一法益，也不可能是法条竞合关系，就像盗窃罪和诈骗罪的关系一样。

所以，法益同一性的判断仅仅是法条竞合和想象竞合区分的实质标准。此外还有一个形式标准，就是法条之间的关系，也就是提问者所说的构成要件之间的关系，只有当两个构成要件之间存在的一定交叉或包容关系时，在此基础上才能再判断法益同一性，得出是哪种竞合类型的结论。

与谈人·郭　研

我刚刚看评论区有留言，说我对王老师进行了两个批判，其实那两个不是批判，我只是补充一下王老师讲座的内容。其实我个人也是赞同法益同一性的观点，我们的与谈并不是对抗式的，而是补充式的。

刚刚王老师在最后结尾提到盗伐林木和盗窃罪的竞合时，首先承认了这是法条竞合的关系，但他并没有强调说我们一定要特别法优于一般法，进而认定为盗伐林木罪，而是区分了两种情况，根据行为所造成的后果的不同，要么定盗伐林木罪，要么定盗窃罪。我的问题是：一个行为一旦触犯了两个罪名，如果在竞合论这个框架下，要么是法条竞合，要么是想象竞合。王老师既然已经把它框定到法条竞合里面了，为什么又说在这种情况下要从一重处断？这个法条没有变，为什么结论就变了？如果按照王老师的法益同一的理论得出了法条竞合的结论，为什么在适用的时候还会得出成立盗窃罪的结论？

主讲人·王彦强

首先，实际上我们在讨论两个罪之间到底是什么关系时，一定都是先假设了一个案例的，比如，通说之所以认为盗窃枪支罪和盗窃罪之间是特别法和普通法的关系，是因为我们预设了一个假想案例，即行为人误把枪支当普通财物盗窃了。但是，如果行为人明知对方的包里既有枪又有财物而一并盗取之，则结论是行为人构成盗窃罪与盗窃枪支罪的想象竞合（或者两罪数罪并罚），此时你会发现，我们不会因为盗窃罪和盗窃枪支罪有所谓的特别关系，就认为它是法条竞合。所以两个罪之间是法条竞合关系，还是想象竞合关系，实际上要回到预设的一个具体的案例。没有具体的行为，空谈两个罪之间是什么关系，是没有存在基础的。

其次，关于法益的同一性概念是否适合用于讨论竞合关系的判断标准，郭研老师讲到在德国刑法中并不用法益同一性概念，而是用不法和罪责的完整评价的方式来解决竞合问题。我觉得二者并没有本质的不同，法益同一性概念其实也是判断不法是否得到完整评价的问题。比如故意伤害罪和故意杀人罪的例子，如果认为故意伤害罪保护的法益是健康权，故意杀人罪保护的是生命权，二者保护的法益不同一，所以以杀人的故意导致他人重伤的情形，我倒觉得德国学说认定为故意伤害罪和故意杀人罪未遂的想象竞合这一结论是合适的，因为这样才可能更充分地评价行为的不法和责任。

接下来，对两个补充的问题，简单地回答一下。

Q：是否可以认为重伤和轻伤是不同的，不是法益同一，而是对法益侵害程度的不同？

如果把伤害罪的法益理解为健康权或者身体权，那轻伤和重伤就是两种不同程度的伤害。我们的伤害罪，法定刑从三年以下有期徒刑到死刑，涵盖了从轻伤到重伤到以极其残忍的方式致人重伤所有的侵害程度。

所以说伤害罪是不存在侵害程度上的限制的。

Q:想象竞合从一重的标准到底是比较法定刑还是处断刑?

首先是根据所涉嫌犯罪的定罪和量刑情节,确定适用的法定刑档,根据可以适用的法定刑档,比较其轻重;如果法定刑档设置一样的话,需要考虑可能适用的具体刑罚来决定谁轻谁重。实际上不可能简单地比较两罪的法定刑轻重,因为我国刑法中绝大多数犯罪的法定刑配置幅度是相当大的,如此幅度的法定刑,是没办法比较轻重的。

主持人·付玉明

按照讲座流程,似乎要由主持人作最后总结,现在才发现这个讲座实际上是考验主持人的。今天的讲座主题是关于罪数论和竞合论的研究,这确实是令人困惑又苦恼的课题。我个人曾多次试图涉足此领域,但都陷入刑法分则立法条文之间的多样纠缠之中,没有理清头绪,最终望而却步。因此,本人特别钦佩两位学者的学术勇气,敢于啃硬骨头,不回避难点问题。今晚的讲座,使我收益良多,也产生了几点心得。

第一,回归中国场域的问题意识。可以说当下正是中国刑法学最好的时代:(1)中国刑法学拥有法学界最为庞大、最为专精的研究群体,老中青三代学者,代际结构合理,人数众多,学术成果自然也多;(2)刑法知识供给充足,源头活水多样补给。留德学者、留日学者和本土学者三分天下,各种新锐观点层出不穷,学派论争气象初成。但是由于缺乏“中国问题意识的回归和主体性意识的觉醒”,局部研究领域出现了暂时的“迷失现象”:例如某些行文里言必称德日的表达文风,以及僵化移植“域外理论和分析数据”、不经转化直接套用中国问题的现象,值得警醒。从理论研究的功能角度考虑,无论是德国学说还是日本理论,都需要回到中国的问题场域,回应中国的实践需要。今天讲座中彦强教授提出的竞合论问题,虽然在学理上是世界性的问题,但根本上讨论的是基于中国特有的法条所产生的“中国的”具体问题，因而是一种非常务实的、直面本土问题的研究。作为同学，我知道，大约在 2003 年研究生阶段，彦强教授就开始着手研究“犯罪概念中的罪量问题”“竞合论”等问题，一直持续至今。其作为一个学者能够十几年如一日地在同一领域深耕细作，并且能够不断产出新的成果，是很值得我们敬佩的。

第二，学术的生命在于理论创新，但创新的理论须回应社会实践。学术研究无非是两种路径：体系思考与问题思考。法学家固然可以独坐书斋，冥思苦想，搭建逻辑自洽的完美体系，但是这种理论体系必须要回应社会实践，接受实践的检验。因为法学毕竟是实践之学，应以“问题意识”为前提，以“解决问题”为追求。王彦强教授的报告就很好地体现了体系思考与问题思考的并合。一直以来，学界关于想象竞合与法条竞合区分的讨论争议颇多，有时争执不下，甚至有学者因此彻底放弃、提出了不作区分观点。但王彦强教授从“法益同一性”的角度入手找到了解决问题的路径，其解释方法和解释结论有一定的合理性和妥当性，这种体系化的解决方案，令人耳目一新，学术理论品性浓厚。

第三，今晚两位报告人充分展现了当代青年刑法学者的良好风貌和学术水准。当下刑法学已经进入教义化的时代，刑法问题的研究更重在规范体系内进行诠释和应用。今天两位老师的对谈，无论是从讲座选题、问题开示、主题讲解、与谈商榷，还是语言表达、神态仪表，都完美地展示了当代刑法青年学者的学术修养和气质面貌。比如两位老师都提到的关于盗伐林木罪与盗窃罪的区分，彦强教授从数额与数量区分的角度入手，转入讨论财产法益与生态法益的区分形式，讨论深入，使得整个问题豁然开朗，是典型的条分缕析式教义学的分析方法。在问题讨论和观点交锋中，两位老师都刀法细腻、切中肯綮，得出的结论令人信服。

各位同仁，因为时间所限，今晚讨论不得不到此结束。大家若对该主题感兴趣，可以参阅两位老师的论著。在此，由衷感谢两位老师的精彩报告。特别要感谢今天在幕后为学术讲座提供保障的律师朋友！感谢在线参与今晚讲座的理论与实务界的同人。我们后会有期！

第九讲
刑事合规制度的类型化及其实践意义

主讲人:李本灿(山东大学法学院教授)

与谈人:林　静(中国政法大学证据科学研究院副教授)

主持人:康　烨(北京市盈科律师事务所上海分所刑事部主任)

主持人·康　烨

欢迎来到全国青年刑法学者在线讲座第九讲,我是北京市盈科律师事务所上海分所的康烨律师。

今天讲座的题目是《刑事合规制度的类型化及其实践意义》,主讲嘉宾李本灿老师是山东大学法学院教授、刑事合规研究中心执行主任,他在《中国法学》《法律科学(西北政法大学学报)》《法学评论》《政治与法律》《当代法学》等期刊发表论文十余篇,主持编译了《合规与刑法:全球视野的考察》,主持国家社科基金青年项目、山东省社科基金等项目若干。我们有请李本灿教授。

主讲人·李本灿

谢谢康主任,大家好!很高兴有这个机会来跟大家一起交流和分享我自己的学习心得。

前几期的讲座我都认真听了,主讲人从实际问题出发,运用教义学的方法作了非常精深的讲解。但是我们今天讲的刑事合规问题其实不是那么规范,尽管刑事合规也涉及刑法总则与分则中的一些教义学问题,但这个制度距离实践还比较遥远。我会结合这几年的学习心得来和大家分享对这个问题及其实践意义的理解,希望能对大家有所帮助。

大家知道，我今天讲的题目是《刑事合规制度的类型化及其实践意义》。为什么要选择这样的一个主题？主要是因为我们现在关于合规问题的讨论是非常混乱的，每个人可能都有自己的关于合规概念的理解，因此出现了很多理论上的认识误区。

实际上在我看来，之所以出现这样的一些误区或是争论，跟我们的类型化研究不足有很大的关系。很多观点如果放在一个广义的刑事合规概念下去讨论，作出的判断可能是错的；但是如果放在一个具体的制度类型中去讲，可能又没有问题，所以我今天主要是想在类型化这个问题上谈一谈自己的看法。

我今天的讲解主要包括三个部分：第一部分是研究视角的分离和视角的选择；第二部分是国家视角下刑事合规制度的类型化问题，我把它区分成了四种具体的类型；第三部分我将结合每个具体类型来讨论一些具体问题。

一、视角的分离和选择

首先我们看第一个大的方面，即视角分离和选择的问题。为什么要作这样一个说明？这源于我自己的观察。2018 年“中兴通信事件”刺激了我们国家学界以及实务界对这个问题广泛的关注。从那以后，很多律师事务所开始探索合规业务，很多律师朋友的执业方向中可能也包含了合规业务。我通过观察律师执业情况及其撰写的相关文章，发现实务中所讲的刑事合规其实和刑事法理论上探讨的合规有很大的距离。之所以出现这样的现象，就是因为学界和实务界的观察视角不一样，这就涉及了观察视角的分离和选择。

总体上说，可以从两个角度来观察合规：一个角度是企业视角，一个角度是国家视角。我们先从企业视角看刑事合规的问题。合规这个概念最开始是从医学领域发展起来的，表达的是遵循医嘱的意思，后来逐渐扩展到其他领域，比如企业经济学和法学的领域。在企业经济学领域，它表达的意思是在企业内部遵守法律标准以及指令。

问题在于领导如何保证员工守法？一个企业可能非常大，有成千上万的员工。企业的领导可以靠加强自我的素养来避免自身违法，但想要保证企业中每一个员工都守法是非常难的。要实现保证员工守法的效果，就要从企业内部管理着手。这个意义上的合规其实是为了保证所有职员行为合法的整体性的组织性措施，也就是一种内部控制措施，或者是自我管理措施。

可问题是企业为什么要自我管理，尤其是为什么要在现有的公司治理结构之外来建构一个合规计划？例如在《公司法》中，没有任何关于合规的要求，好像公司没有义务去进行内部控制。那么企业为什么还要这么做？这种做法给企业增加了成本，需要人力、物力的投入，包括建立这样的合规机制，实际上是自缚手脚，会妨碍企业的活动。从企业经济人逐利本性的角度看，它有天然的冲动去突破这种规则。那么，是什么动力使得企业去限制自己？

这就涉及国家视角。国家视角下的刑事合规就是要解决合规激励的问题，去建构一种外部激励机制来推动企业自觉地实施合规管理或者内部管理。也就是说，国家视角下的刑事合规是指保证企业守法，促进法益保护的一种法律制度工具。

这是观察合规制度的两个视角。一方面，它们各自有自己的研究的对象，大体上说企业视角下的刑事合规是公司治理或企业管理的研究对象，国家视角下的刑事合规是刑法实体法或程序法研究的内容；另一方面，这两个视角的研究又是互相依存的。

首先，企业视角的合规研究离不开对刑事法的准确理解，比如想要构建企业的合规机制，前提就是要进行风险识别，而风险识别中就离不开对刑事法规范的准确理解。例如，什么是骗取贷款？刑法学界对骗取贷款这样的概念存在争论，比如孙国祥教授认为，在骗取贷款的问题上，应该采取限缩的解释。一种典型的情形是，如果提供了足额担保，只是在贷款用途上实施了欺骗，就不构成犯罪。

孙国祥教授还提到了具体的例子，比如“刘汉黑社会性质组织案”，在一审的时候涉及将近40亿的骗取贷款的金额，二审时湖北省高级人民法院因为存在足额担保而把其中绝大部分拿掉了，认为这部分不构成骗取贷款。实际上他的观点和我们的刑事立法可能是有冲突的，刑法对贷款诈骗不仅规定了数额，还规定了情节。司法解释对情节作了规定，司法实践中对骗取贷款也不都是按刘汉案的做法去处理的。

这也就意味着，什么是骗取贷款实际上是存在争议的。对于企业来讲，如何在学理观点冲突的情况下避免风险？企业应该这样，取一个最大公约数，这实际上对企业来讲是风险最小的。

再比如说内部调查和监控手段的选择。在企业合规的过程中，涉及很多内部调查以及监控，如果不了解一个国家或地区的基本刑事法律规范的话，很可能就会遇到刑事风险。比如对公民信息的收集、对隐私权的保护每个国家和地区可能是不一样的，企业对这些都要有认识。这种风险也包括对象的选择。现在很多的内部调查，尤其是跨国性的调查，实际上具有规避或者躲避刑事司法协助的功能。

最典型的是“西门子公司全球行贿案”。在这个案件中，美国政府没有权力在全球几十个国家进行调查取证，所以它要求企业自己实施内部调查，然后将内部调查结果移送给司法部。每个国家对于内部调查程序实际上都有自己的规定，比如法国可能就不允许他国人员私自进入本国境内进行内部调查，否则可能构成犯罪。

再比如，在我们国家有一些数据可能是公开的，调查获取这些数据之后可能并不能把数据带出我国，否则就涉嫌间谍罪或者侵害国家秘密的相关罪名。这意味着取得的数据可能不能随意转移出国境，难以实现跨境转移，所以实际上这些行为都离不开对基本刑事法规方面准确的理解。

其次，国家视角下的刑事合规制度离不开企业视角的合规制度的研究。简单地讲，国家视角下的刑事合规制度，要讨论的是合规对于企业责任的影响的问题。这里的合规实际上就具有证据法上的意义。比如，“雀巢公司郑某等侵犯公民个人信息案”，这个案子在讨论合规的过程中被反复地提及。很多人认为这个案子非常经典，它开创了我们国家刑事合规制度实践的先河。

兰州市中级人民法院二审的判决书最后论证,雀巢公司政策、员工行为规范等证据证实,雀巢公司禁止员工从事侵犯公民个人信息的违法犯罪行为,各上诉人违反公司管理规定,为提升个人业绩而实施犯罪行为系个人行为,而不是公司行为。也就是说,判决书把公司的政策、员工行为规范等一些合规材料拿出来作为证据,把个人责任与企业责任作了分离。这个案件的优点是以实质意义上的企业合规影响了公司责任,因此它是具有积极意义的。

但是,判决书的合理性实际上是存疑的,因为缺乏对于合规机制的有效性的评价,而这尤其依赖于对企业视角下的合规标准的研究。判决书中仅仅说雀巢公司的政策、员工行为规范等证实这不是公司的行为,但大家想一想,哪一个公司在它的公司政策或者员工行为规范中,会明确地规定允许员工去实施侵犯公民个人信息,允许员工去实施商业贿赂?这是不可能的。所以从表面上去看,这些公司都有这样一种政策,但在刑法中有意义的合规制度应该要进行有效性的评估,而这种有效性的评估实际上就依赖于从企业视角展开的研究。

这是对两个视角的一个简单的说明,要特别说明的是,今天晚上的讲座主要是围绕国家视角下的合规制度展开。

二、刑事合规制度的类型化问题

第二个部分探讨一些国家视角下的刑事合规制度的类型化问题。

第一个类型是作为量刑激励事由的刑事合规。简单地讲,如果企业实施的合规计划被认定是一个有效的合规计划,那么当公司犯罪的时候,合规可以减轻公司的责任。这是作为量刑激励事由的刑事合规,最典型的是美国《联邦量刑指南》第 8 章,其导言明确地说本章旨在维持预防、发现和举报犯罪的内在机制,内在机制其实就是一种合规机制。这一部分第 2 节第 5 条规定,如果企业有防止和发现违法行为的有效措施仍然发生犯罪行为的话,则减少 3 个责任点数。这个责任点数实际上对于最后刑罚的确定有直接的影响。如果自动报案合作和认罪的话,责任点数可以减少 5 个。

进一步说明。第 8 章的规定,累犯实际上才增加 1 个责任点,但合规最多可以减少 8 个责任点,所以它对于刑罚的影响其实是非常大的。此处有实例,这是我从美国的学者的文章当中摘出来的一个例子。假设一家有 5 000 名员工的企业,一名员工连同几名销售经理犯罪,造成了 1 000 万美元的损失,而因为该企业满足了《联邦量刑指南》的要求,最终使得2 000 万~4 000 万美元的罚款降至 400 万~800 万美元。企业合规对于最终的罚金刑产生影响,这是第一种类型,以美国作为典型。

第二个类型是作为排除责任事由的刑事合规。作为排除责任事由的刑事合规实际上主要针对过失犯罪,如果一个企业有合规计划存在,但是又实施了故意犯罪,那么只能表明这里的合规实际上仅仅具有“装潢”意义,它是无效的。因此我们此处讲的合规,它主要存在于过失犯罪中。合规对于责任的影响,在过失犯罪当中,根据新的过失论和旧的过失论的不同的认识,可能会起到排除违法或者排除责任的作用,但这里不作更细致的区分,它最后的效果都是排除责任,所以我们称之为作为排除责任事由的刑事合规。

这样的一种制度类型,最典型的是英国的《贿赂罪法案》。英国 2010 年的《贿赂罪法案》第 7 条规定,如果一个员工为了企业的利益实施了商业贿赂的话,企业要承担责任,但是如果企业能够证明自己已经实施了有效的合规计划,可以不承担责任。这是英国的规定,实际上很多法律规定中都有类似的条款,比如说我们国家的拒不履行信息网络安全管理义务。在这个条款中,如果网络公司履行了法律、行政法规规定的信息网络安全管理的义务,实际上也是可以不承担责任的。当然这里的拒不履行信息网络安全管理义务罪,我的观点是把它理解成是一个监督管理过失的犯罪,这可能在学术上是有争论的,这是第二个类型。

第三个类型是作为起诉激励事由的刑事合规。简单地讲,如果企业存在合规计划的话,那么可能会导致对企业暂缓起诉或者不起诉。然后企业跟检察官签署暂缓起诉协议或者不起诉协议。如果经过了一定的期限,企业没有违背协议当中的约定,最后就不起诉了,不作处理实际上最终也是排除责任。这里的暂缓起诉协议,就是给企业设定各种义务,比如要求企业完善自己的合规机制、是重构自己的合规机制、对于先前行为造成的损害作出补偿、罚款等。

关于这种制度类型,我们现在看到美国是最早的践行者。1992 年,所罗的兄弟(Salomon Brother)与纽约州南区检察官签署了第一个不起诉协议。1994 年,培基证券(Prudential Securities)与纽约州南区检察官签署了第一个暂缓起诉协议。到 1999 年的时候,美国司法部通过霍尔德备忘录,规范了对公司的不起诉或者暂缓起诉的政策,实际上对于公司的暂缓起诉或不起诉进行了一种规范的表达。之后经过一系列的备忘录,企业的暂缓起诉或不起诉更加规范。企业的暂缓起诉和不起诉,在美国也存在大量实践。根据统计了近 20 年的数字观察,这样的案例基本上一年保持在 35 个左右。这种制度类型实际上也已经扩展到了其他国家,比如说英国 2014 年的时候,借鉴了美国的这一制度。法国 2016 年也借鉴了美国的做法,而且有大量的实践。包括新加坡、加拿大等很多国家都已经借鉴了这样的制度。

我重点讲一下第四个类型。首先要提出的一个问题是合规是否必须在单位犯罪的问题场域进行研究,或者说合规制度是否以单位犯罪制度为前提。我国理论界有很多学者写文章提到这个问题,认为合规必须在单位犯罪中研究。但是,在国外,比如德国就没有采用这种观点,因为德国根本不存在单位犯罪。

要解答这个问题,我们需要考虑的是,什么是刑事合规?从刚才讲的概念看,其实际上是旨在促进企业进行合规管理的一种法制度工具。实际上我们从这个概念以及前三个类型的合规制度,可以抽离出来刑事合规制度的两个要素:第一个要素是刑事法律手段,第二个要素是自我管理,也就是说它讨论的是如何用刑法和刑诉法的手段来推动、激励企业进行自我管理的问题。既然如此,那么以合规作为个人责任连接点的制度，当然也是一种刑事合规制度。它的作用机理是通过对自然人的刑法激励，促使其履行合规义务。

直白或是简单地讲，前三种合规类型是立法者告诉企业，要去合规，要去建立有效的合规机制。如果建立了有效的合规机制，等企业犯了罪以后，国家可以对其从轻处罚，或是直接排除其责任，或者是作暂缓起诉处理。如果企业不这样做，可能要承担很严重的后果。这是通过单位责任对单位施加一种义务，以这样的方式来推动企业去作合规管理。可是单位里面还有自然人。我们逐渐地意识到，有的时候，用罚金去制裁一个单位，制裁效果可能并不理想，还不如把“大棒”落在具体的自然人头上。所以如果我们通过对自然人施加一种合规义务，让他自觉去履行合规管理，去建构一个合规计划的话，可能也是一个比较有效的制度。

作为个人责任连接点类型的合规制度实际上也是很典型的一种刑事合规制度。在我看来，我们现在的研究主要是以美国为对象，而且对美国的研究实际上主要集中在1991年的《联邦量刑指南》第8章“组织量刑规则”，实际上忽略了另一个标志性的法律文件。其实，美国刑事合规制度发展历程中，有两个历史性的、标志性的文件，一个是1991年的《联邦量刑指南》，另外一个是被忽略的《萨班斯法案》。

《萨班斯法案》实际上是在世界通信公司、安然公司等世界性的公司的垮台后，美国政府为了强化合规而发布的。其实该法案当中的很多的条款都是在强调企业加强内控，它的规定方式跟1991年的《联邦量性指南》的路径是不一样的，它主要是通过对个人施加严厉的责任，来推动企业实施合规管理。

我们再看一下德国的做法，也就是合规官的监督者保证义务的问题，这是一个很精细的教义学问题。我们简单地来看一看其中的逻辑思路，看德国学者是怎么去论证的。

合规官的监督者保证义务的问题最早是在2009年的柏林城市清洁公司诈骗案件中被提出的。基本案情是一个公司的领导对于住户实施诈骗，金额是2 300万欧元，这个金额是比较大的。这个人承担诈骗罪的责任没有问题，但另外还有一个人也被控构成诈骗罪，这个人是法律和审计事务部的双重主管，这样的职位实际上承担了公司的风险控制职能。这名主管发现了公司领导在实施诈骗，但是没有管控，没有制止，最后也被认定为构成诈骗罪的不作为的帮助犯，而且判决还提到合规官这个职务，法官说，合规官已经进入了我们的生活，他也应该承担13条意义上的保证人义务。这个案子肯定了合规官对于公司内职员的业务关联性犯罪行为的监督者保证义务。

问题是为什么合规官要为别人的行为负责？尤其是要为一个具有完全自我答责能力的行为人负责。主流的观点认为，合规官的监督者保证义务是第二位的，是一种继受性的义务。这种义务来源于领导的授权，也就是说第一位的义务是领导的义务，这是原始性的义务。于是，合规官的义务来源问题就转化为公司领导人的监督者保证义务的来源问题。在理论上有非常多的路径去解决这个问题。因为时间的关系，我们简要地谈两个路径。

第一个路径从对员工的支配产生义务展开论证，主要是许乃曼教授主张的。他认为公司领导对员工具有支配，这种支配是由工作事实形成，以及在劳动法或者劳动合同当中规定的。公司领导对于员工具有支配权，可以随时去处理这个员工，具有命令指示权，甚至可以调换员工的工作或者辞退等。因此，领导对员工其实都有支配，但这种观点在我看来有很大的问题。

第一个问题是对员工支配这样的一种提法合适不合适？在人被物化的时代，比如奴隶被物化为主人的财产，你可以说有支配，但在我们现在这个社会，你说领导对员工存在支配这样的说法合不合适？这是第一个路径存在的问题之一。

第二个问题，支配最多是一种可能性，你有非常大的能力，有可能去阻止他；而我们讲的义务实际上是一种必要性，两者不是一个概念。如果要认定公司领导具有这样的义务，必须在可能性和必须性之间架构一个桥梁，把两者沟通起来。在学理上有很多这方面的尝试。比如说许乃曼教授提出来的法律上的未成年人之理论，包括其他学者提出的平衡理论等，但在我看来都没有解决问题，因此第一个路径实际上是存疑的。

第二个路径是对危险源的支配产生义务。这个观点认为，企业应当被视为整体危险源，物的危险与人的危险均归属于作为上位概念的整体危险源。具体又可以区分为下面几个观点：

(1)人和物的危险具有不可区分性的观点。这是罗克辛教授的主张的。他认为，领导人应当保证作为危险源的企业处于良好管控之下。至于是人的危险，还是物的危险无关紧要，两者几乎难以区分。例如由于管理错误造成的技术缺陷而产生的危险，就难以区分究竟是哪一类危险。

但是我觉得这种观点也是值得商榷的。首先，几乎难以区分不等于不能区分。所使用的这个词就表明罗克辛在这个问题上其实也并不是十分确信。企业本身就是人与物的集合，风险本身，也是人与物的交往产生的。在人的责任领域范围内，实际上是难言纯粹的，但我们仍然将其归属于物的风险。

比如说人为设置的广告牌，它有人的因素的存在，我觉得它是一种物的风险，在此基础上，物的风险可以进一步区分为纯粹的物的风险与人物集合的物的风险。退一步讲，即使这种混合风险难以归属，也不能够否定纯粹的人的危险行为存在。比如说员工的商业贿赂行为，这样的一种风险是很容易区分出来的。这是第一类观点。

(2)没有必要区分的理论。这种观点认为，人的风险与物的风险应该等同看待，没有区分加以必要。我觉得这个观点也是值得商榷的，因为它把人当成危险源，这种观点如果发展下去，可能会重现主观主义刑法，甚至是天生犯罪人的观念，因此也是不足取的。

接下来的问题是，我们应该从哪个路径来论证领导人的监督者保证人义务问题？我觉得应该从先行行为的路径来探讨。首先我们可以观察存在监督必要性的一些典型情形，比如父母对婴幼儿、监护人对于精神病人、汽车教练跟汽车学员，这些关系中，一方在学理上都有监督者保证义务。

通过对这几种典型情形的观察,我们可以总结认为,为什么要去延展这个责任链条,赋予一个人为别人的行为负责的义务。原因是风险升高,法益保护必要性增强,因此需要扩展责任范围,要求第三人为他人的行为负责,这是监督必要性的实质根据。这里的风险升高可能是自然原因造成的,可能是人自身行为造成的,或者是自身能力的欠缺造成的,或者是环境造成的,比如说被关押的罪犯经历了长期的自由丧失、与家庭的隔离、两性的隔离、性的压抑等,他便很容易实施具有危险性行为,因此别人要对他实施监督。

在公司的情形当中,有缺陷的组织结构的创设,或者是不履行对组织体的减小风险的塑造义务的行为,可以成为危险前行为。简单地讲,如果不履行合规义务的话,可能是一个危险前行为,使得危险升高,因此领导需要对此负责。比如有一个运输公司致人死亡的案子,这个运输公司给一个司机派了一个任务,要把一批货物运到另外一个地方。如果要执行这个任务,司机需要连续开车 30 多个小时,中间只有两个小时的饮食休息时间,在这个过程中,由于司机过度疲劳,导致了交通事故的发生。法官认为,从这个事件可以看出,公司的内部结构存在缺陷,如果不存在缺陷的话,这种事情根本不可能发生。所以从危险前行为中可以推导出一种义务,公司应当对此负责。

这里要作一个说明,我们这里讲的合规管理,是从实际的功能承担的角度来讨论的。合规官的职位尽管没有完全进入我们国家的公司治理实践,但风险控制岗位实际上是普遍存在的,不管它是叫风险控制官或者是叫合规官,或者是叫监察官等,都无关紧要。我们这里面讲的是从实际的功能承担的角度来讲,它对我们也是有现实意义的。

此外,需要作一个交代,这里的讨论存在语境的差异。我们这里的讨论实际上是在德国语境中进行的,那么德国语境的讨论跟我们国家有什么不一样?最大差别就在于,德国没有单位犯罪制度,我们国家有单位犯罪制度。我们可以将单位犯罪理解成是为公司领导设定的一种义务,比如说在单位的情形下,公司领导看着职员去实施业务关联性的行为,他没有管理的话，我们会认为这是单位的默认，单位应承担责任。这个时候实际上就等于为公司领导人设定了一种义务。

两个国家存在语境差异，可是这并不代表我们这里的讨论没有任何意义。大家要知道，我们国家尽管存在单位犯罪，但它具有非常显著的片段性。我们的单位犯罪的条款可能占整个刑法分则的条款的1/3左右。比如说贷款诈骗罪，它就没有单位犯罪，对于这样的情况，公司领导是否负有对于业务性的骗贷行为的监督者保证人义务就不无疑问。这也就意味着，不真正不作为犯情形下领导人责任的研究，可以与我们的单位犯罪范围内的讨论形成互补，拼接成领导人与合规官责任的完整图谱。

关于这个问题，因为时间关系没有办法详细展开论述，大家可以去参考我最近在《法学》上的一篇文章。

下边我要补充说明的是经过授权之后合规责任的分配的问题。我刚才讲了公司领导人有责任，经过分工授权，这个责任可能要进行转移。他是怎么转移的，我们简单了解一下。

我们先看合规义务，它实际上是领导层的一种集体性义务。这种集体性的义务具有不可转让性，授权也不改变这种义务的归属，只改变义务的履行方式。这是什么意思？我国《公司法》第147条规定，这种合规义务是一种领导集体义务，不是哪一个人的义务。比如说一个公司有5个董事会的成员，不可能每一个人都亲力亲为，去从事合规业务。

这里可能会发生一种水平方向的授权，在领导层内进行授权委托，比如说大家可能会觉得要委托给具有合规的专门的知识的领导。但委托给别人并不代表其他几个人不再有这样的义务，只是义务履行方式发生了变化而已。那么，其他几个人的义务履行方式是什么？这要对被委托的人进行合理的选任和监督。不是说进行一次性的授权就可以一劳永逸、撒手不管，这是水平方向上的授权问题。

水平方向的授权发生之后，还可能发生垂直方向的授权或者是外部授权，垂直或是外部授权，实际上也就是授权给了合规人员。比如说首先授权给了一个首席合规官，然后再往下去发展，进行进一步授权，这是垂直或者是外部的授权。经过授权,领导的义务就转变成了剩余的义务,这种剩余的义务实际上也是一种合理的选任以及监督管理义务。

大家可以发现,通过对合规职责进行这样的分配,客观上建构了一条自上而下的责任链条。合规官取得这种义务之后,他怎么去履行义务?他们不具有命令指示权,怎么去履行这种监督者保证义务?合规官仅仅具有信息的优势,当他获得了单位内部的一个违法的信息之后,他只需要进行信息传递,这时候义务又重新回到了领导处,那也就意味着,实际上这里又创设了自下而上的信息流,我们后面还会提到这个问题。

接下来看一下我们国家的相关立法和实践,在我们国家也可以发现这个制度类型的影子。比如《刑法》第 134 条的重大责任事故罪,它不仅仅规制生产作业中的直接责任人员,犯罪主体还包括对于生产作业负有组织、指挥和管理职责的负责人、管理人员、实际控制人、投资人以及直接从事生产作业的人员。实际上,前置性的行政法规中也规定了这些人员的内部管理义务,如果违背了这样的一些义务,最后导致安全事故的发生,也要承担刑事责任。

这个条款建构了这种类型的合规制度,我们的司法实践中也在大量地践行这样的一种理念。通过梳理,我们可以发现有大量的判决理由中提起内部管理缺陷这个问题,检察院的公诉意见以及补助性的证据,也大量涉及内部管理机制对于被告人责任影响的问题。很多判决,如果仔细的去找的话,都体现了这种类型特征。

三、类型化的意义

首先我们可以看几个认识误区,这几个认识上的误区主要是由于类型化不足造成的。

第一个误区是,国内学界普遍认为,美国是刑事合规制度的发源地。真的是这样吗?在我看来,这实际上是类型化不足带来的一种错误的判断。如果你从立法上的量刑激励角度去讲的话,美国可能确实是比较早的,但是刑事合规制度本身还有其他的制度类型,比如说排除责任类型,实际上在很早之前就有。比如说澳大利亚《贸易实践法》(1974)、新南威尔士《公司法》(1982)中都有这样的制度,而且我们从澳大利亚的实践中也发现了大量的案例。

第二个误区是,认为刑事合规制度以代位责任为基础,因此中国根本不具有制度引入的基础。这是前一段时间一个学者对于刑事合规制度的集中批判中提到的一个观点,这种观点显然也是对刑事合规制度的一种误解。不可否认刑事合规制度与单位的归责模式实际上是有内在的关联的,但这种关联是,不同的单位的归责模式决定了不同类型的刑事合规制度,并不是说刑事合规制度仅仅依存于某种单一的单位归责模式。

第三个误区是,"雀巢公司案"是中国刑事合规的第一案吗?这也是有些学者提出一种判断。这种判断显然也是因为类型化不足所带来的。如果从类型化的角度看,例如合规对责任的影响的情形,刑事合规制度在很早之前的大量判决之中都有所体现。

从上面这几个认识误区也可以看出来,我们需要类型化的研究。类型化使得制度研究、引介、司法适用路径更加清晰化。这是类型化研究的第一个意义。第二个是证据法上的意义,等一会林静教授会详细地论证,我主要是来讲第一点,我们将在每个具体的制度类型中,结合个别问题来进行阐释。

我们首先看前两种类型:作为量刑激励事由的刑事合规和作为排除责任事由的刑事合规。我国学界现在关于刑事合规的讨论,实际上主要集中在这两个制度类型。很多学者觉得我们缺乏合规激励机制,认为我们现在的制度不足以激励企业去进行合规管理,因此我们要在立法中引入这样的一种制度;但是我觉得既然是定罪量刑当中的一个问题,那么我们就可以在传统刑法理论当中找到企业合规的体系地位,我们可以在公司罪责的理论或是刑罚论当中为合规进行理论体系的定位。

先看公司刑事责任的构造与刑事合规的关系问题。从世界范围内来看,公司责任理论的研究实际上经历了从自然进路到规范进路的研究范式的转变。自然进路最典型的是美国的研究,美国一开始所采用的叫替代责任或是叫代位责任这种追责的模式。它的逻辑其实非常简单粗暴,认为只要是公司员工在职权范围内,为了单位的利益实施的一种行为,那就是单位的行为。也就是说,公司员工的犯罪就是单位的犯罪,不管单位为此做了什么。比如说刚才讲的雀巢公司的案子,我不管你单位有没有什么相关的政策,公司员工的行为就是单位的行为。

在这样的一种制度类型中,公司所承担的实际上是一种严格的责任。不管企业做了什么,都没有办法排除责任。因此我们可以看到美国为什么会产生作为量刑激励的合规机制,它不是排除责任而是减轻责任,这跟美国的这种公司犯罪的归责模式有直接的关系。在这种模式中,刑罚是过于严厉的,因此需要一种刑罚的平衡机制。由此我们可以引导出作为量刑激励方式的刑事合规制度。

刚才讲的这种自然进路,实际上是借鉴了侵权法当中的替代责任。这样的认定方式跟我们国家或者说跟大陆法中强调罪责,强调责任主义的方式实际上是不兼容的。我们现在所讲的公司责任,实际上更多的是从规范进路去讨论的。无论是从公司文化和公司的规章制度,或者是从公司的组织架构等等不同的角度去展开的论证,实际上都是一种规范进路。

这种观点认为,公司责任是公司自身的责任,任何个人可能代表公司,但也可能不代表。比如说一个员工,甚至高级别的员工,实施了犯罪的行为,他不一定能够代表公司,我们还是要考察公司对于这些犯罪行为的态度是什么。在这种公司的罪责模式中,公司责任的认定需要考察合规制度,也就是说合规制度实际上可能决定公司是否承担责任,由此我们可以引导出排除罪责模式的刑事合规制度。

回到我们国家,企业合规应该起到什么样的作用呢?这个问题取决于我们国家的单位犯罪的归责模式是什么。我们从《刑法》第 14 条、第 15 条以及第 30 条可以推导出来,我们的单位归责模式只能是组织体责任模式,在这种模式当中,合规可以起到排除或是减轻责任作用。

接下来,我们可以从刑罚论的角度来理解企业合规的意义。大家都知道，量刑的基本原则是在责任刑的限度内去考虑预防性。一方面合规可能起到排除责任的作用，比如说过失犯中公司履行了必要的注意义务；或是降低罪责，比如公司履行了适当的注意义务。另一方面是影响预防性，我们国家的刑法，不管是刑事立法或者是相关的司法解释当中都规定了影响预防刑的因素，比如说累犯、自首、坦白立功等行为前后一贯表现，自愿认罪退赃、退赔、积极赔偿、获得谅解等。

实际上如果去比照的话，企业合规与这些因素具有很大面积的重合。一个合规制度，实际上要求企业在行为前要建构一个内部控制机制，如果发生了违法犯罪行为，要主动进行报告，然后配合司法机关调查，之后要去完善合规机制等。一系列的行为表现实际上和影响预防刑的因素是重合的，这也就意味着，企业合规可以影响预防刑。

因此可以提一个建议，无论是司法机关还是律师，实际上都可以自觉地将合规理念融入单位犯罪司法过程中，也就是说，既然它可以从我们的传统理论中找到根据，那么，在追究公司犯罪的司法过程中，完全可以自觉地加以适用。这是第一和第二个制度类型的问题。

第三个类型是作为起诉激励事由的刑事合规。主要涉及企业的缓起诉制度的问题，这个已经“超纲”了，但是它是一个距离我们非常近的问题，我们简单地看一看。

首先，我们可以看一个问题，我们是否需要以及如何引入企业缓起诉制度？这两年随着刑事诉讼法确立认罪认罚从宽制度之后，企业的认罪认罚实际上也得到了越来越多的关注。很多学者写文章说，我们应该通过刑事程序法引入刑事合规制度。比如第一种观点认为，由于刑事合规制度以代位责任为根基，因此不能从实体法上引入，程序法路径可以考虑。第二种观点认为，刑诉法当中的认罪认罚从宽机制契合了刑事合规理念，因而应当从程序法而非实体法路径进行制度引入。

针对这两种观点，我简单地作一个回应。

第一点，合规制度在我们传统的刑法理论中其实有自身的体系性地位，刑事合规制度不是是否需要从实体法路进行引入的问题。

第二点，上述两种观点都是以美国作为单一的观察对象，并且误解了美国实体法和程序法上合规制度之间的关系。可能这两种观点都看到了美国在大量地践行起诉激励的方式来推动企业合规管理。比如说我们的“中兴通信公司案”，其实就是这样的一种方式。

我们刚才讲了美国采用的是传统的公司责任的认定方式，代位责任模式对于公司是非常严格的，因此才把刑事合规制度作为一种平衡机制；但实际上，量刑激励方式的刑事合规制度对于一个企业来讲，它的激励效果是不足的。对于企业来讲，它要的不是你把我的罚金从 2 000 万美元减到 500 万美元，而是不定罪。因为定罪结果本身就可能对企业产生非常重要的影响，放在我们国家也是一样的。比如宣告一个企业构成犯罪的话，它会失去很多资质，包括从银行获得贷款的资质，有银行贷款银行要提前收回。定罪本身对企业的影响是非常大的，这也意味着实体法上的这种激励机制是不足的，因此才有了程序法上的作为起诉激励事由的刑事合规制度。

换句话说，美国的这种程序法上的制度是为了解决实体法上刑事合规制度的功能性缺陷而产生的。回到我国，合规本身就可以起到排除责任的作用。这也就意味着，我们对程序法上的这种合规激励机制的功能性的依赖没那么强，这是第二点。

第三点，程序法上的企业合规制度应当引入。这是我的一个基本观念。为什么？它有很多的优点，比如促进公司治理机制的改革等，而且它契合了我们现在的营商环境建设和保护民营企业的政策。

还有一个很重要的原因。2020 年新冠疫情期间，正好我对企业缓起诉制度作了一个非常详细的制度史的梳理，通过这种制度梳理你会发现很多问题。比如 2020 年 2 月份前后，英国和空客集团签署了一个缓起诉协议，同时美国、法国也跟空客集团签署了缓起诉协议，原因是空客集团为了获得订单在全球行贿。这三个国家通过缓起诉协议，总共获得了空客集团的 39 亿美元，三个国家分了。但实际上空客公司的行贿行为很多都发生在中国。

这种犯罪行为发生在中国，另外三个国家跟空客公司签订了协议，分了蛋糕,没有我们什么事了。前几天看到全国人大常委会说要加强关于长臂管辖的研究和立法。实际上,有些问题不需要长臂管辖,只要有制度的对接就可以。比如这里的企业缓起诉制度,如果我们的立法中有这样的制度,完全可以参与到联合协商之中,对国外的企业进行制裁。

尽管应当肯定引入的必要性,但这种引入应有限度。第一个方面的原因是诉讼文化的差异。美国之所以可以大范围地适用企业缓起诉制度,同它的协商式诉讼文化有密切关联。我们不可能像美国那样进行广泛的协商,我们在作文献梳理的时候,发现很多在我们看来非常恶劣的犯罪行为,美国都作了缓起诉,这在我们国家是很难想象的。比如,2015年美国司法部与通用汽车公司签署了缓起诉协议,通用公司故意隐瞒汽车的故障,导致至少120多个人死亡。另外的一些案件,比如涉案公司向敌对国家输入武器的零部件、协助进行恐怖融资等行为,如果发生在我们国家,能进行缓起诉吗？我觉得是不能的,这里有一个诉讼文化的差异。

第二个方面的原因是,企业缓起诉制度本身存在功能性缺陷。现在很多讨论实际上忽略了这种功能性的缺陷。对于这一点,我们可以找一个观察的切口。在美国的企业诉讼中存在一个很怪异的现象,即不起诉公司的同时,也不起诉个人。实际上,我们找不出来对个人不起诉的任何正当性的根据。为什么会出现这种情况？这是由它跟整个缓起诉案件的办案质量非常低劣是有关系的。

比如像英国的立法,它对于证据的要求是非常低的。原来刑事诉讼中所要求的证明标准在缓起诉的案件中是不需要的,立法有明确规定。在遇到公司案件的时候,公司可能不想跟检察官进行纠缠,检察官要求公司交罚款,公司可能就交点就算了。不管是否达到证明标准,为了尽快摆脱这个诉讼,公司可能就妥协了。

但在针对个人的诉讼场合,实际上因为涉及个人的自由的问题,他不愿意妥协。现有的证据不足以证明有罪,检察官会主动放弃,这也是一个根本性的原因。由此可见,企业缓起诉制度实际上带来了企业犯罪司法的混乱,也就是说,它存在致命的功能性缺陷。

第四点,我们可以将现行法中的法定、酌定、存疑以及特殊不起诉制度与企业合规理念进行一种功能性的嫁接。从国外的制度实践也可以看出,它实际上就在做这样的一种工作。

实际上我们的司法实践中也在悄悄地去做这样的事。比如前几天深圳市南山区检察院就对一个公司的几个主要领导人进行了相应处理。但这个案情稍微有一点不同,他是对几个公司的主要领导人作出不起诉处理,与此同时,要求企业完善合规管理机制,然后还对企业的合规管理机制提出了要求,并且要定期对它进行检查。我们可以进行以下分析:

一方面,从这个案件中我们可以看,它实际上是将合规与传统的刑事诉讼制度进行功能嫁接的有益尝试,这种做法实际上是值得肯定的。

另一方面,我们有一个建议,首先要解决如何帮助企业建立并监督企业合规的问题。可以肯定的是,检察官实际上不是公司治理专家,这种情况下,他如何去帮助企业建构并监督企业合规呢?实际上他没有这样的能力,因此在未来的制度的践行过程中,要去设计相应的配套性的制度。比如说引入专家辅助人。我们今天听课的很多人可能未来都有机会去参与这样的事情。另外需要说明的是,检察机关在这个过程中应当尽量避免设定标准,告诉企业应该怎么做,否则可能出现外行人指导内行人的情况,带来行业性灾难。

最后一个制度类型是以合规作为个人责任连接点类型的刑事合规制度。我们刚才花了很多时间来讨论这个问题,它有什么样的意义?

它的意义是,第一,合规计划的有效性的核心,实际上就是建构自上而下的责任链条与自下而上的信息流。这个建构的工作正是合规责任分配的问题。通过刚才的论证过程,实际上大家可以明白合规的运行的机制、机理了。

第二,它给合规划定了行为边界,有助于避免执业的风险。我们可以简单地看一下如何去建构一个有效的合规计划。这种合规计划的建构,实际上从大的方向包括三个支柱:“认识—确定—结构化”“传达—促进—组织”“反应—制裁—改进”。这里最核心的就是第二个支柱的第三点，实现合规流程化的组织措施。也就是说，仅仅建立一个纸面上的合规机制实际上是没有用的，要让它运行起来，要通过流程化的组织性措施让它运行起来。那么如何让它顺利地运行起来？要去建构一个自下而上的信息流和自上而下的责任链条。实际上，这正是我们刚才讲的合规责任的分配问题。

这里还有一个问题。在自上而下的责任链条的建构过程中，涉及监督的问题，问题是，应该进行多大程度的监督，也就是内部控制的强度问题。关于内部控制的强度，我自己的一个观点是企业合规是犯罪控制的私人化，它具有规制了的自治的色彩，因此应当遵循比例原则。也就是说，企业所采取的措施必须是可能的、必要的和可期待的。

第一点是可能性。这种监督措施首先一定是可能的，这种可能性主要涉及企业的经济能力。监督措施应当与企业的经济能力相适应，在缺乏相关经济能力的情况下，只用采取不需要花费的措施。

第二点是必要性，也就是说，这种监督措施要具有影响行为的效果，可以有效地降低业务关联性的错误行为，使得与企业相关的义务得到遵守。需要说明的是，这里影响行为的可能性，是要从事前的角度进行判断，不能从事后的角度进行判断，并非出现了违法行为就一定代表着措施是不合适的，不是这样的。第二点是最轻微手段性，要选取对监督义务人影响最小的一些措施。

第三点是可期待性。在可期待性的问题上，我自己的观点是应该借用针对自然人犯罪的期待可能性理论来评估监督的强度。需要去衡量所放弃的利益与所保护的利益之间的关系，他们两者之间实际上要保持一个平衡，不能悬殊。这就意味着对监督的强度的评估，转化为对损害预期值的评估。

刚才讲了，所放弃的利益实际上也就意味着企业的合规投入。企业的合规投入实际上直接决定了监督的强度和深度。所保护的利益实际上也就是企业通过合规可以避免的一些损害。这种损害可能是经济的，可能是人身健康，可能是生命，甚至是公共利益、国家利益，这两种利益之间总体上要保持一个平衡。这里对监督强度的评估也就转化为企业如果不合规，可能会带来什么样的损害后果。

对一个企业来讲，损害预期值等于损害发生的概率乘损害利益的大小。损害发生的概率等于具有刑法意义上的员工行为的数量乘以每个具体员工行为可罚性的概率，这也就意味着，如果一个公司的员工行为比较多，这种监督的链条可能就必须深入下去。员工行为可罚性的情况，涉及行为的复杂性和员工质量这些因素。如果行为复杂性比较强，比如行为所涉及的行业规范比较多，很容易涉嫌违规违法，那么监督强度可能就要大一些。如果员工质量整体比较高，企业监督的必要性相对要小一些，但都不是绝对的。

另外，损害预期值的大小与法益的重要性成正比。如果法益比较重要，比如不合规可能会涉及人身健康、生命法益，甚至是公共安全、国家的法益，这种监督强度要比较大。如果一个企业尽自己最大的努力去监督、去预防这样的风险，但仍然不可避免这样的风险高频率发生，那么这些企业可能就是社会治理的任务。谢谢大家。

主持人·康　烨

李教授的讲座非常有前沿性，澄清了在实务中对于刑事合规的一些概念以及长期以来类型化中形成的一些误解。同时，李教授的讲座也特别偏重实务，他通过一些类型化的区分，把相关在问题体现在实体以及程序上，使得刑事合规制度的激励机制得以呈现。这些内容是可以在我们将来的工作中去借鉴和运用的。

但是，从李教授的讲座中，我注意到了一点，就是如果要将刑事合规加以运用的话，其实还要通过很多证明方式得以体现。所以，我们还要请出另外一位重量级的嘉宾林静老师。林静老师是中国政法大学证据科学研究院副教授，德国弗莱堡大学的法学硕士、博士，德国马普外国与国际刑法研究所博士后，曾任职于德国马普外国与国际刑法研究所、美国高盖茨律师事务所法兰克福分所。现在有请林静教授。

与谈人·林　静

大家也看到了，刚刚本灿教授用很娴熟的教义学研究范式，深入探讨了刑事合规的类型化的基础性问题。在本灿教授主讲的基础上，我汇报三点我个人对这个问题的观察。

第一，什么是刑事合规问题。

国内外大部分学者将刑事合规定义为“对法及相关规范和行业准则的遵守”。我个人认为这个概念界定不能准确地描述目前在欧美国家被广泛运用的刑事合规的本来面貌。在已经较成熟运用刑事合规理念或者存在成熟的相关立法的国家，这样的定义没有问题，因为他们有共同的话语基础；但在其他对刑事合规理论未成熟讨论的国家，可能会导致在学术对话上出现一些误解。

我个人比较倾向于将刑事合规界定为“企业合规计划或者企业的自我监管在刑事领域的评价和运用”。这个评价和运用体现为本灿教授刚刚讲的类型化项下的具体运用。概括来说，合规计划在实体法层面可以作为出罪事由或者量刑激励，在程序法层面可以作为起诉激励，对尚未承认单位刑事责任的国家，可以通过监督者的保证人义务角度进行评价。这在本灿教授报告的第二部分已经系统介绍，我这里不作具体展开。

在第一部分，本灿教授认为对刑事合规的讨论应当区分国家视角和企业视角。我很赞同这种区分，在这个基础上，我觉得还有必要区分对话群体。具体来说，律师业务中的刑事合规和学术语境下的刑事合规其实是存在差异的。律师业务中的刑事合规更为宽泛，只要与企业以及企业家的刑事责任的规避相关的，都被纳入这个话题。但是学术语境下的刑事合规，在范围上会窄一些。也就是我刚刚提及的，刑事合规探讨的是企业的自我监管在刑事领域的评价和运用。

此外,不同学科对刑事合规的研究也存在视角差异。以英国、美国、澳大利亚学者为代表的犯罪学研究视角,主要回答了为什么要倡导刑事合规理念的问题。代表性学者有美国的 John Coffee 教授,他提出了威慑陷阱理论(deterrence trap),还有澳大利亚的 John Braithwaite 教授,他提出了回应性规制和金字塔监管模型。时间关系,我不作具体展开。他们讲了一个共同的问题,也就是在企业犯罪领域,传统的刑事规制是存在局限性的,由此倡导纳入企业的自我监管,实现企业和国家共治。

以德国、日本学者为代表的刑事实体法研究视角,则主要回答了如何运用刑事合规的问题。他们以教义研究的范式,从企业责任、犯罪构成、过失论等角度进行解释,本灿教授今天的报告也基本采用这种研究方法。此外他的译者文集《合规与刑法》里的大部分文章,也是采取这种研究路径。

除了犯罪学视角和刑事实体法的视角,程序法学者对刑事合规也有一定的关注。比如实践中运用非常广泛的起诉激励,也就是将合规计划的建构或整改作为暂缓起诉协议的重要内容。在认罪认罚从宽制度背景下,我国部分学者也关注到了这一问题。

此外,我个人认为刑事合规还有一个非常重要的研究视角,也就是刑事合规的证明问题。我们前面说到,刑事合规是合规计划在刑事领域的评价,这个评价的前提是存在合规计划,并且该合规计划是有效的,而非虚假合规或者装饰性合规。这在实践中其实是普遍存在的,美国量刑委员会公布了 2019 年的数据,在 118 个组织体犯罪案件中,没有一例被认定存在有效的合规计划。所以,是否存在有效合规的认定问题就显得很重要了。由谁来证明,需要证明到何种程度,也就是我们说的证明责任和证明标准问题,都是需要被关注的,这个我将在第三点重点展开。

第二,在我国,刑事合规的适恰性问题。

本灿教授在他的报告的第三部分,通过非常深入和独特的视角,阐述了刑事合规相关制度的引介的必要性和可能性。在这个基础上,我简要阐释下,根据现行立法,合规计划作为出罪事由或者量刑因素的解释运用的空间。

首先，我们来看一下，作为出罪事由的刑事合规如何解释运用。实际上，据我的观察，很多大型企业集团已经在利用刑事合规理念在作风险预防，体现为隐性的出罪辩护。比较常见的是，通过培育公司合规文化，制定企业章程和员工行为准则，并及时披露个别员工的不法行为，来对员工和企业的责任进行切割。我们看到的“雀巢员工案”，其实是雀巢员工的辩护意见，其中提到其行为是公司行为，导致了雀巢公司从隐性出罪辩护走向了显性出罪辩护，由此引起了大家的关注。但实际上，这个案件雀巢公司未被提起公诉，尚处于风险防控阶段。

如果企业被提起公诉，进入司法领域，根据我国现行的立法，也可以解释运用刑事合规理念。我国对单位犯罪的界定，包含了“人员要素”（“直接负责的主管人员”或者“其他责任人员”）、“表见要素”（以单位的名义）、“利益要素”（为实现单位的利益）和“意志要素”（体现单位的整体意志）。企业合规措施的存在，可以在“利益要素”和“意志要素”层面，动摇单位犯罪的构成。

此外，从学理角度，也可以将合规计划作为责任阻却事由，也就是从期待可能性层面进行解释运用。我们说“刑法不强人所难”。设想一下，如果公司具有完备的并且实际运行的合规计划，但员工不遵循单位员工行为准则，以单位名义作出某种行为，某种程度上也给单位带来了一定的利益，是否体现单位意志也很难准确判断，他的行为会否引起公司刑事责任？这时候，合规计划的存在就发挥作用了。我们不能期待庞大的集团公司对所有的员工的失范行为进行面面俱到的管控。需要说明的是，期待可能性作为责任阻却事由是从学理角度的解释，在实践中尚未被司法机关普遍接受运用。

其次，刑事合规也可以作为量刑因素进行解释。我国《刑法》第 67 条规定了自首作为从轻、减轻刑罚的量刑情节。理论上而言，公司通过合规部门或合规官员的自查，将不法行为向司法机关披露，可以视为公司的自首。但是实践中，公司在刑事领域的自我披露较少，更常见的是通过披露员工的不法行为来进行责任切割，作为出罪事由加以运用。

第三，刑事合规的证明问题。

证明问题是一个很宏大的问题。刑事合规的证明更具有特殊的复杂性：其一，在于合规计划在刑事领域评价的多元性，本灿教授作了很好的类型化的概括；其二，合规计划作为待证事实的层次性。具体而言，需要证明有没有合规计划以及合规计划是否有效。我今天主要从刑事实体法与证据法的关系视角，分享三点看法。这些看法，一定程度上受到了复旦大学杜宇教授相关研究的启发，在此作一下说明。

首先，刑事实体法决定了哪些事实需要证明的问题。一个案件往往涉及大量的事实。尤其在单位犯罪案件中，可能只是一个资本构成的问题，就需要查证大量的相关事实。所以，在启动对一个事实的查证之前，特别需要厘清这个事实是否需要被证明。实体法规范为待证事实提供了图谱。概括来说，实体法规范中的犯罪构成要件规范指导了定罪事实的证明，实体法规范中的量刑因素指导了量刑事实的证明。

从这一角度出发，有些英美法学者认为，相较于程序法，证据法与实体法的关系更为密切。在我国语境下，公司是否具有有效合规计划这一事实是否需要证明，首先要看刑法分论中有没有规定单位犯罪。目前刑法分则 160 多个条文规定了单位犯罪，如果未在其中，就没有存在构罪的可能性，无须花时间精力对此进行证明。

其次，刑事实体法回答了哪些事实需要优先证明的问题。对这个问题，我想从规范的层次性、证明的动态性以及他们之间的关系进行解释。

什么是规范的层次性？我们观察一个个罪的刑事规范，往往有部分条款涉及定罪，也就是我们说的犯罪构成要件。此外还有一部分不影响定罪，但影响量刑，也就是量刑因素，这也就是定罪规范和量刑规范的层次区分。

此外，在犯罪构成要件内部也存在层次区分。这个如果沿用我国传统的四要件理论可能不是很好解释，这里以德国犯罪构成要件理论和美国的二元体系为例来讨论。德国的主流观点所支持的三阶层理论，包含了构成要件该当性(Tatbestand)、违法性(Rethts widrig kelt)和有责性(Schuld)。对后两项的考察,其实是以反向方式进行的,即是否存在违法阻却事由或者责任阻却事由,可以统称为阻却事由。美国的二元体系,包含了犯罪本体要件(elements of the crime)以及合法辩护事由(affirmative defense)。在层次上德国划分更为精细些,但是两者总体上遵循了大致相同的立法逻辑。概括来说,犯罪构成要件的层次可以概括为入罪要件和出罪要件。

那么什么是证明的动态性呢？从一方当事人角度观察,证据取得不是同步的,具有过程性,这就产生了次序安排的必要性。从控辩双方角度看,一方的证明行为会影响另一方的证明行为,这也可以称为“提证责任”或者“举证责任”(burden of production)的动态转移。还是以“雀巢员工案”为例,被告人雀巢员工提出辩护理由认为是雀巢公司行为,检察院于是进行了非雀巢公司行为的证明行为,提供了雀巢公司的行为守则、培训记录等。检察院这个“非公司行为”的举证责任是基于被告人的证明行为触发的。

那么,规范的层次性如何回应证明的动态性呢？概括而言,先查证定罪事实,后查证量刑事实。在我国现行立法下,合规计划在定罪规范和量刑规范上,都存在解释空间。从规范的层次性以及客户利益角度,定罪规范具有优先解释性。在定罪事实上,一般优先审查入罪要件是否成立。如果不成立的话,便无须查证出罪事实。

从证明责任角度而言,入罪要件的证明责任一般由公诉方承担,如果公诉方无法证成入罪要件,对辩方而言,其实不用考虑出罪的证明问题。当然,为阻止控方的证成,辩方可以充分行使辩护权。具体到合规计划的证明,在我国,期待可能性作为责任阻却事由尚未被广泛接受,比较适宜的做法也是在入罪要件层面,从单位意志或者单位利益角度来行使辩护权。

最后,刑事实体法影响了证明责任和证明标准。证明责任和证明标准本质上是风险分配问题,而在风险分配时,需要考量实体规范中的法益,比较民事案件与刑事案件的差异就能很好理解这个问题。在民事领域,立法者将真伪不明时的风险进行了相对平均的分配。一般而言,由主张者承担证明责任,证明标准一般是优势证据。在刑事领域,将风险进行了有利于被告人的分配,从而降低错判的概率,也就是原则上由公诉方承担证明责任,并且需要达到排除合理怀疑的证明标准。

这种差异性,也给我们在合规计划的证明问题上一些启示。如果合规计划可以同时作为阻却事由或者量刑因素,从辩护策略来讲也应当考虑相应的证明责任和证明标准的规定,以降低难以证成的风险。

此外,在处理涉外案件时,应当特别关注不同国家的差异性规定。比如合规计划作为出罪辩护事由时,西班牙立法规定了由被告人证明存在合规计划,而由公诉方证明该合规计划是无效的。换句话说,当被告人完成了存在合规计划的证明后,便推定该合规计划是有效的。如果公诉方没有能够推翻这个推定,也就是没有完成合规计划无效的证明,合规计划便能带来出罪的法律效果。

对此,意大利的立法规定有些许差异,231 号法令对行为人进行了区分:如果该行为由普通员工所为,与西班牙的规定类似;但是如果该行为由高层管理人员所为,那么被告人不仅仅要承担存在合规计划的证明责任,尚需证明该计划是有效的,才能构成出罪事由。这也回应了企业内部监管中的“大鱼现象”,也就是说,企业内部的合规计划比较容易规制普通员工,但是对高层管理人员常常失灵。对此,意大利立法作出了证明责任上的区分,以回应这种现象。

主持人·康　烨

谢谢林静教授。林静教授的讲解十分深入,而且引进了德、日、英、美的证据法的理论,使得我们对证据在刑事合规当中如何结构化、有层次化地去应用有了进一步的了解,我觉得是很有价值的。今天两位教授的分享形成了很好的互补,他们以刑事合规的梳理、国外以及中国实体法的应用为切入点,给我们提供了一个很宏观的视角;同时也从一个非常细致和微观的角度,讲解如何将刑事合规更好地运用到我们的司法实践中,这都是非常有意义的。

观众还提出了一些问题,我也借此宝贵的机会从中挑选一些问题请两位教授回答。

主讲人·李本灿

Q1:由于互联网企业的特殊性,如何制定具体的刑事合规制度?

企业刑事合规建构所遵循的一个基本的原则就是个别化。因为每一个公司的公司规模不一样、经济能力不一样、行业性质不一样,这些决定了它所面临的风险不一样。在此基础上如何去建构一个公司的合规计划?我刚才实际上也提到了,它的一个基础是风险识别,这种风险识别不仅仅是你现在所面临的风险,也可能是未来的业务发展的方向所面临的风险。

在我看来,风险的识别的一个基础性的工作就是企业要对所在的行业的基本的法律规范、企业所可能面临的受到处罚的制裁的风险要有一个全面的了解。涉及互联网行业、金融行业我们刚才也讲到了,这些行业的损害的预期值实际上是比较大的,因为这些行业的复杂性、它所面临的规范的复杂性,公司受到的处罚的风险比较大。因此,首先肯定是要做好这方面的工作。

随着2018年欧盟的《通用数据保护条例》的出台,个人信息保护的强度显著加大。而且,它的处罚的连接点非常薄弱。比如中国的互联网公司可能跟欧洲的关联性非常微弱,比如微信,欧洲人可能也使用微信,但主要业务是肯定是在中国,因为有这样一个非常微弱的连接点,中国的互联网公司就有可能成为它的处罚的对象。

所以要去了解行业关于个人信息的保护的强度是什么,我觉得这是一个非常重要的工作,在此基础上才可能去建构一个有效的合规机制。这是我对这个问题的回答。

与谈人·林　静

Q2：虽然刑事合规目前在学界呼声很多，但在我国司法实务中还有点“雷声大雨点小”的感觉，请问刑事合规的未来前景到底如何？

我觉得刑事合规的未来，如果从律师业务角度来说，其实不是一个纯粹的法律问题，更多的涉及企业的投入的意愿问题。如果大家观察一下境外企业、具有涉外因素的企业或者跨国集团，会发现它们在风险防控上的投入的意愿是非常强大的。对这样一个客户来说，不需要去过多地进行业务宣传，这些企业其实是主动来找律师开展企业合规的。

但是就我们本土的企业来说，其实还存在整体的企业诚信文化的建设的问题。按我个人的观察，这方面其实是在慢慢在推进的，我们的大型企业集团是有这种动力的。特别是在跟企业家责任进行挂钩的情况下，企业家是希望进行责任切割的。

其实需要关注的问题是我们国内运用的刑事合规，即所谓的出罪辩护这种方式，放在国际视域下是不是还有效。这就是我们说的合规计划是否有效的问题。在我们国家可能很容易切割企业责任，出事后可能员工会受到相应的刑事制裁，而公司和高管都不受影响。但是一旦涉外，英美国家或者其他国家通过长臂管辖原则，只要有涉外连接因素，境外的监管机构便可以管到国内的企业，我们的企业将承担巨大的风险。

所以对我们本土的企业来说，它更要关注国际上已经通行的合规计划的有效性的标准问题，这从我们实务角度来说是很重要的。

主持人·康　烨

非常感谢林静教授。林教授为我们引入了国际性视野，让我们看到虽然国内的企业可能觉得自己符合中国的相关规定，因此没有刑事合规的问题；但一旦企业经营范围辐射到国际上，企业是否也符合国外的刑事合规就可能存在问题。这一点非常重要，以后在制定合规计划时，还需要考虑企业业务的拓展方向涉及哪些国家，这是学者为律师带来的新的视野，感谢林静教授。

本灿教授在刑事合规的本土化过程中，不遗余力去发掘相应理论在中国的生命力，因此我想他在这个话题上也很有话语权，下面有请本灿教授回答。

主讲人·李本灿

好的，谢谢康主任。

关于刑事合规的未来前景的问题，我们刚才一直在谈合规的激励，实际上更多的是从合规的正面激励的角度来讲。但合规能够推行，其实更重要的一个因素是反面的激励。当然可以考虑一个问题，如果在我们现在的这种商业的环境和政治环境当中，一些企业不管实施了什么样的违法行为，都不会负责，那么它就没有合规的动力，所以我们现在其实缺乏的是反面的激励机制。

现在我们这方面确实做得非常不够，但随着我们的企业越来越多地走出去，有些国家通过长臂管辖来去规制我们的企业，这种事情越来越多，可能不走出国门，也应去遵守它的规定。所以我想未来合规的情景会越来越多的。

举一个很简单的例子，应该是2020年年初，我们还在疫情最严重的时候，法国反腐败局发布了一个与中国银行签署的暂缓起诉协议。中国银行为此支付了大额的金钱进行补偿，后续它完善了它的合规机制。这些其实都需要有我们的律师的参与。就我自己所了解的一些信息，暂缓起诉在不远的将来一定会进入我们的立法，实际上会给我们的刑事合规带来巨大的发展空间。

对于司法部门来说，之所以选择暂缓起诉，很大的动因是为了节约司法资源。他们要求企业在违规行为出现后进行内部调查，其原因在于，很多工作司法部门是做不了的。我们传统的犯罪侦查制度实际上建立于农业社会,那些传统的杀人、强奸等犯罪,侦查起来相对容易,取证也相对容易。但现在你要让国家机关去调查一个企业,尤其是这种大型的国际性企业,其实是非常难的。

我跟海尔集团的合规人员交流的时候,他们也非常困惑,他们有的在反舞弊部门工作了很长时间,可能两年三年,但好多问题他们自己都搞不明白。舞弊的手段在不断地翻新,直接接触业务、距离犯罪最近的这些人实际上都存在困难,外部的侦查力量有时候更难进入。所以这些工作未来可能都需要有我们相关的律师等专业人员的介入;包括刚才讲到的,未来如果要去推行这种制度,实际上是需要合规专家的协助的。检察院或是法院要对合规机制进行监管,但他们缺乏这种能力,也没有这种资源,所以总体上我还是比较看好刑事合规。

主持人·康　烨

谢谢本灿教授和林静教授给广大法律工作者,特别是我们律师提供了这样一个鼓舞人心的观点。将来,随着中国企业越来越多地走向国际,它们必然要遵守刑事合规的国际规则。律师需要思考如何向企业提供成熟的法律服务产品,如何更有效地帮助企业打造、实现合规计划。

刚刚本灿教授讲到了调查手段问题,我也想到今天的一个新闻——“獐子岛扇贝大逃亡”的违规信息披露事件。证监会采取了北斗导航和大数据分析这样的调查手段,跟踪这家企业捕捞船的轨迹和动向,最终发现了这家企业有关数据方面的问题。我们的企业必须加强合规,要知道监管层的调查手段是非常强大的,企业不要轻信自己可以逃避监管,要更加主动地去拥抱合规。

今天两位老师的讲座使我们对合规理念有了新的认识,也为我们实务人员将来如何更好地去制定合规计划提供了非常有价值的借鉴。我们向本灿教授和林静教授致以最诚挚的谢意。

相信两位老师的分享,会使这次论坛学术和实务交流的这股新风更加强劲。有一句话我想改编一下,“理论是金色的,学术之树常青”,期待跟大家再一次重逢。

第十讲
认罪认罚案件中的确定刑量刑建议

主讲人:吕翰岳(北京大学法学院博士后)
与谈人:吉冠浩(北京航空航天大学法学院讲师)
主持人:车　浩(北京大学法学院教授、《刑事法判解》执行主编)

主持人 · 车　浩

各位老师、各位同学、各位学界和实务界的朋友,大家晚上好。欢迎大家来参与全国青年刑法学者在线讲座的活动。今天是这个系列学术讲座的第十讲,我向大家介绍一下本场讲座的主讲人和与谈人。

主讲人吕翰岳博士,是北京大学法学院的博士后研究人员、北京大学法学硕士、清华大学法学博士,研究方向是刑法基础理论、比较刑法学和国际刑法学,担任过《清华法律评论》编辑,在《中外法学》《法学评论》《环球法律评论》等刊物上发表过多篇论文。

与谈人吉冠浩博士,是北京航空航天大学法学院讲师、硕士生导师、北京大学法学博士、中国法学会研究会青年人才、中国犯罪学学会理事,研究方向是刑事诉讼法、证据法、司法制度和刑事一体化。吉博士曾经担任过《北大法律评论》主编、《中外法学》助理编辑,在《法学家》《当代法学》《中国刑事法杂志》等期刊发表过论文多篇。

今天讲座的主题是关于"认罪认罚案件中的确定刑量刑建议"问题。下面,我们就把时间交给这两位青年才俊。首先请吕翰岳博士开始他的演讲。

主讲人 · 吕翰岳

感谢车浩教授的介绍,也感谢吉冠浩老师接受邀请作为与谈人对我的报告发表意见。盈科律师事务所的各位法律界前辈、先进，以及其他所有进入直播中来的老师们、朋友们，大家晚上好！

我这次报告的题目是《认罪认罚案件中的确定刑量刑建议》。本来后面还有个“批判”，但为了让题目更简洁，不把问题尖锐化，所以去掉了。如果我哪句话没说好，让大家觉得有点刺耳，还请大家多多海涵，权当我这个学术新人“童言无忌”吧。这个题目一方面涉及《刑事诉讼法》的新规定，另一方面涉及量刑，相信观看直播的各位实务界的前辈对这两方面的理解都比我深刻得多。

我的报告分为四个部分：第一个部分提出问题，第二、三部分分别讨论认罪认罚从宽制度中的量刑建议权和量刑精准化，最后一个部分讲一讲自己的一点不成熟的意见和建议。

一、问题的提出

2019 年 10 月 24 日，最高人民法院、最高人民检察院、公安部、国家安全部、司法部联合发布了《关于适用认罪认罚从宽制度的指导意见》（以下简称《认罪认罚指导意见》），其中第 33 条第 2 款更是规定了人民检察院办理认罪认罚案件一般应当提出确定刑量刑建议；结合《刑事诉讼法》第 201 条第 1 款可以看出，立法和相关规定的意思是，只要检察官行使裁量权时不太离谱，法院对确定刑量刑建议都得照单全收。

实际上 2018 年新《刑事诉讼法》刚通过的时候，最高人民法院在《〈中华人民共和国刑事诉讼法〉解释与适用》中的观点还是“量刑建议应当以幅度刑为原则，确定刑为例外”，所以现在这个司法解释带有一种检察机关力推的味道。由于“完善刑事诉讼中认罪认罚从宽制度”是中共中央《关于全面推进依法治国若干重大问题的决定》所提出的政治要求，在这样的政治氛围之下，检察机关的量刑建议还是获得了相当高的采纳率。例如东南某省，在 2020 年 1 月至 4 月检察机关办理的认罪认罚案件中，量刑建议采纳率接近 99%，其中超过 80%是确定刑量刑建议；但是省高院在基层调研的时候，基层法官意见很大。

2019 年《检察日报》宣传过一个检察机关抗诉后二审法院按照量刑建

议改判的案例。但从实际案件来看,还是有不少二审法院驳回抗诉、维持原判的例子。比如在北京市范围内,就既能看到抗轻被驳回的,也能看到抗重被驳回的。前段时间在网上讨论得很热烈的余某某交通肇事案也是发生在北京,大多数人对这个案件的关注点主要在二审判决违不违反上诉不加刑原则上,但确定刑量刑建议和它背后的刑罚裁量权归谁行使,才是问题的核心。

因为有这样一些案件,所以我想对认罪认罚从宽制度中的确定刑量刑建议展开系统的研究,这里包含量刑建议权和量刑精准化两大范畴,分别对应着我后面的第二、三两部分;最后一部分,我会提出自己的一点不成熟的想法。我的出发点是在充分保障审判机关刑罚裁量权的前提下,尽量为检察机关行使量刑建议权拓展空间。

二、认罪制度中量刑建议的比较法考察

在一般刑事案件中,检察机关也会提出量刑建议,这在理论上有时候称作具体求刑。在认罪制度中,量刑建议特别重要,因为检察机关就是拿着量刑从宽的筹码,来换取犯罪嫌疑人的认罪。如果量刑建议完全不起作用,检察机关也就不能履行它代表国家向被告人作出的承诺。但如果量刑建议一定等同于宣告刑,那法院就发挥不了作用了。在这个部分要考察一下美国和德国的情况——不是说“言必称希腊”,而是因为美国和德国的认罪制度比较成熟,我们国家曾专门派了考察团去作调研。所以,我下面就以这两个国家为例,看看它们的认罪制度到底怎么解决求刑权和量刑权间的矛盾。

(一)美国辩诉交易中的量刑

有一种说法是美国90%的刑事案件都是通过辩诉交易解决的。如果我们只看最后定罪的案件,这个比例会更高。所以说,一个典型的美国式刑事案件,根本不像影视作品中呈现的那样。典型的美式刑事诉讼就是辩护律师与检察官协商出一个虽然双方都不满意但又都能接受的条件,被告人认罪,法官审查认罪协议,查看缓刑报告,然后直接宣判。在这

个过程中,检察官和缓刑官都要对量刑发表意见。

1. 认罪协议中的量刑意见

任何一种有罪答辩,若被法庭接受,则其效果就等同于定罪,进而可以直接进入量刑环节。

检察官主要通过认罪协议影响量刑。《美国联邦刑事诉讼规则》第11条(c)(1)规定了三种认罪协议,学者对此提出了一个更为完备的分类方式:认罪协议分为指控交易和量刑交易,前者又分为撤销协议和指控减轻协议,后者则包括量刑建议协议和量刑协议。在真实的案件中,认罪协议往往是以混合形式表现的,比如犯罪嫌疑人涉嫌一级谋杀,以认罪换取检察官减轻指控二级谋杀,检察官建议法官判处20年监禁,服刑10年后可以假释,这其中既有指控减轻协议,又有量刑建议协议。

在指控交易中,检察官可以通过影响定罪间接影响量刑。在量刑交易的两种协议类型中,检察官直接针对量刑给出意见,二者的差别是拘束力不同。检察官的裁量权虽然得以彰显,但也受到量刑指南的限制。

2. 缓刑报告中的量刑建议

缓刑报告的正式称谓是量刑前调查报告,由司法行政机构中专任的缓刑官出具。由缓刑官出具量刑前调查报告具有历史渊源。1840年前后,在波士顿有一位名叫奥古斯都的鞋匠,调查值得挽救的犯罪人的背景,并推动了美国缓刑制度的建立。20世纪初,缓刑制度在美国推广开来,并附带地确立了量刑前调查报告制度。

缓刑官原则上必须在量刑前提交报告,例外是死刑听证和轻微犯罪。一份完整的量刑前调查报告,需要进行六个方面的调查:一是罪行,二是犯罪前科,三是犯罪人特征,四是可能的量刑选择,五、六是量刑偏离和差异。在报告的结论部分,缓刑官会参酌量刑指南给出具体的量刑建议。

实证研究表明,法官和缓刑官对报告各部分的重视程度不同,法官更重视前科和犯罪人特征,缓刑官除重视前科外,更重视罪行本身。一个可能的原因是罪行信息可以从指控中获得,但背景调查完全依赖于报告。

3. 量刑建议对法官的拘束

检察官和缓刑官的量刑意见和建议能在多大程度上影响法官的判断,要分以下几种情况讨论。

第一种情况是指控协议。这种协议可以通过定罪制约量刑,法官几乎不会否决。不过量刑指南规定法官在量刑时可以考虑未诉犯罪,其结局就是指控协议制约量刑的功能被钝化了。

第二种情况是建议协议。这种协议被接受的前提是在量刑指南幅度内,或按要求书面说明理由。这种协议不对法庭产生法律上的拘束力,法庭可以接受有罪答辩但拒绝量刑建议,此时被告人不能再撤回有罪答辩进入陪审团审判,只能接受量刑裁决。

第三种情况是量刑协议。接受这种协议的前提和建议协议一样,但法庭只要接受有罪答辩就会受到协议约束,不接受就必须允许被告人撤回有罪答辩。

第四种情况是缓刑报告。缓刑官的调查报告只具有咨询性质,但由于缓刑官是在量刑指南的指示下进行调查,并在指南的框架内提出建议,所以对法官具有较高的事实拘束力。

(二)德国认罪协商中的量刑

大陆法系法官在刑事诉讼程序中不只是扮演主持人的角色,更是积极地参与事实的查明和案件的解决。德国的认罪协商肇始于20世纪70年代,体现为审判长、公诉人和辩护人三方私下进行的“司法密室”。直到2009年8月4日,认罪协商立法才终于完成,比我们国家早了不到10年。这一次立法属于对《德国刑事诉讼规则》的修订,其中新增了一个核心条文,也就是第257c条,条文的标题叫“法庭和诉讼参与人的协商”,明确了法庭的主导地位;另外一个新增条文,即第160b条,规定检察机关可以和诉讼参与人磋商,这个磋商制度和处罚令制度以及中止追诉制度相结合,也能迅速处理一些轻微犯罪的案件。

1. 处罚令程序的刑罚请求

德国的处罚令程序类似于民事诉讼中的催告程序。这个制度也有一些历史背景。同样在 1840 年左右，普鲁士国王弗里德里希·威廉四世上台，他想推动刑事诉讼改革，这就需要对之前一直由警察机关管辖的治安轻罪作出特殊的安排。这个特殊的安排就是处罚令程序，它的诞生就是为了处理轻微案件，而且为行政机关或检察机关保留了很大的裁量权。

在目前的《德国刑事诉讼规则》中，处罚令程序规定在第 407 条以下，其中第 407 条跟量刑关系很密切。第 407 条的第 1 款第 1 句首先限定了处罚令程序的适用对象，也就是轻罪案件。仅就该句而言，其认定的范围很大，因为德国刑法中的轻罪占大多数，而且这一款第 3 句还规定，处罚令请求要指明特定的法律后果，也就相当于我们所说的确定刑量刑建议。

这样乍一看检察官权力或许过大，但是接下来第 2 款马上对可适用的法律后果作出了限制。可以判处的主刑一般只有罚金，如果被诉人聘请了律师，也可以处 1 年以下自由刑，但必须交付缓刑。除了主刑，处罚令还可以判处禁止驾驶的附加刑、吊销驾照 2 年以下的保安处分。总之，只有不涉及实际剥夺被告人人身自由的案件才能不经过审判，直接签发处罚令结案。

2. 总结陈词中的刑罚请求

《德国刑事诉讼规则》第 257c 条第 2 款明确规定，不能就定罪和保安处分进行协商，因此英美法上的指控交易没有存在的空间。德国版的量刑交易也受到了严格限制，第 257c 条第 3 款规定法庭只能告知被告人可能的刑罚上限和下限，即不能就特定刑罚达成协议。德国联邦宪法法院也持这种观点，主要理由是国家刑罚权不像民事诉讼中的诉讼标的那样，可以由当事人基于处分原则协商决定。认罪协商和辩诉交易还有一点不同，即认罪不必然导致程序简化。

无论是按速裁程序还是按普通程序，检察机关在量刑方面的意见都主要体现在总结陈词中，只有到这个阶段检察官才会提出具体的刑罚请求。一般而言，检察官的总结陈词必须包括量刑部分，第一步确定刑罚幅度，第二步权衡所有的正反方论点，第三步得出具体刑罚。其中正反方论点并非任意提出的，《德国刑法典》第 46 条第 2 款规定，量刑时要考虑五个方面因素：一是行为人的动机；二是犯罪所表明的态度；三是违反义务的程度、实行方式和造成的影响；四是行为人的生活背景；五是犯罪后的表现。

与处罚令程序不同，法律没有规定总结陈词中检察官必须提出确定的刑罚请求，但是司法实践已经形成了这一惯例，德国联邦法院甚至认为这是检察官的义务。

3. 认罪协商中的量刑实践

检察官的刑罚请求对法庭是否具有拘束力，也需要分情况讨论。

首先是处罚令程序中刑罚请求的拘束力。根据《德国刑事诉讼规则》第408条，法庭对于处罚令请求可以作三种裁决：第一种是法官认为有充足的嫌疑可以定罪，但是量刑不当，应当直接确定主要审理程序的时间，也就是从处罚令程序转入普通程序。第二种是法官认为根本就没有足够的犯罪嫌疑，则应直接拒绝签发处罚令。第三种是法官认为定罪和量刑都没有问题，应当签发处罚令。也就是说法官只要对量刑有疑问，就应从处罚令程序转为普通程序审理。只不过因为适用处罚令程序的案件情节都很轻微，法官不会轻易进行程序转换。

其次是总结陈词中刑罚请求的拘束力。在岳礼玲教授参与翻译的托马斯·魏根特教授的《德国刑事诉讼程序》，以及参与合著的《一个案例两种制度——美德刑事司法比较》中，均提到了这个问题。在这两部著作中，魏根特教授和菲尼、赫尔曼教授的观点是一致的，即检察官的量刑建议往往被法庭作为上限，法官要么接受，要么从检察官和辩护人的建议中间取一个中间值，但是这个上限也不必然具有拘束力。

（三）美、德制度的比较与启示

美国和德国的认罪制度可以从轻微犯罪的特殊处理、量刑的事实查明、法官的裁量权限三个方面，为我们完善我国认罪认罚从宽制度提供一些有益的经验。

1. 轻微犯罪的程序性分流

对于轻微犯罪的程序性分流问题，美国方案是对于无需监禁的微罪和刑期一年以下的轻罪不用出具调查报告，法官可以即席判决，也不用遵守量刑指南；而德国则是对不需要实际剥夺人身自由的案件适用处罚令程序，对刑期1年以下的案件适用速裁程序。美国是赋予法官更大裁量权，而德国是把裁量权移转给检察机关。

对这两种方案我国都不能照搬，而应该考虑我们有没有功能上等价的本土资源。我国《刑事诉讼法》第222条以下规定了认罪认罚案件的速裁程序，而且要求当庭宣判。但是我们的速裁程序最高可以判处3年有期徒刑，不能像美国那样可以让法官自由发挥。也有学者认为我国可以引入处罚令程序，但其实处罚令程序解决的很多案件在我国都是治安案件。因此，可以考虑的是在速裁程序里引入处罚令程序中的程序转换逻辑：对于案情简单、可能判处的刑罚比较轻、检察机关的量刑建议没有明显不当的案件，法官应当直接采纳量刑建议当庭宣判；但如果法官觉得需要就量刑问题进一步展开调查，或者认为量刑建议不恰当的，可以由司法解释规定为属于《刑事诉讼法》第226条“其他不宜用速裁程序审理的情形”，转为普通程序审理，这就能让法官在简单的轻罪案件里尽量实现自我克制。

2. 量刑事实的调查与呈现

在量刑事实的调查与呈现问题上美国和德国的方案也不一样。美国是在发展缓刑时顺便建立了量刑前调查报告制度，而德国没有调查报告制度，只有检察官总结陈词的量刑部分要对所有量刑情节进行评价。美国学者认为这与缓刑报告不具有可比性。

在调查量刑情节方面，显然是美国方案更好。从功能等价性的角度看，我国也开始在社区矫正的范围内建立社会调查制度。一个可能的选项是把社会调查制度推广到所有刑事案件，特别是认罪认罚案件中，由检察机关委托、监督司法行政机关行使调查权。所谓“没有调查就没有发言权”，检察官基于调查报告提出的量刑建议，也更容易被法官接受，法官根据调查报告进行裁判，也能取得更好的法律效果和社会效果。

3. 法官的确认权与裁量权

在美国和德国，都有检察官的量刑意见对法官形成某种约束的情况,这是否意味着法官的裁量权已经异化成了单纯的确认权,就成为一个问题。美国联邦上诉法庭把法庭的角色定位为对抗检察裁量权的滥用,默许了这种异化。德国也有学者批判道,在处罚令程序中法庭沦为消极审查机关,只保留对制裁的确认权。但不同的观点认为,处罚令程序涉及的是日常犯罪,不能认为法庭和检察机关达成一致就损害了独立审判权。

美国方案在轻罪案件中给予法官很大的裁量空间,但是对于重罪案件又把裁量权移转给检察官,这在正当性上是有问题的。德国方案在轻微犯罪的场合,通过处罚令程序把裁量权部分地移转给检察官,但法官还是能进行程序转换,在正当性和诉讼效率之间较好地达成了平衡。这样看的话,我国最高人民法院之前一直坚持的对 1 年以下刑期较短的案件用相对确定的量刑建议,对刑期较长的案件要有幅度的观点是有道理的。最高人民检察院从纯粹政策性的角度主张确定刑量刑建议,在正当性方面可能还有讨论余地。

三、精准量刑思想中的点刑罚模式质疑

第三部分是关于实体法上量刑理论的,程序法的内容只涉及操作流程,没有从实质上说明检察机关到底怎样才能提出更妥当、更有说服力的量刑建议,只有先讲清楚量刑理论,才有可能进一步探讨检察官要怎样对量刑建议进行说理论证。

现在,“量刑建议精准化”已经变成了检察机关的一个重要口号。前段时间最高人民检察院陈国庆副检察长接受专访时提到,认罪认罚案件在审前已经解决了争议点,具有提出确定刑建议的可能性。这个观点充分展现了精准量刑思想的背后是一种点刑罚观念,也就是正确的刑罚是一个确定的点,检察人员只要提高业务水平,就能指出这个点。

(一)点刑罚模式及其问题

目前在我国,量刑领域里“点的理论”是一种非常有力的学说。一方面,这与我们法律传统中的量刑观念有关。《唐律》对各种犯罪规定了固

定的刑罚，也就是说我们古代就有正确的刑罚是一个确定点的观念。另一方面，我国的量刑规范化采取的其实是一种点刑罚模式，后面还会详细说明。下面就从量刑理论和量刑模式的关系谈起，然后具体分析点刑罚模式和它可能的缺陷。

1. 从量刑理论到量刑模式

“点幅对立”的讨论范式有一点滞后，也偏离了量刑理论本来的意义，不能实现对量刑过程的描述。所以我先简要总结主流的量刑理论，再分析怎么从这些理论转换到可以实际操作的量刑模式。

目前世界上主流的量刑理论有四种：第一种是活动空间理论，认为和罪责相适应的刑罚不是一个点，而是一个区间。第二种是点刑罚理论，本来的意思是罪责有固定大小，正确的刑罚只有一个。在罪责对应的刑点之下确定预防刑的说法，是与位值理论相融合的结果。第三种是位值理论，基本想法是把量刑分成不同阶段，每个阶段实现不同的功能，比如判几年由罪责大小决定，适不适用缓刑由预防目的决定。由于这个公式比较僵化，后来其与点刑罚理论发生了融合，把点刑罚理论改造成两阶段式的量刑。最后一种是犯行相当性理论，原则上只考虑犯罪的严重性和行为人的可谴责性，但实际上还考虑犯罪人的前科加重。

这些理论过于抽象，很难指导实践。所以还是要回到量刑理论的本来意义，也就是描述量刑过程，将其转换为量刑模式。前面四种理论中两种发生了融合，相应的有三种量刑模式：第一种是活动空间模式，量刑时先确定适用哪个法定刑区间，再适用情节对这个区间进行限缩，最后在一个比较小的区间内选定刑罚。第二种是点刑罚模式，量刑时从一个点出发，适用情节对这个点进行调整，最后确定刑罚。第三种是犯行相当性模式，先以罪行轻重和前科程度为两个维度制定一个量刑表，每种罪行等级和前科等级对应一个比较小的刑罚幅度，量刑时查表决定最后的刑罚。在这三种模式中，德国原则上采用第一种，美国采用第三种，而我国选择了第二种。

2. 点刑罚模式的理想模型

只要是以一个确定值为量刑切入点然后进行调整的量刑模式，就都是点刑罚模式。点刑罚模式的理想模型，需要按照位值理论与点刑罚理论的折中方案，把量刑分成两个步骤：首先确定与行为人的罪责相适应的刑罚点，然后根据预防的需要，仅仅从向下的方向调整这个点。这主要是由张明楷教授主张的，前段时间周光权教授的在线讲座也基本上支持这种观点。

第一个步骤是确定责任刑。责任刑的确定过程又可以分成两步，分别是确定量刑起点和确定责任刑点。法定刑中线对应的是中等严重程度的犯罪，而不是日常生活中的常态犯罪，所以需要在法定刑中线偏下确定量刑起点，在数额犯的场合还有可能在法定刑下限附近确定量刑起点。白建军教授在《裸刑均值的意义》一文中通过实证研究，得出了量刑的实际水平线显著低于法定刑中线的结论，证实了这一点。在确定量刑起点之后，需要适用影响责任刑的量刑情节确定责任刑点。

第二个步骤是在责任刑之下确定预防刑。在这个环节需要注意的首先是区分不同情节的性质，在考虑预防情节时要先考虑从重情节，再考虑从宽情节，使从宽情节可以充分发挥作用。特别要注意的是不应该因为罪行严重，就不考虑从宽的预防情节。不能滥用主观恶性和人身危险性这种含义模糊的评价。最后还要重视法律没有规定的非类型化情节。

3. 点刑罚模式可能的缺陷

由张老师所主张的量刑方案，基本上已经可以称为点刑罚模式的理想模型。但它在实质层面可能有一些不足，可以从量刑的上限和下限两方面进行说明。

如果把责任刑点作为刑罚的上限，就必须在责任刑中考虑预防必要性最大的情况，就可能背离了本来的出发点。点刑罚模式之所以设定一个不可逾越的量刑上限，主要是为了限制裁量权，从而达到反对重刑主义、促进刑罚的轻缓化的目的。但我国的累犯从重制度还是被严格执行了，对此北京师范大学的劳佳琦副教授在她的博士论文中作过非常好的实证研究。她虽然对累犯制度基本上持一种批判态度，但是她的研究通过大样本数据分析证实了法官遇到累犯案件就是会重判。按照最高人民法院《关于常见犯罪的量刑指导意见》（以下简称《指导意见》），累犯最多可以增加基准刑的40%，那确定责任刑的时候需不需要把这40%考虑进去就成问题了。

再说量刑的下限。点刑罚模式和活动空间模式的最大区别是不设置下限，这可能不符合实际情况。首先，很多犯罪的法定刑是有下限的。既然量刑起点本来就在法定刑中线偏下，那对于大多数案件而言，法定刑下限就已经和罪责相适应了。其次，也有一些犯罪法定刑看起来是没有下限的，像刚达到数额较大标准的盗窃等，本身罪行就比较轻，就算以罚金1 000元或定罪免刑作为下限，也还是形成了一个不太宽的裁量幅度。最后，只有那些罪行比较严重，责任刑在法定刑区间内处于较高位置的犯罪，才存在是否需要提高量刑下限的问题。对于这种犯罪，在司法实务中，量刑肯定不可能过于偏离和罪行轻重以及罪责大小相适应的刑罚程度。

（二）我国量刑规范化的问题

我国的量刑规范化改革也采用了点刑罚模式，只不过和前面的理想模型比，量刑规范化所采取的方案问题可能更多一点。周老师在先前的讲座里已经提出了一些批评意见，我顺着他的思路，总结出以下三点问题。

1. 量刑步骤缺乏目的设定

按照《指导意见》，量刑过程分为三个步骤：第一步，确定量刑起点；第二步，确定基准刑；第三步，调节基准刑，确定宣告刑。问题是这三步分别要实现什么目的。

第一步，确定量刑起点。首先量刑起点并不是裸刑均值，因为裸刑均值应该按照实证研究，对于每个犯罪计算出一个固定的点。这已经把后面确定基准刑的犯罪构成事实全部切分出去了，可能会自相矛盾：都还没有考虑重伤几级，就考虑刺的是胸部还是腿部，很难说清这到底算抽象判断还是具体判断，而且一旦要考虑具体案情，就有可能受到各种情节的影响，存在重复评价的危险。

第二步，确定基准刑。这一步主要根据犯罪数额、次数、后果等所谓犯罪构成事实对量刑起点进行调整。这里的主要矛盾是，犯罪构成事实在这里其实主要是客观构成要件的内容，按理说应该是反映罪行轻重的，但未遂犯、从犯等情节又被放在了第三步。以伤害为例，如果伤害一个人未遂，实际造成零个伤害结果，要先假设他既遂，按一个伤害结果确定基准刑，但伤害两个人既遂的也只是按对应的两个伤害结果确定基准刑。

第三步，调节基准刑，确定宣告刑。《指导意见》确立了“部分连乘、部分相加减”的方法。全部相加减就会出现抵消，而且在极端情况下，从宽情节累加算出来的刑罚是负数。全部连乘会造成刑量的几何级变化，特别是在从重情节比较多的时候，很容易导致不合理的重刑。部分连乘、部分相加减有其道理，但是因为量刑的每个步骤到底要解决什么问题没搞清楚，所以什么时候连乘、什么时候加减，在设计上就有问题。

2. 情节分类缺乏概念指引

按照现在的方案，犯罪构成事实以外的情节都是在第三步解决的，虽然这一步也对不同的量刑情节进行了一定的区分，但这个区分让人有点困惑。

《指导意见》区分了刑法总则规定的一些量刑情节和其他的量刑情节。但是，其所列举的量刑情节性质上很不一样。犯罪预备、犯罪未遂、从犯、教唆犯是特殊的不法形态，只跟罪行轻重有关；未成年人、限制行为能力、盲聋哑是刑事责任能力问题，只跟罪责大小有关；防卫过当、避险过当、胁从犯既跟罪行轻重有关，又跟罪责大小有关；犯罪中止跟罪行轻重、罪责大小以及预防必要性大小都有关系。

刑法总则还规定了另外几种法定量刑情节，分别是外国的刑罚执行、累犯、自首、坦白、立功。在这几种情节中，自首、坦白、立功算是预防情节，也有节省司法资源的政策因素考虑。外国的刑罚执行是基于公平原则的一种考虑。比较有争议的是累犯，如果认为累犯是纯粹的预防性情节，其在正当性上就可能有问题，还需要进一步思考。

3. 适用情节充满恣意判断

《指导意见》设定的每一个步骤和情节影响都是有幅度的。但是，量刑规范化采取了点刑罚模式，也就是这些幅度不能直接适用，而必须选出一个点。这样一来，司法工作人员至少需要在选择量刑起点的时候作一次判断，在按照犯罪构成事实确定基准刑的时候作一次判断，在调节基准刑的时候每适用一个情节再作一次判断。但是这些判断本身又没有非常可靠的标准，那就会导致每次判断都是恣意判断，多次恣意判断累加在一起，很可能会形成比较大的偏差。

以姚某某故意伤害案为例，被告人跟妻子闹离婚发生纠纷，持刀砍伤了岳父和岳父妹妹的头部，造成重伤，经鉴定被告人患有精神疾病，但没有完全丧失辨认控制能力。在这个案件中，就故意伤害的量刑而言，法官依次作了以下判断：一是在 3 到 4 年中选择 4 年作为量刑起点；二是在量刑起点上提高 2 年，确定基准刑为 6 年；三是根据限制行为能力的精神病人减少基准刑的 30%；四是根据家庭矛盾纠纷减少基准刑的 10%；五是根据持刀增加基准刑的 15%；六是根据赔偿损失、获得谅解减少基准刑的 30%；七是根据自愿认罪减少基准刑的 10%。这些判断都没有很严格的标准，比如精神病人这个情节，为什么不是减少 20%或者 40%，而是 30%？持刀为什么不是增加 10%或者 20%，而是 15%？

法官和检察官在任何一个环节作了不一样的判断，最后的结果都会有偏差。如果差距在 10%以上，法官就会觉得按照量刑建议对结论进行调整超出了自己的裁量权范围。

（三）目的论均衡模式之提倡

点刑罚模式的理想模型和量刑规范化采用的模型都存在一些问题，所以我希望能提出一种新的量刑模式来解决这些问题。

1. 目的论均衡模式的提出

我国《刑法》第 5 条明确规定了罪责刑相适应的原则，这个相适应和相当性是同一个意思。相当性模式中对犯罪前科的专门考虑，以及对罪行等级的划分，正好解决了点刑罚模式理想模型在这两方面的问题。但是,如果用相当性模式的量刑指南方案来解决设计量刑步骤、划分量刑情节的问题,就需要对《指导意见》进行伤筋动骨的改造,并不现实。这个时候点刑罚模式从位值理论中借鉴来的量刑阶段划分就有意义了,可以在考虑相当性的基础上,把量刑步骤按照目的划分成以下三个阶段。

第一个阶段是与罪行轻重相适应。为了满足罪刑均衡的要求,也为了避免恣意判断,这一步不需要选择特定的刑罚点,而只需要确定一个幅度。可以直接以《指导意见》和各省实施细则里量刑起点的幅度为起始幅度,考虑影响罪行轻重的事实增加幅度的上下限,然后用犯罪未遂、从犯这样一些影响罪行轻重的情节分别调节幅度的上下限,得出和罪行轻重相适应的幅度。这个阶段的情节原则上是可以直接相加减的。

第二个阶段是与罪责大小相适应。这里不是要设定一个确定的点,而是用与罪责大小有关的情节,对前一步得出的刑罚幅度上下限进行调节。一个特殊的地方是,在这一步需要考虑累犯和犯罪前科的问题。累犯实际上被我国刑法定位为一种责任身份,而其他有犯罪前科但不属于累犯的犯罪人,可以认为具有酌定的责任身份,可以在累犯从重的程度之下酌定从重。这个阶段的情节也具有同质性,可以直接相加减。

第三个阶段是考虑预防和其他政策性因素。在预防因素的范围内,主要考虑的法定情节有自首、坦白、立功,当然也包括刑事诉讼法上的刑事和解。可以先考虑从轻情节,如果经过最大从轻幅度的调整,得出的刑罚下限低于法定刑下限的,要在法定刑下限的基础上适用减轻情节,不低于法定刑下限的,可以直接适用减轻情节。在考虑减轻处罚时需要特别注意有没有违背罪责刑相适应的原则。如果是自首、坦白、立功的场合,避免特别严重后果发生的,按照我们国家一贯的“立功受奖”的政策,考虑减轻处罚比较合适。

这种按照不同目的划分量刑步骤,并且注重罪责刑相适应的量刑模式,我把它称作目的论均衡模式。这种模式借鉴了其他模式各自的优点,并且是在量刑规范化的现行方案基础上提出的。

2. 目的论均衡模式的运用

接下来用周某某案来说明，怎么适用目的论均衡模式进行量刑。

周某某的基本情况和他最后一次受刑事处罚的基本案情如下：

【案例1】周某某小学三年级辍学，2007年犯盗窃罪被判处有期徒刑9个月。2012年10月10日，因犯盗窃罪判处有期徒刑1年6个月，2013年12月5日刑满释放。2014年9月21日，与他人盗走电动车，逃离过程中被被害人抓住，共同犯罪人使用随身携带的钢钎威胁，后继续逃跑，被多名被害人追上，二人掉头与被害人扭打，致一名被害人受伤，电动车价值人民币2 940元。

按照目的论均衡模式，并参照《指导意见》和广西壮族自治区高级人民法院《〈关于常见犯罪的量刑指导意见〉实施细则》，量刑过程要这样考虑：

第一步，与罪刑轻重相适应。刑罚起始幅度为有期徒刑36至60个月，根据数额增加有期徒刑3至6个月。故与罪行轻重相适应的刑罚是39至66个月。

第二步，与罪责大小相适应。刑罚执行完毕不满一年重新犯罪的，从重10%～40%，前后罪为同种犯罪的，刑量增加10%，但总幅度不超过40%。故与罪责相适应的刑罚幅度是46.8至92.4个月。

第三步，考虑预防和其他政策因素。坦白减少基准刑的20%以下。为了体现从宽，这里在刑罚上限上减少10%，得出刑罚幅度为37.44至83.16个月，经过取整，得出法官可选择的量刑幅度为有期徒刑3年1个月到6年11个月。

这样计算出来的量刑幅度明显过宽，这主要是因为《指导意见》和各省实施细则都对累犯规定了宽泛的从重幅度。但这也不可怕，因为在没有其他酌定情节的时候，参照白老师在裸刑均值问题上的结论，只需要在前三分之一处取值，就能得出反映类似案件平均水平的判罚。最终得出的刑期是4年4个月。

3. 均衡模式与量刑建议权

最后,再谈一谈我提倡的均衡模式与量刑建议权之间的关系。这里我们以余某某交通肇事案为例。

第一步,与罪刑轻重相适应。刑罚起始幅度为有期徒刑 42 至 48 个月。根据酒后驾驶的行为方式上调刑罚幅度 10%,即 46.2 至 52.8 个月。

第二步,与罪责大小相适应。纪检干部身份是否属于责任身份存疑。

第三步,考虑预防和其他政策因素。刑事和解可以降低刑罚幅度的 50%以下。比较有争议的是,本案能不能认定自首。在这个问题上车老师的观点很值得参考,也就是把基本犯和加重犯分开,仅仅就基本犯认定构成自首。那么不完全自首不能作为减轻情节适用。刑罚下限至多下调为 36 个月,而刑罚上限按照刑事和解和自首各起 10%的作用考虑,可以降低为 42.24 个月。经过取整,对余某某的量刑幅度为有期徒刑 3 年至 3 年 6 个月。

如果检察机关能够得出与上面类似的裁量范围,就应该可以大致判断出这个案件不属于刑罚幅度在 3 年以下的轻罪案件,应考虑提出幅度刑量刑建议而不是确定刑量刑建议。一旦提出幅度刑量刑建议,在 3 年至 3 年 6 个月的区间内量刑,也就不太可能同时提出适用缓刑了。

四、检察机关量刑建议权行使方式探索

(一)量刑调查报告制度构想

一是量刑调查报告制度。这个构想基本上来自于美国的缓刑报告或者叫量刑前调查报告制度,希望从最大程度上依赖和发展我们的本土法治资源,借助我们现在已经有的社区矫正中的社会调查制度,并将之推广到所有刑事案件,特别是认罪认罚案件中。

(二)双层量刑建议制度构想

二是双层量刑建议制度。这个构想主要是基于德国处罚令程序中的程序转换和裁量权转移提出的,但也立足于我们已有的速裁程序。双层

首先是指要区分轻罪和重罪，在程序上要区分速裁程序和其他程序。对于适用速裁程序的轻罪案件，检察机关可以根据调查报告和说理论证，提出一个确定刑量刑建议，如果法庭倾向于不采纳这个量刑建议，就必须认为本案属于其他不宜用速裁程序审理的情形，进行程序转换。对于不属于轻罪的案件，检察机关原则上应当提出幅度刑量刑建议，如果确有必要，可以在此基础上提出检察机关的确定刑参考意见，这是双层的第二个含义。

（三）量刑建议中的说理论证

三是量刑建议中的说理论证。我主张检察官应该把自己运用《指导意见》量定刑罚的过程在量刑建议或者量刑建议的附件中展现出来，而且一个比较好的方案是，对于不属于需要提出确定刑量刑建议的轻罪的案件，参照我提出的目的论均衡模式，计算出一个有幅度的刑罚区间，以此作为量刑建议的基础。

以上就是我报告的全部内容，谢谢大家的热情聆听，也欢迎大家对我提出批评。下面有请吉冠浩老师。

与谈人 · 吉冠浩

各位朋友晚上好！

感谢车老师为我们刑事法青年学者搭建一个这么好的平台，让我们青年学者之间以及与实务工作者之间可以有效地交流切磋。

在刚才的讲座中，吕老师指出：在认罪认罚案件中，检察机关很大程度上分享了审判机关针对定罪和量刑的权力，并认为《认罪认罚指导意见》第33条第2款事实上将法官的刑罚裁量权限缩为刑罚确认权，进而造成了法检权力关系上的张力。这可能是对认罪认罚案件中的确定刑量刑建议及其效力的理解不够准确。

白建军老师在我们上课时说：少一点“我认为”，多一点“我发现”。我与谈的观察对象包括以下两部分：第一，四个法律及司法解释，包括2016

年最高人民法院、最高人民检察院、公安部、国家安全部、司法部《关于在部分地区开展刑事案件认罪认罚从宽制度试点工作的办法》(以下简称《认罪认罚试点办法》)、2018年《中华人民共和国刑事诉讼法》(以下简称《刑事诉讼法》)、《认罪认罚指导意见》和2019年《人民检察院刑事诉讼规则》(以下简称《高检规则》);第二,立法机关、最高人民法院、最高人民检察院三方的主张。

一、何为认罪认罚案件中的确定刑量刑建议

《刑事诉讼法》第176条第2款规定:"犯罪嫌疑人认罪认罚的,人民检察院应当就主刑、附加刑、是否适用缓刑等提出量刑建议,并随案移送认罪认罚具结书等材料。"(没有提及确定刑量刑建议)

《认罪认罚试点办法》第11条第2款规定:"量刑建议一般应当包括主刑、附加刑,并明确刑罚执行方式。可以提出相对明确的量刑幅度,也可以根据案件具体情况,提出确定刑期的量刑建议。建议判处财产刑的,一般应当提出确定的数额。"(提及确定刑量刑建议,但在表述上是"也可以")2018年修改刑事诉讼法,该办法的有关规定经修改后被纳入立法。

立法机关提出,人民检察院需要根据案件具体情况,对于判处主刑的,既可以提出确定刑期,也可以提出相对明确的量刑幅度建议,同时也需要提出是判处实刑,还是适用缓刑的建议;对于判处财产刑的,一般也应当提出确定的数额,或者一定幅度数额的建议。

最高人民检察院强调:"对认罪认罚案件,人民检察院一般应当提出明确的量刑建议,而量刑建议对人民法院而言,具有一定的约束力。"同时,最高人民检察院也认识到,量刑裁判权是专属人民法院的司法权力,认罪认罚量刑建议最终是否被人民法院采纳,仍存在变数。若一律提出明确量刑建议,难免与人民法院量刑产生分歧,由此也会导致量刑建议的法律效果很差。对此,最高人民检察院指出,对于案情简单,影响定罪量刑的情节较少,有明确量刑指导意见的案件,人民检察院应当提出精确的量刑建议;对于案情相对复杂、影响定罪量刑情节较多的,可以提出幅度

型量刑建议。

《认罪认罚指导意见》第33条第2款规定："办理认罪认罚案件,人民检察院一般应当提出确定刑量刑建议。对新类型、不常见犯罪案件,量刑情节复杂的重罪案件等,也可以提出幅度刑量刑建议。提出量刑建议,应当说明理由和依据。"(强调一般应当提出确定刑量刑建议)

《高检规则》第275条规定："犯罪嫌疑人认罪认罚的,人民检察院应当就主刑、附加刑、是否适用缓刑等提出量刑建议。量刑建议一般应当为确定刑。对新类型、不常见犯罪案件,量刑情节复杂的重罪案件等,也可以提出幅度刑量刑建议。"

其中,《认罪认罚指导意见》第33条第2款具有以下三层内涵:第一,人民检察院提出量刑建议以确定刑为原则。详言之,绝大多数案件特别是基层院办理适用简易程序、速裁程序的轻罪案件,原则上一律提出确定刑量刑建议。第二,设定例外情形。对新类型、不常见犯罪案件以及量刑情节复杂的重罪案件等,也可以提出幅度刑量刑建议。这是基于司法实践的复杂状况而设定的,体现了对司法规律的尊重。第三,要求人民检察院提出量刑建议,尤其是确定刑量刑建议,应当说明理由和依据。这是对检察机关的加压,目的就是保证精准量刑建议的合法科学,同时也有利于防范权力滥用。

二、为何认罪认罚案件中量刑建议要确定刑

我们先看一下反对的观点。最高人民法院提出,司法实践中应当注意正确处理检察机关量刑建议与人民法院刑罚裁量的关系,量刑建议应当以幅度刑为原则,确定刑为例外;并指出,精准量刑理念为检察机关所倡导,确定刑期量刑约占30%。试点过程中,审判机关普遍反映的比较强烈的问题是:确定刑期量刑,基本排除了法院量刑的自由裁量空间,审判权中的量刑权变成了确认权,求刑权变成了裁决权。此外,司法实践中,审理阶段会出现一些新情况,比如被告人对被害人的赔偿、预缴罚金。确定刑量刑建议无法适应量刑情节的变化,必然引起量刑建议的调整。而幅

度刑量刑建议因本身具有一定的空间，更易于应对审判中的变化。第二点理由其实是不够充分的，幅度刑量刑建议也应随着量刑情节的变化而有所调整。

最高人民检察院认为，一般来说，量刑建议越具体，犯罪嫌疑人及其辩护律师与检察机关协商的动力越大，达成一致的可能性也越大。因为确定刑的建议更符合犯罪嫌疑人对“罚”的期待，犯罪嫌疑人之所以选择认罪认罚，就是想换取一个比较确定的刑罚预期，让从宽处理的激励变成现实，以避免庭审的不确定性和潜在风险。精准确定刑的建议一方面可以更好地激活认罪认罚从宽制度的“激励机制”，有利于犯罪嫌疑人自愿作出认罪认罚的选择；另一方面，也意味着控辩双方围绕量刑问题，展开了实质性的平等沟通与协商，最终形成了控辩合意，可以防止事后因量刑问题引发上诉、抗诉以及程序回转等问题，有利于认罪认罚从宽制度的推进和稳定适用。此外，最高人民检察院认为，精准量刑建议与人民法院的审判权并无实质冲突，案件最终仍由法院来确认与裁判。

三、认罪认罚案件中确定刑量刑建议的效力

《刑事诉讼法》第 201 条规定：“对于认罪认罚案件，人民法院依法作出判决时，一般应当采纳人民检察院指控的罪名和量刑建议，但有下列情形的除外：（一）被告人的行为不构成犯罪或者不应当追究其刑事责任的；（二）被告人违背意愿认罪认罚的；（三）被告人否认指控的犯罪事实的；（四）起诉指控的罪名与审理认定的罪名不一致的；（五）其他可能影响公正审判的情形。人民法院经审理认为量刑建议明显不当，或者被告人、辩护人对量刑建议提出异议的，人民检察院可以调整量刑建议。人民检察院不调整量刑建议或者调整量刑建议后仍然明显不当的，人民法院应当依法作出判决。”

《认罪认罚试点办法》第 20 条规定：“对于认罪认罚案件，人民法院依法作出判决时，一般应当采纳人民检察院指控的罪名和量刑建议，但具有下列情形的除外：（一）被告人不构成犯罪或者不应当追究刑事责任的；

（二）被告人违背意愿认罪认罚的；（三）被告人否认指控的犯罪事实的；（四）起诉指控的罪名与审理认定的罪名不一致的；（五）其他可能影响公正审判的情形。”第21条规定：“人民法院经审理认为，人民检察院的量刑建议明显不当，或者被告人、辩护人对量刑建议提出异议的，人民法院可以建议人民检察院调整量刑建议，人民检察院不同意调整量刑建议或者调整量刑建议后被告人、辩护人仍有异议的，人民法院应当依法作出判决。”此次修改《刑事诉讼法》，将认罪认罚从宽制度经试点后成熟的部分，吸收进了立法。

立法机关强调，人民法院审理认罪认罚案件，依法作出判决时，原则上应采纳人民检察院指控的罪名和量刑建议。如此规定，是对认罪认罚案件在程序上从简、实体上从宽的重要体现，包含以下两个方面：第一，在认罪认罚案件中，司法机关鼓励和引导犯罪嫌疑人认罪认罚有程序性保障，是一以贯之的。第二，在认罪认罚案件中，提升了人民检察院量刑建议的法律效果。除了强调认罪认罚从宽制度的激励效果外，也在强调这里的量刑建议还包含了犯罪嫌疑人与公诉机关的合意。

最高人民法院指出，认罪认罚案件的量刑建议，与非认罪认罚案件的量刑建议有所不同：认罪认罚案件中的量刑建议，是控辩双方协商后达成的“合意”。该种“合意”的达成以犯罪嫌疑人认罪认罚为前提，以检察机关的量刑减让为承诺。因此，认罪认罚案件中的量刑建议具有一定的司法公信力，其效力与非认罪案件也不相同：除法定情形外，人民法院一般应当采纳。同时，最高人民法院强调，实践中需要注意的是，虽然它是控辩双方的“合意”，但它不同于英美的辩诉交易，它仍然属于“请求权”的范畴，人民法院对认罪认罚案件中的量刑建议仍要进行实质审查和审理，而不是英美国家的“形式审查”和确认。……实践中，人民法院仍然要把好定罪量刑的最后一道关，避免将审理程序沦为量刑建议的确认程序。关于“一般应当采纳”，最高法强调：这里的“一般应当采纳”，不是一律“应当采纳”。采纳量刑建议必须满足以下条件：一是证据上必须达到案件“事实清楚，证据确实、充分”；二是案件不具有《刑事诉讼法》第201条第1款所规定的禁止采纳的五种法定情形。一般应当采纳,是指除不得采纳的法定情形外,人民法院原则上予以采纳,但不是“应当采纳”,更不是形式审查后的一律“确认”,而是对事实、证据、适用法律和量刑进行全面把关后决定是否采纳,切实避免认罪认罚案件的不当和错误处理,特别是应坚守住防止罪及无辜的底线。

在最高人民检察院看来,认罪认罚从宽制度明确了人民检察院、被告人及辩护人量刑协商的权利和主体地位,从此量刑程序不再是人民法院的“独角戏”,是控辩审三方共同参与,甚至是控辩双方为主导的程序,对人民法院量刑权的规范、有序运行必将发挥积极的促进作用。认罪认罚从宽制度对于人民法院来说,相当于将量刑辩论程序前移至审查起诉阶段,控辩双方提前充分交换意见、开示证据、协商达成一致,之后人民法院对量刑协商结果的自愿性和适当性进行审查,除了法定情形外一般应当采纳量刑协商结果。最高人民检察院还指出,《刑事诉讼法》第 201 条中的“一般应当采纳”意味着以采纳为原则,以不采纳为例外。认罪认罚案件的量刑建议是控辩沟通协商的结果,本质上是控辩双方的“合意”,检察机关代表国家作出承诺,具有司法公信力。出于维护司法公信力以及公正效率相统一的考虑,人民法院经审查确认犯罪嫌疑人、被告人自愿认罪认罚,签署的具结书真实、合法,没有特殊情形,原则上应当采纳检察机关指控的罪名和量刑建议。

《认罪认罚指导意见》第 40 条规定:“量刑建议的采纳。对于人民检察院提出的量刑建议,人民法院应当依法进行审查。对于事实清楚,证据确实、充分,指控的罪名准确,量刑建议适当的,人民法院应当采纳。具有下列情形之一的,不予采纳:(一)被告人的行为不构成犯罪或者不应当追究刑事责任的;(二)被告人违背意愿认罪认罚的;(三)被告人否认指控的犯罪事实的;(四)起诉指控的罪名与审理认定的罪名不一致的;(五)其他可能影响公正审判的情形。对于人民检察院起诉指控的事实清楚,量刑建议适当,但指控的罪名与审理认定的罪名不一致的,人民法院可以听取人民检察院、被告人及其辩护人对审理认定罪名的意见,依法作出裁判。

人民法院不采纳人民检察院量刑建议的，应当说明理由和依据。”第 41 条第 1 款规定：“量刑建议的调整。人民法院经审理，认为量刑建议明显不当，或者被告人、辩护人对量刑建议有异议且有理有据的，人民法院应当告知人民检察院，人民检察院可以调整量刑建议。人民法院认为调整后的量刑建议适当的，应当予以采纳；人民检察院不调整量刑建议或者调整后仍然明显不当的，人民法院应当依法作出判决。”

《认罪认罚指导意见》对“一般应当采纳”区分为“应当采纳”和“不采纳情形”两个层次进一步释明。“应当采纳”意味着必须采纳，没有例外。“应当采纳”包含三个条件：一是事实清楚，证据确实、充分；二是指控的罪名准确；三是量刑建议适当。此处，“量刑建议适当”应当结合《刑事诉讼法》第 201 条第 2 款的“量刑建议明显不当”进行理解。如果量刑建议与法官内心的量刑尺度略有偏差，但尚未达到明显不当的程度，则仍然属于应当采纳的范畴。关于量刑建议的调整，最高人民检察院强调，司法实践中，对何为“量刑建议明显不当”，许多地方检法存在分歧，需要检法两家加强沟通。“明显”描述的是不当的程度，应当从一般人的正常认知角度进行判断，具体可以从量刑建议违反罪责刑相适应原则、与同类案件处理明显不一致、明显有违一般司法认知等方面把握。

最后，针对上述内容总结一下。

首先，从实用主义出发。量刑建议越具体，犯罪嫌疑人及其辩护律师与检察机关协商的动力越大。由此可见，精准确定刑的量刑建议可以更好地激活认罪认罚从宽制度的“激励机制”，有利于犯罪嫌疑人自愿作出认罪认罚的选择。

其次，司法改革试验先行效果好。控辩双方围绕量刑问题，展开了实质性的平等沟通与协商，最终形成了控辩合意，可以防止事后因量刑问题引发上诉、抗诉以及程序回转等问题，有利于认罪认罚从宽制度的推进和稳定适用。

最后，通过解释突破传统理论。这里的确定刑量刑建议包含了犯罪嫌疑人与公诉机关的合意，陈瑞华老师对此提出了一种有别于传统对抗性司法的“公力合作模式”。可见，本问题其实体现了诉权对裁判权的制约，而不仅是吕翰岳老师所提的检察机关分享了审判机关量刑的权力。

主持人·车　浩

谢谢主讲人和与谈人的精彩讲座。主讲人吕翰岳博士从实体法的角度对量刑理论和模式作了一个很好的研究，我觉得很透彻，讲得也非常清楚。他在报告中分析评价了幅的理论、点的理论和犯行相当性理论，把我国目前所谓精准化量刑，或者说量刑规范化改革的思路，归入点的理论中，并对点刑罚模式的理想模型和缺陷，特别是我国量刑规范化改革的问题作了阐述。在此基础上，提出所谓目的论均衡模式，主张从罪行轻重相适应、罪责大小相适应以及预防和其他政策性因素三个步骤来完成量刑。最后，他提出了量刑调查报告制度等建议构想。整体来说，这些分析都是很细致的，也是很深入的，信息含量很大。

今晚吕翰岳博士以认罪认罚案件中的确定刑量刑建议作为选题，本身就是很大的，既涉及实体法上的量刑理论，又涉及认罪认罚下的量刑建议这一制度改革背景，既有实体问题，也有程序问题。应当说，量刑与认罪认罚中的量刑建议这是两个相互关联又有相对独立性的宏大问题，讲好一个就非常难，吕翰岳博士今天是把他们串在一起来讲，更加困难。坦率地说，实体法部分讲得更好些，运用教义学的分析方法，结合我国量刑改革实践谈得很深入。但是，涉及量刑建议权这部分，相对浅显一些，主要是使用了制度比较的研究方法，深度上就不如实体部分的研究，最后的结论也是简单地根据外国制度比较提出了一些建议。整体的感觉，就是实体与程序两者的融贯，还有很大的空间。当然，他的这个研究本身，也已经让人看到了这样的可能性，这就很难能可贵了。

好在接下来，吉冠浩博士的评论，非常好地补足了主讲人的缺憾和短板。他对于量刑建议权在刑事诉讼法上的设立背景和运行的问题及原因，结合相关的规定和实务上的一些材料作了非常深入的分析。这样听下来,应该是主讲人和与谈人是联袂贡献了一场精彩的讲座,前半部分有量刑理论的实体探讨,后半部分有量刑建议的制度分析,我认为非常全面。

最后我想说的是,今天的讲座不仅做到了实体与程序的结合,而且做到了国外理论和中国本土制度的结合,两位青年学者为我们提供了一个很好的范例。一些国外理论有它的智慧基础,那是在本国的法律制度上面生长起来的。所以有时候,对这些理论的解读不可能脱离开它所在国家的法律规定。这些理论,诞生于和围绕着本国的立法而展开,这是一种纯正的法教义学的立场。中国学者在引介国外理论的时候,如果不时刻想到这一点,就会出问题。如果是直接把理论拿过来,强行解读中国的法律规定,而完全忽略各国具体规定和整体法律框架的差异,那就是削足适履,就根本不是在搞法教义学,而很可能是把一些地方性的教义学知识,当成了普世性的基本原理。这种做法其实是偷懒,省力,但蕴含着很大的错误风险。今天两位青年学者的报告,既有国外的理论和制度的比较,又围绕着我国的量刑规范化和量刑建议权的改革背景展开,做了一个很好的讲座。

我特别期待后面的讲座,都能像今天这样,沟通国内外前沿理论与本土司法实践,为我们的听众不断献上一场又一场的学术盛宴。最后,再次感谢主讲人和与谈人,感谢各位听众,今天的活动就到此结束。谢谢大家!

后　记

把"青年"和"实务"连接在一起

2020年6月1日晚,"全国青年刑法学者在线讲座"开讲了。

自新冠疫情以来,可能每天都有各种讲座信息出现在微信朋友圈,也许很多人都感到审美疲劳了。在这样的情况下,再举办这样一个系列讲座意义何在?我认为主要有两个关键词。

第一个关键词是"青年"。在学术领域,青年时期往往是一个人最有锐气和激情的学术创造期,很多学者一生当中最有想象力、创造力甚至最重要的作品,可能就是在青年阶段出现的,这样的例子不胜枚举。我们常常能从一个学者青年时候的作品中,想象未来这个学者的学术特色和巅峰状态。而且,青年学者的探索,往往是在推动学科边界不断地扩大,可以说一个学科的希望,也承载在青年学者这个群体的身上。

晚近20年来,中国刑法学取得了很大进步,这主要得益于新一轮学术开放的红利,国外累积的刑法知识不断输入;而青年刑法学者,正是输送各国理论判例、扩宽国内学界视野、促进国际学术交流、承载中国刑法学希望的重要力量。遗憾的是,相对于资深前辈和学术大咖,整体来说,青年学者发声的机会是比较少的。因此,尽管各种线上的活动已经铺天盖地,我们仍然要推出一个全国青年刑法学者的在线讲座,就是希望搭建一个传播青年学者声音的平台,让他们那些富有锐气和个人创见的学术研究被更多人知晓和传播。

第二个关键词是"实务"。中国社会每年有大量的刑事案件,疑难复杂问题层出不穷,不仅媒体舆论高度关注,司法实务前线也急切需要理论驰援。传统的刑法理论有时候难免捉襟见肘,无力应战。时代和社会的需求,历史地把探索最前沿的刑法理论的青年学者们推向前台。

所以,我们发起这个系列讲座活动,就是想要把“青年”和“实务”这两个关键词连接在一起,将最前沿的刑法理论的开拓者与最迫切的司法实践需求对接起来,回答中国本土的刑法问题。这一代青年学者要承担的不仅是学术责任,还有社会责任。基于这样的考虑,这两年来我们发起和组织的一些学术活动,都是围绕着青年和实务的主题。比如 2019 年 9 月,在浙江大学举办了首届“全国青年刑法学者实务论坛”,2020 年则是以线上讲座的方式,推出“全国青年刑法学者在线讲座”活动。希望能够让青年学者有更大的学术舞台,让实务界更多倾听青年学者的声音,让实践得到更新鲜的理论滋养。

特别要感谢合作方北京市盈科律师事务所,尤其感谢该所刑委会主任赵春雨律师。赵律师在其中积极协调,鼎力相助,付出了很多,2019 年我们的实务论坛也是在盈科律师事务所和赵律师的支持下举办的。

2020 年的系列讲座,共邀请了全国近 30 所高校的 20 位“80 后”学者作为主讲人,20 位“80 后”学者作为与谈人,他们结合自身研究特色,选定了 20 个面向实务的主题,我们又邀请了 20 位期刊编辑和律师作为主持人来给活动加持,同时运用盈科和北大法宝学堂两个直播平台,共同打造一个高频次(每周两讲,总论、分论各一讲)、长周期(自 6 月 1 日起持续两个月)、大规模(总计 40 人 20 讲)的系列学术活动。

还要说明的是,按照现在的广义理解,“青年”这个概念的范围,可以一直扩展到 45 岁。如果这样的话,一些“70 后”学者,甚至优秀的“90 后”学者,也应当纳入,包括还有很多非常出色的“80 后”学者,这次还没有亮相登台,但是好在我们的论坛、讲座等学术活动会持续办下去,各位优秀的青年学者都会有发表高见的学术舞台和机会。因此,尽管很多人认为,这次活动是国内“80 后”青年刑法学者的一次集体亮相,但是它确实还不是一次完整的亮相,所以我说,无排榜之意,有遗珠之憾。未来希望有更多的青年学者通过这些平台,向学界和实务界展现他们的学术风采。

再次衷心感谢参加这次活动的各位青年学者,感谢各位编辑老师和律师朋友,感谢北大法宝学堂的协办,感谢和盈科所的愉快合作。

此次讲座主题原无特别的安排,我们形成文字实录后,经过编辑加工,打乱了原来的顺序,参照通行的刑法理论体系和现行刑事立法体系,按总论和分论分为两册出版,本书即为总论部分,两册先出一册,以飨读者。

车　浩
2021 年 4 月 4 日
于京西见山居